Bertold Ulsamer **Erfolgstraining für Manager**

Bertold Ulsamer

Erfolgstraining für Manager

Ihr Mentalkurs zur Spitzenleistung

ECON Verlag
Düsseldorf · Wien · New York · Moskau

Die Deutsche Bibliothek – CIP-Einheitsaufnahme

Ulsamer, Bertold: Erfolgstraining für Manager: Ihr Mentalkurs zur Spitzenleistung/Bertold Ulsamer. - Düsseldorf; Wien; New York; Moskau: ECON Verl., 1992. ISBN 3-430-19238-2

Lektorat: Isabel A. Rüdig. Mit Illustrationen von Martin Brosch, Berlin. Grafiken: Rainer Geyer, Köln. Gesetzt aus der Times, Linotype. Satz: Lichtsatz Heinrich Fanslau, Düsseldorf. Papier: Papierfabrik Schleipen GmbH, Bad Dürkheim. Druck und Bindearbeiten: Bercker Graphischer Betrieb GmbH, Kevelaer. Printed in Germany. ISBN 3-430-19238-2

Inhaltsverzeichnis

Als Service haben wir die wesentlichen Gedanken des Buches für Sie zusammengefaßt. Sie finden am Fuß jeder rechten Seite konzentriertes Wissen und Zeitgewinn – mit ECON-Schnellzugriff.

Hintergrund und Aufbau

Heutzutage wächst das Interesse an den Möglichkeiten des Mentalen Trainings bei den Führungskräften und in den Unternehmen zusehends. Das Management und die Wirtschaft machen sich die Erfolgsstrategien von Spitzensportlern zu eigen, die ihre Höchstleistungen auf mentale Vorbereitung zurückführen.

Gleichzeitig herrschen aber noch viele falsche Vorstellungen über das Mentale Training, die entweder durch mangelnde Erkenntnis oder aber durch Seminare verursacht werden, die den Anforderungen an ein Training im Management nicht genügen. Richtig eingesetztes Mentales Training ist weder eine esoterische Richtung für gläubige Jünger noch eine billige Form des Positiven Denkens.

Mentales Training ist praktisch, lebensnah, handfest und sehr effektiv. Nicht umsonst schwören viele Leistungssportler auf diese Methode als notwendigen Bestandteil ihres Trainings.

Durch regelmäßiges einfaches Üben und ohne Anstrengung trägt Mentales Training dazu bei,

- die eigenen Kräfte gezielt zu wecken und einzusetzen,
- sich auf schwierige Situationen optimal vorzubereiten.
- sich mühelos im Berufsstreß zu entspannen
- geistige Barrieren, die am Erfolg hindern, zu beseitigen,
- Ziele entspannt zu erreichen,
- für innere Konflikte Lösungen zu finden,
- mehr und mehr mit sich selbst in Einklang zu kommen.

Die Führungskraft von heute interessiert sich mehr und mehr für eine körperliche und vor allen Dingen eine geistige Fitneß. Dieses Buch soll dazu verhelfen, das Mentale Training für Sie zu verdeutlichen.

Erfolgstraining für Manager hat das Ziel, den Führungskräften und dem Management als Arbeits- und Handbuch zu dienen. Es enthält die Materialien und Übungen, die sonst nur ein Seminar vermittelt. Gleichzeitig gibt es einen Überblick über viele Möglichkeiten, die das Mentale Training auf dem Weg zum persönlichen Erfolg bietet. Schwerpunkt ist es immer wieder, das Verständnis für die inneren Mechanismen zu wecken, die unser Denken und unsere Gefühle bestimmen.

Der Aufbau geht dabei vom Einfachen zum Komplizierten und von der Oberfläche mehr und mehr in die Tiefe. Die Themen der ersten fünf Kapitel liegen im Bereich *Leistung*. Es werden einfache Methoden gezeigt, die eigenen Kräfte zu wecken und sie für schwierige Situationen zu nutzen. Dem Streß und den Methoden zu seiner Bewältigung ist ein eigenes Kapitel gewidmet.

Die letzten Kapitel erweitern die Perspektive. Denn Leistung ist nur eine von vielen Komponenten eines erfolgreichen Lebens. Mentales Training läßt sich dazu nutzen, ganzheitlich Lebensziele zu bestimmen und zu erreichen. Mit sich selbst in Einklang kommen ist nur für jemanden möglich, der sich auf den Weg macht, sich immer besser kennenzulernen und zu akzeptieren. Das Buch endet mit dem Ausblick auf die Bereiche jenseits des Mentalen Trainings.

Der Aufbau dieses Buches ist aus einem Seminar entstanden ... das ich für den ECON Verlag zu dem Buch *Supertraining* von Professor Stemme entwickelt habe. Seit 1978 nutze ich in Seminaren das Mentale Training. Bausteine aus dem Mentalen Training sind für mich ein notwendiger Bestandteil von jeder Art von Seminaren des Managementtrainings geworden. Das gilt für Seminare, die das Selbstmanagement und die persönliche Entwicklung fördern, genauso wie für Seminare zu den Themen Führung, Kommunikation und Verkauf. Dabei sind bei meiner Arbeit die Ansätze, die das Neurolinguistische Programmieren

(NLP) für das Mentale Training entwickelt hat, sowohl eine solide theoretische Grundlage wie eine große inhaltliche Bereicherung.

Eigens für dieses Buch habe ich mit zwei hervorragenden Persönlichkeiten der deutschen Wirtschaft Interviews geführt. Ich möchte mich an dieser Stelle noch einmal bedanken bei Frau Prof. Dr. Gertrud Höhler, die bekannt ist als Unternehmensberaterin und durch die vielen innovativen Bücher zur Zukunft unserer Gesellschaft und Wirtschaft. Weiterhin bedanken möchte ich mich bei Roland Berger, dem Münchener Unternehmensberater und Verfasser des Buches *Handbuch Europa '92*.

Es dient als Handbuch und übermittelt Informationen, die sonst nur ein Seminar beinhaltet. Anhand von Arbeitsmaterialien und Übungen werden verschiedene Wege zum ganz persönlichen Erfolg aufgezeigt.

1 Mentale Fähigkeiten als Grundlagen für den Erfolg

Lernen wir zu Beginn einige Führungskräfte kennen, denen wir auch später wieder begegnen.

Herr Schlier, Leiter des Außendienstes, wird von seinen Vorgesetzten sehr geschätzt. Seit er als Jüngster diese Stellung übernommen hat, hat er den Umsatz bereits um mehr als das Eineinhalbfache gesteigert. Er kniet sich voll in die ihm gesetzten Aufgaben und setzt seinen scharfen analytischen Intellekt erfolgreich ein. Leider stellt sich nach einigen Monaten heraus, daß er in seinen Leistungen und in seinem Einsatz sehr von seiner Tagesform abhängig ist – und die ist bisweilen größeren Schwankungen unterworfen. Ärger zu Hause schlägt sich in seinem Engagement nieder. Wenn Zeitdruck aufkommt, wird er aufgeregt und verliert manchmal die Kontrolle. Zuletzt verpatzt er eine Verhandlung mit dem wichtigsten Auslandskunden, so daß dieser einen großen Auftrag zurückzieht. Sein Chef meint in dem anschließenden Gespräch zu ihm: »Ich halte Sie ja für sehr talentiert. Aber im Ernstfall scheinen Sie den Anforderungen doch nicht gewachsen zu sein. Schade!«

Herr Schlier ist talentiert. Er hat einen scharfen Verstand und kann sich konzentrieren. Er weiß seine Mitarbeiter zu begeistern, liebt seine Arbeit und setzt sich voll ein. Dennoch genügt dieses Potential allein nicht, um ihm Erfolg und Karriere zu garantieren. Denn Herr Schlier ist nicht in der Lage, kontinuier-

Anhand von Fallbeispielen werden unterschiedliche Typen von Führungskräften verdeutlicht. Herr Schlier ist ein Mensch, der sich mit scharfem Verstand und viel Enthusiasmus für seine Arbeit einsetzt.

lich seine Fähigkeiten einzusetzen. In Belastungssituationen verliert er den Zugang zu diesem Potential. Es sind mentale Faktoren, die die Dauerhaftigkeit und Qualität seiner Ergebnisse bestimmen. Sie sind verantwortlich dafür, daß seine Ergebnisse schwankend und bisweilen von geringerer Qualität sind.

Frau Neubert hat es endlich geschafft. Sie hat ihre letzte Stelle gekündigt, weil sich für sie dort keine Karriere abzeichnete. Jetzt ist sie in einem mittelständischen Unternehmen verantwortlich für die neuen Marketingkonzeptionen.
Immer wieder hält sie Präsentationen ab, die sie bis aufs letzte I-Tüpfelchen vorbereitet. »Es darf auf keinen Fall etwas schiefgehen«, hält sie sich dabei vor. Kleine Pannen, selbst außerhalb ihres Verantwortungsbereiches, stürzen sie in Selbstzweifel. »Das hätte doch nicht passieren dürfen!« sagt sie sich dann. »Warum habe gerade immer ich das Pech?!« Nach eigenen Fehlern geht sie gnadenlos mit sich ins Gericht. »Du Versagerin«, wirft sie sich dann noch mindestens drei Tage lang vor. »So wird ja nie etwas aus dir!« Jeden Tag wird es später, bis sie nach Hause kommt. Mehr und mehr fühlt sie sich angespannt, erschöpft und ausgelaugt. »Ihr werdet nicht erleben, daß ich umfalle«, knirscht sie dann zwischen den Zähnen, und das gibt ihr wieder für eine Zeitlang Antrieb. Aber ewig reicht der auch nicht.

Die Vorgesetzten von Frau Neubert sind mit ihren Leistungen sehr zufrieden. Ihre Arbeit ist exzellent. »Einen besseren Griff hätten wir gar nicht machen können«, meint ihr Chef. Frau Neubert selbst weiß, daß ihre Leistungen gut sind, aber dennoch verschafft ihr das keine Befriedigung. Ständig ist sie angespannt und unter Druck. Die innere Anspannung zehrt an ihrer Substanz. Auf Dauer wird sie es nicht schaffen, den Druck ohne gesundheitliche Störungen zu überstehen.
Auch hier entscheiden wieder mentale Faktoren darüber, ob

Frau Neubert zufrieden oder unzufrieden wird. Was sind aber diese »mentalen Faktoren«? Unser Verstand denkt und arbeitet in einem fort. Er ist ständig damit beschäftigt, alte Situationen nachzuarbeiten und uns auf neue Situationen vorzubereiten. Dazu erinnert er sich, geht in die Zukunft, plant, phantasiert, träumt. Diese inneren Tätigkeiten werden als »mental« bezeichnet. Dabei hat jeder bestimmte unterschiedliche Denkmuster entwickelt. Es gibt darunter sinnvolle und nützliche, aber auch unfruchtbare und schädliche innere Programme. So mag der eine Kritik als Hilfe empfinden und sich engagiert daranmachen, den kritischen Punkt zu ändern. Ein anderer erlebt Kritik als persönliche Kränkung, ist eingeschnappt und zieht sich zurück.

Die Denkprogramme bestimmen Einstellungen, Gefühle und Verhalten. Dabei nehmen wir ungünstige innere Programme entweder an den Resultaten wahr, wie zum Beispiel Herr Schlier, wenn er lustlos in seinem Büro sitzt. Oder es geht uns wie Frau Neubert, die genau ihre inneren Selbstgespräche verfolgt, sich ihnen aber hilflos ausgeliefert fühlt.

Jeder von uns setzt diese einmal erlernten Muster automatisch ein. Die Muster wiederholt er immer wieder wie in einer Art Training. Deshalb reagieren wir in ähnlichen Situationen immer wieder gleich. Man könnte es auch so formulieren: »Mentales Training« vollziehen wir unbewußt und unsystematisch unser ganzes Leben hindurch. Mentales Training ist deshalb an und für sich nichts Neues.

Neu ist, daß wir diese mentalen Prozesse bewußt beeinflussen und nutzen. So können wir mit unserem geistigen Potential in die Richtung steuern, die für uns erstrebenswert ist.

In Belastungssituationen verliert er den Zugang zu seinem geistigen Potential. Frau Neubert arbeitet in ihrem Beruf mit einer großen Akribie. Fehler stürzen sie in Selbstzweifel und rauben ihre Kräfte.

Die Kraft unseres Geistes
ist verblüffend

Die Kraft unseres Geistes, sowohl als Antrieb wie als Bremse, erstaunt immer wieder. So scheiterte Wassili Alexejew, der russische Olympiasieger im Superschwergewicht von 1972 und 1976, lange Zeit an dem Versuch, mehr als 500 Pfund zu heben. Immer wieder bemühte er sich vergeblich, schaffte es aber nie. Eines Tages stemmte er wieder gerade 499 Pfund. Dann wurde allerdings beim Nachwiegen festgestellt, daß man vorher falsch gewogen und er bereits 501 Pfund zur Hochstrecke gebracht hatte.

In den nächsten Monaten hoben sechs weitere Athleten ebenfalls 500 Pfund, und Alexejew steigerte sich schnell von Weltrekord zu Weltrekord um weitere 60 Pfund. Die Marke 500 hatte ihre Magie verloren. Die geistige Barriere, die sie geschützt hatte, war durchbrochen. Die geistigen Kräfte können sich jedoch auch positiv auswirken. So wurden hundert Leute befragt, die Krebs im Endstadium hatten. Alle von ihnen schienen nur eine minimale Chance auf Heilung zu haben, waren aber nach zehn Jahren immer noch am Leben. Es stellte sich heraus, daß die Therapien, die sie angewendet hatten, völlig unterschiedlich gewesen waren, von der Chemotherapie über Diätprogramme bis hin zu spirituellen Heilungen. Ein einziger Faktor war gemeinsam: Die Kranken hatten fest an die Wirkung der Behandlung geglaubt.[1]

Ein weiteres, vielfach untersuchtes Beispiel ist der sogenannte »Placebo-Effekt« bei Medikamenten. Er besteht darin, daß dem Kranken vom Arzt ein Schein-Medikament, also eine völlig harm- und wirkungslose Pille anstatt der gewünschten, gegeben wird. Jemand hat starkes Kopfweh und möchte eine Kopfschmerztablette. Die bekommt er zum Schein vom Arzt – dabei weiß er nicht, daß er getäuscht wird. Das Erstaunliche

Die Kraft unseres Geistes ist verblüffend

Der Mensch ist selbst in der Lage, sich geistige Barrieren zu schaffen. Werden diese durchbrochen, kann er in jeder Hinsicht mehr leisten. Ein Beispiel aus dem Sport und der Medizin zeigt es.

15

geschieht: Die Kopfschmerzen verschwinden! So helfen diese falschen Medikamente bei Schmerzen in mehr als der Hälfte der Fälle genausogut wie ein Morphium.[2] Das bedeutet, daß die bloße Vorstellung, ein Medikament zu erhalten, den Körper dazu veranlaßt, darauf wie auf ein Medikament zu reagieren.

Durch diese Beispiele wird erkennbar, welche starke Wirkungen Vorstellungen auf uns haben. Vorstellungen steuern unsere körperlichen Reaktionen, Vorstellungen steuern unser Verhalten. Wie wirksam muß ein Training sein, das genau diese Vorstellungen trainiert?! Denn damit lassen sich sowohl gedankliche Barrieren erforschen und auflösen wie neue unterstützende Vorstellungen aufbauen.

Aber wir müssen nicht erst zu Olympiasiegern und Krebskranken gehen, wenn wir nach den mentalen Kräften Ausschau halten. Im kleinen bestimmen oft mentale Barrieren unseren Alltag. Fast jeder von uns begrenzt durch sie in irgendeiner Form sein Potential. Wir nehmen sie als selbstverständlich und unveränderlich, weil wir uns an sie gewöhnt haben. Bei anderen können wir künstliche Grenzen dagegen oft leichter erkennen.

Herr Günther ist wegen seiner guten Leistungen zum Abteilungsleiter befördert worden. Allmählich stellt sich heraus, daß unter ihm die Abteilung aus den Fugen gerät, weil er nicht in der Lage ist, klare Anweisungen zu geben. Als ihn sein Chef darauf anspricht, sagt Günther: »Ich habe schon immer für das gute Abteilungsklima gesorgt, indem ich freundlich und kollegial war. Ich kann einfach nicht über meinen Schatten springen!«

Herr Schmidt hat seine Firma gewechselt und ist jetzt im Außendienst tätig. Trotz großer Anstrengungen gelingt es ihm nicht, an die Leistungen seines Vorgängers anzuknüpfen. In einer ehrlichen Minute gesteht er sich selber ein: »Im Grunde bin ich mir zu schade, um als Vertreter zu arbeiten. Das ist unter meiner Würde.«

Was haben beide Beispiele gemeinsam? Sie zeigen gedankliche Barrieren auf, die neues, zweckmäßiges Verhalten verhindern. Dabei sind solche Grenzen oft enorm widerstandsfähig. Ein einfaches Gespräch der Vorgesetzten mit Herrn Günther und Herrn Schmidt wird in den seltensten Fällen genügen. Denn unser Geist und der Glaube an uns selbst haben eine gewaltige Kraft, sowohl wenn sie antreiben, aber auch, wie hier, wenn sie zurückhalten und bremsen.

Unser Geist ist ein Werkzeug, das in vielen anderen Bereichen genutzt werden kann. Innere Vorstellungen, das Durchspielen von neuen Situationen in der Phantasie können als wirksame Vorbereitung auf den Ernstfall dienen. Wir haben den Cyberspace im Kopf! Das gilt sogar für Situationen, die noch nie von einem Menschen erlebt worden sind. So war eines der erfolgreichsten Felder, in denen Mentales Training eingesetzt wurde, die Vorbereitung der sowjetischen und amerikanischen Raumfahrer auf den Ernstfall.

Die Amerikaner gingen von dem Gedanken aus, daß die Bewältigung einer Aufgabe um so leichter ist, je öfter sie vorher mental durchgespielt wurde. So wurden die Raumfahrer Meister der mentalen Simulation. Streß war für viele ein Fremdwort. »Eine schöne Sache, genau wie im Training« lautete denn auch einer der ersten Sätze des ersten Mondfahrers Neil Armstrong auf dem Mond. Und Kollege Conrad meinte bei einer späteren Mondlandung: »Es ist wie die gewohnte Arbeit. Ich fühle mich so, als wäre ich schon einige Male hier gewesen.«[3]

Vorstellungen und Visionen haben eine enorme Wirkung auf unseren Körper. Jeder Mensch baut sich in seinem täglichen Leben Barrieren auf. Das Beispiel von Herrn Günther zeigt dies deutlich.

Faktoren des Erfolgs

Gerade der Sport hat in den letzten Jahren wie eine Art Labor gedient, in dem sich die Bedeutung der mentalen Faktoren mehr und mehr herauskristallisiert hat. Denn die Wirkungen eines derartigen Trainings werden schon im nächsten Wettkampf an den Ergebnissen sichtbar.

Eine anschauliche Darstellung zeigt, wie Anja Fichtel mit Hilfe ihrer Einstellung trotz körperlicher Probleme zum zweiten Mal Florett-Weltmeisterin werden konnte:

Der Magen rotierte, die Muskeln rebellierten, der ganze Körper erklärte ihr den Ausnahmezustand. »Anja Fichtel la plus belle«, wie die Zeitung *Lyon matin* in ihrer Sonntagsausgabe blumig schlagzeilte, war meilenweit davon entfernt, sich »plus belle«, sehr schön, am schönsten zu fühlen. Den Weltmeistertitel hatte sie am Abend zuvor gewonnen, auf Florett, im Einzel, zum zweiten Mal. Und nach ihrem Doppel-Olympiasieg 1988 endgültig Einzug gehalten in die Ruhmeshalle des Sports.

»Psychisch und physisch total am Ende«, lautete ihre Selbstdiagnose. »Mir war todschlecht, geschlafen habe ich fast nicht.« Nach den Stunden der Anspannung hatte sich ihr Körper Entspannung verordnet. »Ich konnte mich im Bett drehen, wie ich wollte, ständig ging irgendwo ein Muskelkrampf los.« Das Unglück, das keines wurde, weil am Ende das Glück des Titelgewinns stand, nahm im Viertelfinale gegen die Sowjetrussin Tatjana Sadovskaja seinen Lauf. Da begann der Magen zu rebellieren, laut ärztlicher Aussage eine Folge des psychischen Drucks. Es war das einzige Gefecht, in dem Anja Fichtel über drei »Sätze« (5:2, 3:5, 5:3) gehen mußte, in dem sie, beim Stande von 3:3 im dritten Durchgang, zu wackeln schien. Favoriten haben ein hartes Leben. »Und daß die anderen vier von uns schon längst ausgeschieden waren, empfand ich als Schock; der Druck auf mich

18

wurde dadurch noch verstärkt.« Keine bundesdeutsche Medaille im Damenflorett – nicht auszudenken ...

Es war der Weg vom 3:3 zum 5:3, der beispielhaft für das Geheimnis der 21jährigen Tauberbischofsheimerin ist. »Ich war mir sicher, zu gewinnen« – sie kündigte den vorentscheidenden Treffer zum 4:3 sogar von der Planche aus per Fingerzeig an, obwohl es im rechten Oberschenkel zwickte »und ich vor Magenschmerzen kaum mehr Luft bekam«. Wo ein Wille ist, ist auch ein Weg. »Solange ich auf der Planche stehe, glaube ich an mich«, sagt Anja Fichtel. Und neben der Fechtplanche ist ebenfalls alles paletti. Der Halbtagsjob läßt ihr genügend Zeit fürs Training, kein Wölkchen trübt den privaten Himmel, ob das nun die Eltern sind (»die haben mich immer unterstützt, mir meine Freiheiten gelassen«) oder der Lebensgefährte – eine Insel der Glückseligkeit.

Und ein sonniges Gemüt hat Anja Fichtel sowieso. »Wenn ich an eine Niederlage denke, dann verliere ich.« Also denkt sie einfach nicht daran, zumindest nicht im Gefecht. »Der nächste Treffer zählt – sonst nichts.« Als sie auf dem Weg zum Gold tatsächlich einmal hinten lag, bekam sie das gar nicht richtig mit, mußte bei einem Betreuer nachfragen, wie es stand.

Hein tüftelt stets Neues aus, hat ihr beigebracht, wie sich das Wort »Niederlage« schreibt, das Anja Fichtel früher stets verdrängte, »weil ich es verdrängen wollte«. Heute verwendet sie es – allerdings nur außerhalb eines Wettkampfes – ohne Kümmernis.[4]

Das Management kann viel von Spitzensportlern lernen. Von beiden werden Höchstleistungen gefordert. Beide stehen häufig unter Druck, hervorragende Ergebnisse zu erzielen. Sie müssen in der Lage sein, ihre Kräfte und Energien hundertprozentig in ihre Aufgabe fließen zu lassen.

Dabei zielt beim Spitzensportler alles auf einen bestimmten

Anja Fichtel, die deutsche Florett-Weltmeisterin, fühlte sich vor ihrem entscheidenden Kampf psychisch und physisch am Ende. Ihre große Selbstüberzeugung führte sie zum Sieg. Ihr Motto lautet: gewinnen.

Wettbewerb hin – die regionale, nationale oder internationale Meisterschaft. Gefordert werden dabei, je nach Sportart, unterschiedliche athletische Fähigkeiten, wobei bei gleichen körperlichen Voraussetzungen die mentalen Faktoren den Ausschlag geben. Jeder Wettkampf gibt ein unmittelbares Feedback über den aktuellen körperlichen und mentalen Leistungszustand. Der Sportler weiß dann, wo er im Vergleich mit dem Wettbewerber und in der eigenen Weiterentwicklung steht.

Hingegen erfolgt im Management ein Feedback für die eigene Leistung nur selten so direkt wie im Sport. Je größer die Organisation ist, desto weniger lassen sich von den Gesamtergebnissen Rückschlüsse auf die eigenen Leistungen ziehen, so wie auch ein einzelner Fußballspieler hervorragend gespielt haben mag und die Mannschaft doch das Spiel verloren hat (und umgekehrt).

Die Anforderungen an den einzelnen Manager sind nicht scharf begrenzt, sondern breit gefächert. Die körperliche Fitneß ist zwar die – manchmal zuwenig geschätzte und geförderte – Grundlage der Leistung. Verlangt sind darüber hinaus aber noch viele andere praktische und mentale Fähigkeiten. Das reicht vom Setzen der Prioritäten und Zeitmanagement über erfolgreiche Kontakte und Gespräche mit Mitarbeitern bis hin zur Veränderungslust und der eigenen Vision. Diese Fähigkeiten sind als Dauerzustand zu bringen, so als ob die olympischen Spiele pro Jahr mehrmals stattfinden würden.

Wenn auch die folgenden Kapitel als Thema die mentalen Möglichkeiten des einzelnen Managers haben, so sei doch auch an die enorme Wichtigkeit mentaler Faktoren für das Unternehmen insgesamt erinnert. Je ähnlicher Produkte und Dienstleistungen werden, desto bedeutsamer werden für den Erfolg eines Unternehmens der Geist des Unternehmens. Der »Geist«: Das sind die Menschen, die sich für ein Unternehmen einsetzen, die ihre Energien in ein großes gemeinsames Ganzes fließen lassen. In hervorragenden Unternehmen ist die »Corporate Identity« als dieser Geist spürbar und erlebbar. Er verkörpert sich in dem besonderen Einsatz, den der einzelne Mitarbeiter gern leistet. Er wird sichtbar in dem Anspruch an die Qualität des Produkts oder der Leistung, auf die jeder stolz ist und für die jeder sich einsetzt. Die Grundlage all dessen sind Visionen über die Aufgabe des Unternehmens und die besondere Art und Weise, wie diese Aufgaben durch alle Mitglieder des Unternehmens bewältigt werden.

Für den persönlichen Erfolg des einzelnen sind trotz vieler persönlicher Unterschiede einige Grundtugenden notwendig: Da sind Selbstsicherheit, innere Ruhe und Gelassenheit, Kraft, Aktivität, Engagement für die eigenen Aufgaben, Offenheit für andere, gute Fähigkeiten im Kontakt – mit einem Wort: eine gewisse Ausstrahlung, die oft gar nicht weiter definierbar scheint, eben »Persönlichkeit« – eine stabile, dauerhafte Basis.

Wie wichtig eine solche mentale Stärke ist, zeigt ein Interview mit dem Generaldirektor John Creedon von der amerikanischen Lebensversicherung *Metropolitan Life* über die Probleme des Außendienstes:

Es ist nicht leicht, eine Versicherung zu verkaufen. Es verlangt große Ausdauer. Nur ein ungewöhnlicher Mensch kann das lange Zeit durchhalten. Jedes Jahr stellen wir 5000 neue Vertreter ein. Wir suchen sie sehr sorgfältig aus den 60 000 Bewerbern aus, die sich bei uns melden. Wir testen sie, wir prüfen sie, wir interviewen sie, wir geben ihnen eine umfassende Ausbildung. Und trotzdem hört die Hälfte von ihnen im ersten Jahr wieder auf. Und bei den übrigen beginnt die Erfolgsquote bald zu sinken. Am Ende des vierten Jahres sind 80 Prozent eines Jahrgangs wieder ausgeschieden. Es kostet uns über 30 000 Dollar, einen einzigen Vertreter auszubilden. Wir verlieren also über 75 Millionen Dollar pro Jahr allein an Ausbildungskosten. Und

Auch hier müssen Kräfte und Energien hundertprozentig in den Aufgabenbereich fließen. Körperliche und geistige Fitneß sind Voraussetzungen für Höchstleistungen, die vom Manager täglich erwartet werden.

unsere Zahlen sind typisch für das ganze Versicherungsge-
werbe.

Frage: Aus welchen Gründen gehen die Leute weg?

Auch der beste Vertreter muß jeden Tag eine Reihe von Ablehnun-
gen einstecken, häufig sogar mehrere hintereinander. Dadurch
verliert der durchschnittliche Vertreter leicht den Mut. Wenn er
erst einmal entmutigt ist, erträgt er jedes »Nein« noch schwerer
als das vorhergehende. Es kostet ihn immer mehr Überwindung,
den nächsten Kunden anzurufen. Er schiebt diesen Anruf auf. Er
vertrödelt täglich mehr Zeit und beschäftigt sich mit Dingen, die
ihn vom Telefonieren und von Kundenbesuchen abhalten.
Dadurch wird es noch schwerer, sich zum nächsten Anruf durch-
zuringen. Die Erfolgsquoten sinken. Der Mann überlegt, ob er
den Job nicht ganz aufgeben sollte. Wenn die Dinge sich so weit
entwickelt haben, schaffen es nur ganz wenige Vertreter, sich
noch einmal aufzuraffen.[5]

Über die mentale Stärke hinaus erwarten wir von einer erfolgreichen Persönlichkeit, daß sie nicht nur im beruflichen Bereich
ihren Mann oder ihre Frau steht. Die reife erfolgreiche Persönlichkeit, die wohl für die meisten erstrebenswert ist, besteht
nicht aus dem paranoiden Milliardär, der sich menschenscheu
und ängstlich in seiner Hotelsuite verbarrikadiert, nur von seinen Maschinen und einigen wenigen Angestellten umgeben.
Der insgesamt Erfolgreiche ist zufrieden und gesund. Er hat
erfüllende Kontakte zu Mitmenschen, zum Partner, zur Familie, zu Freunden. In seiner Arbeit verwirklicht er Werte, die für
ihn wichtig sind.

Frau Professor Höhler beschreibt in dem Interview zu diesem
Buch die für sie persönlich wichtigen Faktoren so:

Man muß eine Freude an Disziplin haben. Wenn man die nicht
hat, ist es schwierig. Ich hatte immer eine Freude an Präsenz, an

Life-Situationen, wo es gerade im Moment darauf ankommt, daß überhaupt nichts danebengehen darf. Ich hatte nie eine Freude am »Ins-Unreine-Schreiben«. Ich weiß, daß man besser ist, wenn es darauf ankommt. Schon auch aus dem Sport gibt es viele Beispiele, daß nicht die hundert Meter erst zur Probe gelaufen werden, sondern daß man sagt: Jetzt kommt es darauf an! Dieses Einteilen der Kraft, dieses aktive Zurücknehmen der Kraft und aktive Abrufen von Kraft. Es ist eine sportliche Grundeinstellung. Die Freude daran, über den eigenen Geist zu herrschen und damit auch über die physischen Kräfte zu herrschen. Denn man hat dann, wenn man konzentriert sein muß, eine enorme Aktivierung von Adrenalin und von Streßhormonen, die zu höherer Leistung verhelfen. Stellen Sie sich mal vor, ich würde mich auf einer Reise zu einem wichtigen Vortragstermin vorher schon aufregen, wie die meisten Leute das tun und auch glauben, das sei normal und das müßte man machen.

Man muß geistig einen Weg finden, Distanz zu nehmen von dem System. Das heißt nicht, daß man wegrobbt vom Firmeninteresse, sondern daß man niemals aus dem Blick verliert, daß die Systeme, in denen wir leben, künstliche Systeme sind, die von Menschen gemacht sind und von Menschen optimiert werden müssen. Für die Optimierung tragen wir alle die Verantwortung. Wir hören so häufig, daß Menschen sagen: »Das sind Strukturprobleme. Dagegen können wir nichts machen. Das sind Sachzwänge.«

Das sind Ohnmachtssignale. Wenn Menschen solche Worte benutzen, dann muß man fragen: Die Sache zwingt dich? Die kann dich höchstens zwingen, genau zu denken, aber im übrigen beherrschst du die Sache. Spitzenleute haben diese Fähigkeit. Es ist wesentlich, daß man sich sagt: Was wir hier machen, ist nach einer Spielregel, die haben vielleicht andere gemacht, aber wir könnten sie gemacht haben, wir optimieren die Spielregel. Wenn wir damit aufhören und zu Figürchen werden, die andere

Frau Professor Höhler beschreibt in einem Interview ihre persönlichen Erfolgsfaktoren. Darunter zählt sie Disziplin, Freude am Beherrschen des eigenen Geistes und des Körpers und eine Distanznahme.

23

schieben, dann fängt Streß an, der krank macht. Man muß den Menschen sagen, ihr könnt innovieren, wenn ihr immer wieder einmal gedanklich das System verlaßt, euch hinstellt und das System betrachtet und sagt: Ist es gut bei uns, könnte es besser sein? Ist es für mich gut, kann ich da leben? Was glauben Sie, wenn die ganze Führungscrew das immer fragt, wie gut das für die Mitarbeiter wird.

Ich glaube, daß die zunehmende Wettbewerbssituation die Firmen zwingen wird, ihr Instrumentarium für Siege in diesem Wettbewerb immer weiter zu verfeinern. Sie können aber nicht mehr verfeinern auf der Produktseite, sondern sie können nur noch verfeinern auf der Menschenseite. Sie können die Qualität ihrer Menschen weiter steigern, und da hoffe ich, daß von den Märkten selber, vom Wettbewerb der Druck ausgeht, Komponenten zu kultivieren, von denen die ganze Industriegesellschaft, die Industriekultur gedacht hat, sie wären Randkomponenten: Wie Sie ein Produkt vermarkten, das hängt heute davon ab, mit welchen Menschen Sie in welchem werblichen Umfeld, mit welcher Servicebereitschaft und Wärme und Zuwendung auftreten. Menschen geben gerne Wärme, weil sie selber Wärme wollen. Da bekommen wir einen Wärmeaustausch, den die hochtechnologisierte Kultur dringend braucht.

Weitere wichtige Einsichten formuliert Frau Professor Höhler zum Thema Rückschläge, Niederlagen und Erfolg:

Man muß sehr solide Grundlagen haben. Die hat man, wenn man tätig ist in einem Bereich, den man wirklich beherrscht. Denn dann kann man sich schon einen Tag nach einer schlimmen Niederlage darauf besinnen, daß man doch etwas zu bieten hat. Denn es kommt nicht einfach »aus dem hohlen Bauch«, daß man sich sagt: Du bist doch überhaupt ein Spitzentyp. Denn es ist ein schwerer Schlag, wenn die Außenwelt einem mitgeteilt hat, daß man das nicht ist. Jetzt muß man erkennen, die Leute von außen verkennen etwas, verschieben etwas und haben vielleicht auch ein Interesse, dir zu schaden. Oft sind Leute auch von Niederlagen deshalb so bestürzt und so schwer verletzt, weil sie fühlen, daß der Angreifer auf irgendeine Weise recht hat. Man soll sich heimlich die paar Gramm, die er recht hat, holen und etwas daraus lernen. Aber wenn das größere Anteile sind, dann wird man auf die Dauer vernichtet von den anderen. Denn die Leute werden die schwachen Stellen immer wieder finden und immer wieder da hineinstechen und einen dann wirklich zur Strecke bringen.

Sie sehen das bei allen nachhaltigen Niederlagen, die man in der Presse verfolgen kann. Da ist ein Mensch bereits angeschlagen, aber nicht, weil die anderen so viel draufgeschlagen haben, sondern weil er wirklich etwas falsch gemacht hat.

Es geht darum, die eigene Leistung gut im Griff zu haben, auf dem letzten Stand des Wissens zu sein, sich nicht zu überfordern, sich nicht eine Karriere abzuverlangen, die man eigentlich gar nicht leben kann. Das tun ja auch viele Leute. Wir müssen im Gleichgewicht unserer Kräfte agieren. Das ist die Quelle für Erfolg! Also nicht Antriebe simulieren, die man nicht hat, da bleibt man auf der Strecke.

Auch Roland Berger nimmt zu der Frage, was Erfolg ausmacht, ganz persönlich Stellung und ergänzt weitere Gesichtspunkte:

Erfolg hat verschiedene Komponenten. Erfolg hat einmal die Komponente, das zu erreichen, was man sich vornimmt, also inhaltlich das zu realisieren, was man gerne zustande bringen möchte. Zweitens hat Erfolg durchaus auch eine Wettbewerbskomponente, nämlich seine eigenen Leistungen an der der anderen zu messen. Und last but not least spielt auch die Kom-

Wenn man seinen Job beherrscht und eine solide Grundlage hat, dann kann man mit einer Niederlage besser fertig werden. Wird man nicht damit fertig, dann hat man vielleicht wirklich etwas falsch gemacht.

ponente »Anerkennung durch das Umfeld« eine Rolle. Für mich persönlich besteht Erfolg in einer Mischung aus allen drei Komponenten, wobei die erste die wichtigste ist.

Bei mir kommt vielleicht noch eine für mich wichtige ethische Dimension dazu: Ich denke, daß es eine wesentliche Aufgabe des Menschen ist, zum Fortschritt und zur Entwicklung der Menschheit beizutragen, was immer das auch bedeuten mag. Dies ist für mich ein Leitbild für das, was ich beruflich, aber auch privat tue und wofür ich mich engagiere.

Frage: Was ist denn für Sie ausschlaggebend gewesen, um diesen Erfolg zu erreichen, den Sie ja sichtbar haben?

Das ist einmal die Tatsache, daß ich das Glück hatte, mir einen Beruf wählen zu können, der ziemlich nahtlos mit meinen Begabungen und Wünschen übereinstimmt. Zwischen mir und meiner Arbeit gab es nicht das Phänomen der Entfremdung, des Kompromisses oder des Opportunismus, das Sich-anpassen-Müssen. Ich habe ziemlich rational analysiert, was ich gern tue, und habe meinen Beruf dann danach ausgewählt. Da war dann eine Reihe von Zufällen, die mir das ermöglicht haben, auch die Chance zu bekommen, das zu tun. Ich wäre sicher auch in einer anderen Konstellation erfolgreich gewesen, aber vielleicht nicht so erfolgreich und zufrieden gleichzeitig.

Das ist ein Gesichtspunkt. Der zweite ist sicher der, daß ich mich mit Sicherheit überdurchschnittlich eingesetzt habe und sehr viel arbeite, sehr fleißig bin. Ich bin sicher nicht ohne Ehrgeiz, aber ich glaube, die Komponente Fleiß spielt bei jedem Erfolg eine überdurchschnittliche Rolle.

Frage: Sie haben zwei Faktoren genannt, den Fleiß und dem Folgen Ihrer Neigungen. Gibt es darüber hinaus einen Unterschied zu anderen, die auch beidem folgen?

Ich habe ein sehr ausgeprägtes Unabhängigkeits- und Selbständigkeitsstreben. Ich bin sicher nicht sehr geeignet, mich unterzuordnen, und ich bin ein Mensch mit sehr vielseitigen Begabungen.

Ich lege mich da auch ungern einseitig fest. Deswegen habe ich mich sehr bewußt gefragt, was mich langfristig zufriedenstellen könnte, und habe mir das eben ausgesucht, was ich tun möchte. Für mich war die Komponente Selbständigkeit von Anfang an wichtig. Deshalb habe ich auch einen freien Beruf gewählt.

Frage: Gab es einen Preis, den Sie dafür bezahlen mußten? Mußten Sie für die Unabhängigkeit kämpfen, oder hat sich das einfach so ergeben?

Das hat sich nicht einfach so ergeben. Der Preis war natürlich Arbeit und Engagement. Der Preis war sicher auch zum Teil Verzicht auf private Lebenskomponenten. Das ist das einzige, was ich möglicherweise im Leben anders machen würde, etwas mehr Zeit für meine Kinder und meine Frau zu reservieren, gar nicht so sehr für mich selbst. Ich finde den Unterschied zwischen Arbeit und Urlaub immer künstlich. Für mich ist Urlaub nichts, bei dem ich drei Wochen dasitze und nichts tue oder ganz etwas anderes tue, um meinen Beruf, der meine Berufung ist, zu vergessen. Umgekehrt, wenn ich auf einer Geschäftsreise bin und in der Stadt eine Kunstausstellung ist, die mich interessiert, dann finde ich in der Regel auch die zwei Stunden Zeit, um da hinzugehen.

Frage: Was ist denn das Wichtigste, das Sie auf Ihrem Weg zum Erfolg gelernt haben?

Das sind verschiedene Erkenntnisse. Einmal, daß man nie nachlassen und sich nie entmutigen lassen darf. Zweitens, daß man Erfolg nie alleine erringt, sondern immer mit anderen Menschen zusammen. Deshalb gibt es eigentlich auch keine Einzelerfolge, sondern nur Erfolge mit dem Team, mit den Geschäftspartnern. Außerdem brauchen wir die Bereitschaft, ständig zu lernen, sowohl intellektuell wie von der Persönlichkeit her. Eigentlich ist Neugierde die wichtigste Gabe eines Menschen, wenn er erfolgreich sein will. Viertens, daß nichts menschlichen Anstand und Integrität ersetzt. Kein Umweg und keine Unwahrheit und kein unethisches Verhalten macht sich je bezahlt. Man muß seine

Der Münchener Unternehmensberater Roland Berger hat ebenso seine persönlichen Tips für den Erfolg. Dazu zählt er Fleiß, seinen Neigungen nachgehen, Selbständigkeit und Lernbereitschaft.

eigenen Grundsätze haben und mit ihnen leben, auch wenn es einmal unbequem wird.

Erfolg ist ein umfassender Begriff, der sich für jeden aus unterschiedlichen Komponenten zusammensetzt. Jeder von uns hat seine bestimmte Vorstellung, was für ihn Erfolg ausmacht und was für ihn dafür notwendig ist.

Erfolgsdefinition
Was ist Ihre ganz persönliche Definition von Erfolg?

- gesteckte Ziele erreichen
- im Einklang mit sich selbst leben
  ("Sich in einer Haut wohlfühlen")
- Anerkennung von außen

Was sind in Ihren Augen die Voraussetzungen dafür?

- sich nicht ablenken lassen
  Disziplin + Konsequenz
- Neugierde Flexibilität
- Interesse, Wissen im Bereich d. Tätigkeit

Dieses Erfolgstraining unterstützt Sie in den folgenden Kapiteln, sich in Ihre gewünschte Richtung weiterzuentwickeln. Einzelne Methoden und Techniken geben jeweils nur den Rahmen, den Sie mit den eigenen Inhalten und Zielen ausfüllen.

Zum Vertiefen

① Sehr geeignet als anschaulicher Überblick über die vielen
Möglichkeiten des Mentalen Trainings ist das Buch von Fritz
Stemme: *Supertraining. Mit mentalen Techniken zur Spitzen-
leistung.*

② Einen anschaulichen, ausführlichen Hintergrund über die
Werte und den Geist, der zukünftig den Erfolg von Unternehmen bestimmen wird, geben zwei Bücher: Gertrud Höh-
lers *Spielregeln für Sieger* und Gerd Gerkens *Geist. Das
Geheimnis der neuen Führung.*

Kernsätze des Kapitels

● Mentales Training vollziehen wir unbewußt und unsystematisch unser ganzes Leben hindurch. Es ist deshalb im Grunde
nichts Neues. Neu ist, daß wir diese mentalen Prozesse
bewußt beeinflussen und nutzen. So können wir mit unserem
geistigen Potential in die Richtung steuern, die für uns erstrebenswert ist.

Anhand Ihrer ganz per-
sönlichen Erfolgsdefi-
nition wird es Ihnen
leichter fallen, sich
Ziele zu stecken, denn
einzelne Methoden
und Techniken bilden
nur den Rahmen für
Ihr persönliches
Erfolgsprogramm.

2 Mentales Training als Schulung der Erfolgsfaktoren

Mentales Training setzt sich aus zwei grundlegenden Bausteinen zusammen:

- Bewußtes Trainieren von Entspannung
- Systematische Beeinflussung unseres Denkens

Entspannung ist eine Fähigkeit von zentraler Bedeutung, die uns in Kontakt mit den eigenen Kräften bringt. Darüber hinaus ist Entspannung eine notwendige Voraussetzung einer effektiven Arbeit mit dem Denken.

Herr Heinrich verlegt in seinem Büro einen Brief und muß ihn zehn Minuten lang suchen. Ein Kollege spricht ihn darauf an. Aus einer schon vorher bestehenden inneren Unruhe heraus reagiert er mit einem unangemessenem Verhalten. Er wird ärgerlich und braust auf. Der Kollege ist aus dem Zimmer – und jetzt beginnen die inneren Vorwürfe und Selbstzweifel: »Eigentlich hättest du doch ganz anders reagieren sollen. Immer wieder benimmst du dich daneben . . .«
Diese Selbstzweifel verstärken wiederum die innere Unruhe, so daß Herr Heinrich beim nächsten Fehler wieder unangemessen reagiert. Diesmal macht er sich ganz klein und entschuldigt sich mehrmals. Und wieder macht er sich hinterher Vorwürfe und steigert damit seine innere Unruhe auf ein überdurchschnittliches Maß.

Das Mentale Training beinhaltet zwei grundlegende Bausteine, nämlich das bewußte Trainieren von Entspannung und die systematische Beeinflussung unseres Denkens. Herrn Heinrich fehlt dies.

*Mentales Training als systematische
Schulung der Erfolgsfaktoren*

Herr Heinrich befindet sich in einem »Teufelskreislauf«. Er dreht sich in einem ständigen Kreis von innerer Unruhe, unangemessenem Verhalten und Selbstzweifeln. Dieser Teufelskreislauf spielt sich in Führungssituationen genauso ab wie beim Umgang mit dem Kunden oder beim Techniker, der an einer neuen Entwicklung arbeitet.

Dabei kann Herr Heinrich sich glücklich schätzen, wenn es beim Kreis bleibt. Viel schlimmer wird es, wenn aus dem Teufelskreis eine Teufelsspirale wird, die sich immer mehr in die Höhe schraubt. Das Ende ist dann drastisch und gefährlich. Es kann ein Nervenzusammenbruch sein, ein Gefühlsausbruch oder ein Herzinfarkt. Aber auch Selbstmord, Mord und Totschlag bilden das Ende einer solchen teuflischen Spirale.

Mentales Training gibt Hilfen, jedes Glied dieser Kette zu durchbrechen:

- Die innere Unruhe löst sich dadurch auf, daß Herr Heinrich ein Entspannungsverfahren trainiert. Er kann sich nun innerhalb von wenigen Sekunden in jeder Situation tief entspannen.
- Das unangemessene Verhalten ändert Herr Heinrich, indem er mental übt, in Zukunft ein angemesseneres Verhalten zur Verfügung zu haben.
- Bei den Selbstzweifeln macht Herr Heinrich sich bewußt, welche negativen inneren Programme automatisch ablaufen. Dann lernt er, sie durch sinnvollere Einstellungen zu ersetzen.

Herr Schwarz ist überlastet und bewältigt die Fülle der Aufgaben kaum mehr. Wenn er spätabends aus dem Werk nach Hause kommt, schwirrt ihm immer noch der Kopf. Die Gedanken scheinen sich selbständig gemacht zu haben, er kann nicht mehr

Mentales Training kann Herrn Heinrich helfen, aus diesem Teufelskreislauf zu entkommen, der zu Herzinfarkten, Nervenzusammenbrüchen, ja sogar in manchen Fällen zum Selbstmord führen kann.

abschalten. Noch nach Mitternacht wälzt er sich im Bett. In seinem Kopf jagt ein Projekt das andere. Regelmäßig erwacht er am nächsten Morgen unausgeschlafen und wie gerädert.

Herr Schwarz ist ein Opfer seiner Gedanken. Mit Mentalem Training lernt er, systematisch sein Denken zu beeinflussen. Das Training schult die Faktoren, die zu einer erfolgreichen Bewältigung der eigenen Aufgaben gehören.

Denn bei Herrn Schwarz laufen negative Denkprogramme ab. Es besteht eine regelmäßige Folge von Gedanken, die ihn in einen Zustand von Anspannung und Schlaflosigkeit führen. Negative Programme sind an den Resultaten erkennbar. Die Gedanken sind nicht hilfreich, sondern verschlimmern im Gegenteil die Situation. Solche ungünstigen Programme erzeugen Wut, Depression und Schuldgefühle. Beispielsweise treten zwanghaft Erinnerungen an Fehlschläge und Verletzungen auf. Jedesmal, wenn eine ähnliche Situation auftritt, erinnern wir uns automatisch an die schlechten Erfahrungen, verspannen uns und gehen in eine Flucht- oder Angriffshaltung.

Ein wichtiger Schritt geht dahin, sich in schwierigen Situationen bewußt zu machen, welche inneren Programme genau ablaufen. Häufig führt allein das neue Wissen schon zu Änderungen. Wer bisher immer automatisch und fast zwanghaft in die negative Richtung reagiert hat, hat jetzt mehr Abstand und kann anders reagieren. Er verfolgt genau seinen inneren Prozeß und paßt auf, nicht wieder in die gleiche Falle zu laufen.

Bausteine des Denkens

Die Bausteine unseres Denkens sind Erfahrungen, die wir gemacht haben. Man stelle sich einen Menschen aus einem Science-fiction-Roman vor, der ganz und gar künstlich gezeugt, geboren und in der Retorte, isoliert und betäubt, aufgezogen wird. Wenn dieser Mensch dann mit dreißig Jahren das erste Mal seine Augen aufschlägt, kann er weder denken noch sprechen, da ihm jegliches Wissen und jegliche Erfahrung fehlen.

Denn die Grundlage unserer Erfahrungen bilden Sinneswahrnehmungen. Wer nicht sieht, hört, spürt, riecht und schmeckt, kann keine Erfahrungen machen. Er ist abgeschnitten von der Welt und lebt in seinem eigenen schwarzen und leeren Universum. In seinem Kopf kann sich nichts abspielen, was vergleichbar mit unserem Denken ist, da ihm das Material zu diesem Denken fehlt.

Allerdings erleben wir, wenn wir denken, häufig nicht mehr diesen direkten Bezug zu unserer sinnlichen Wahrnehmung. Statt dessen ist Denken mehr wie ein computermäßiges Summen, das stattfindet und uns dann mit Resultaten versorgt. Die Bearbeitung und die Verarbeitung des Gehirns geschehen derartig schnell, daß sie unserer bewußten Beobachtung entgehen.

Probieren Sie dazu folgende kleine Übung:
Antworten Sie bitte schnell und spontan. Sie haben für Ihre nächste Hauptmahlzeit (Mittag- oder Abendessen) die Wahl zwischen

ⓐ Pizza
ⓑ Steak
ⓒ Forelle

Wofür entscheiden Sie sich?

Sie konnten sich wahrscheinlich im Bruchteil von Sekunden für eine Mahlzeit entscheiden. Dennoch sind in diesem Augenblick, der der Antwort vorausgeht, eine Anzahl von Denkpro-

Herr Schwarz bringt die Probleme mit nach Hause. Negative Denkprogramme lassen ihn nachts nicht schlafen.

Schon ein Bewußtmachen dieser inneren Programme können zu einer Verhaltensänderung führen.

zessen im Gehirn abgelaufen. Die blitzschnellen Prozesse lassen sich jedoch im nachhinein mit Ruhe und Aufmerksamkeit aufschlüsseln und bewußtmachen.

Denn ohne innere Wahrnehmungen und ohne einen Bezug zu den drei Gerichten ist eine Entscheidung nicht möglich. Dabei hat jeder andere Entscheidungswege. Der eine mag eine Stimme hören, die ihm sagt, »Pizza macht dick – Forelle ist gut für deine Linie!« Ein anderer sieht die drei Mahlzeiten vor sich stehen, betrachtet sie und registriert, bei welcher ihm das Wasser im Mund zusammenläuft. Der dritte sieht als erstes eine verkohlte Pizza von seinem letzten Pizzeriabesuch und sagt sich: »Also auf keinen Fall Pizza!« und vergleicht dann die Bilder von Forelle und Steak.

Nehmen Sie sich Zeit für die Antwort. Wie haben Sie gerade entschieden? Woher wußten Sie, welches Gericht Sie wollten?

Forelle :

leichtes Essen, gesund, liegt nicht

im Magen

Wahrnehmungen lassen sich danach unterscheiden, ob sie jetzt im Moment tatsächlich aktuell vorhanden sind oder sich in unserem Geiste, also mental, abspielen. Wenn wir Denken genau aufschlüsseln, setzt es sich aus inneren Bildern und akustischen Eindrücken (Sätze, Stimmen, Geräusche) zusammen. Darüber hinaus gibt es so etwas wie den abstrakten Schnelldurchlauf, der uns mit Ergebnissen versorgt, wie zum Beispiel mit der Entscheidung, welche Mahlzeit Sie bevorzugen.

Die inneren Bilder erleben Sie, wenn Sie sich vorstellen, wie Ihr Lieblingszimmer aussieht, wo sich Fenster und Tür befinden und wo Ihr Stuhl steht. Sie können diese inneren Bilder aus der Erinnerung abrufen oder sie auch neu zusammensetzen und konstruieren. Wie würde Ihr Arbeitszimmer rot angestrichen wirken? Welche Möbel aus Ihrer Wohnung wären dort geschmacklich völlig unpassend?

Das innere Hören erleben Sie, wenn Sie sich zum Beispiel jetzt gerade innerlich laut die Frage stellen: Welchen Nutzen kann ich aus diesen Informationen ziehen? Sie können innerlich das Verhalten eines anderen kommentieren. Oder Sie hören innerlich die ersten Takte Ihrer Lieblingsmusik.

Die Mitglieder im Planungsstab entwickeln Bilder und Vorstellungen von den zukünftigen Möglichkeiten, indem sie abstrakte Prognosezahlen in Bilder übersetzen. Der Abteilungsleiter, der sich überlegt, wie er für ein besseres Arbeitsklima sorgen kann, sieht im Geiste die verschiedenen Mitglieder seiner Abteilung, hört sie ihre Kommentare abgeben, hört seine eigenen Antworten dazu und sucht nach neuen Bildern und Sätzen.

Der Ingenieur in der Entwicklungsabteilung sucht nach neuen Konstruktionen, indem er Bilder aus verschiedenen technischen Geräten koppelt. Gleichzeitig hört er seinen eigenen inneren kritischen Kommentar dazu: »Nein, so kann es nicht gehen. Das muß anders laufen.« Und selbst der Mathematiker arbeitet mit abstrakten Zahlen, die er irgendwann einmal gesehen und gehört hat.

Im Mentalen Training beeinflussen wir innere Bilder (Visualisierung) und innere Sätze so, daß die Ergebnisse für uns sinnvoll und nützlich sind. Resultat dieser Beeinflussung sind neue Einstellungen, neue Gefühle und ein positiver Wechsel in Körperempfindungen und -spannungen.

Unser Denken setzt sich aus inneren Bildern und akustischen Eindrücken zusammen. Im Mentalen Training ist es wichtig, sich Bilder und Vorstellungen zu machen. Innere Sätze können beeinflußt werden.

Wie Sie dieses Buch nutzen können

Wäre es nicht großartig, mit einem geringen Aufwand an Zeit und Engagement wesentliche Erkenntnisse über sich selbst und die Kunst, das Leben zu meistern, zu gewinnen? Allein dadurch, daß Sie mit Neugierde und Spielfreude ein Buch durcharbeiten, immer wieder Fragen beantworten und kleine Übungen durchführen?

Dieses Buch enthält eine Reihe von Methoden, die *Ihnen* nützlich sein können. Den Nutzen dieser Methoden bestätigen zumindest die Teilnehmer der Seminare, die ich zu diesem Thema durchführe. Verschaffen Sie sich deshalb einen Überblick, wie weit die Inhalte und die Art der Darstellung Sie ansprechen. Dann können Sie fundierter entscheiden, wie weit es für Sie nützlich scheint, der Beschäftigung mit diesem Buch Energie zu geben. Noch fundierter können Sie urteilen, wenn Sie drei oder vier Techniken ausprobieren. Ich kann Ihnen versprechen: Je mehr Energie Sie investieren, desto mehr Nutzen werden Sie aus dem Buch ziehen.

Es ist sinnvoll, spielerisch an dieses »Arbeits«-Buch heranzugehen. Sie werden viele Fragen finden, die Sie in den dafür vorgesehenen Zeilen beantworten können. Diese Fragen lösen Denkprozesse aus und führen zu neuen Verknüpfungen und damit zu neuen Sichtweisen. Es lohnt sich, auch Fragen zu beantworten, die Sie zunächst überfliegen wollen. Wenn sie einen Bleistift benutzen, können Sie manche Übungen auch mehrmals auf dem gleichen Blatt machen. Oder Sie legen sich ein eigenes Arbeitsheft zu diesem Buch an.

Allein dadurch, daß Sie Ziele ausdrücklich formulieren, setzen Sie einen Veränderungsprozeß in Gang. Denn das Gehirn beginnt sich in Richtung auf das Ziel zu organisieren. So stellte 1953 in den USA der Verfasser einer Diplomarbeit über Zielsetzungen fest, daß 3 Prozent der Studenten ihre Lebensziele nie-

Wie dieses Buch nutzen

dergeschrieben hatten. Zwanzig Jahre später wurden diese Studenten wieder befragt, und es stellte sich heraus, daß 3 Prozent der Studenten, die ihre Ziele aufgeschrieben hatten, mehr Einkommen erzielten als die übrigen 97 Prozent der Klasse zusammen.[1]

Nützen Sie die Übungen, und experimentieren Sie. Die eigene Erfahrung wird für Sie der beste Ratgeber, um zu erkennen, was Ihnen nützt und was nicht. Lassen Sie sich überraschen, wie schnell Veränderungen vonstatten gehen können.

Nehmen Sie sich fünf Minuten Zeit, gönnen Sie sich etwas Ruhe, und riskieren Sie es, die folgende Frage zu beantworten:

Dieses Buch ist ein Spiel- und Handbuch für den Leser. Es beinhaltet eine Anzahl wichtiger Methoden und Techniken, die Sie, wenn Sie ein wenig Zeit und Energie investieren, zu neuen Erkenntnissen führen.

Was wäre das optimale Ergebnis, das Sie mit dem Mentalen Training erzielen möchten? (Lassen Sie sich bei der Beantwortung
nicht davon abschrecken, daß Sie vielleicht noch nicht sehr viel
über das Gebiet wissen.)

- _zielorientiertes Handeln_
- _Erreichen v. gesteckten Zielen_
- _mittelfristige Planung d. berufl._
  Entwicklung
- _Konzentration / gezielte Entspannung_
- _konsequente Verfolgung d. gesetzten Ziele_
- _Selbstmotivation / Vermeidung von_
  destruktiver Selbstkritik

Wenn Sie die Frage einfach überlesen, verpassen Sie eine Stärkung. Wenn Sie diese Frage beantworten, wird allein schon diese Antwort eine positive Wirkung auf Sie haben. Denn Sie kommen dabei in Kontakt mit innerlichen Kraftquellen. (Warum
das so ist, werden Sie im nächsten Kapitel erfahren.)

Training in der Praxis

Wer nicht trainiert, muß sich nicht wundern, wenn die Ergebnisse nicht seinen Erwartungen entsprechen. Kein Sportler wird sich nach dem Studium eines Buches auf die faule Haut legen und voller Vertrauen einen Monat später zum Marathonlauf antreten. Regelmäßiges Training ist die Voraussetzung für das Beherrschen aller mentaler Techniken, von der Entspannung angefangen über das Nutzen der inneren Bilder bis hin zum Lösen innerer Konflikte.

Die verbreitetste Entspannungstechnik ist das Autogene Training, das über Worte und Vorstellungen, zum Beispiel: »Mein rechter Arm ist schwer«, den einzelnen immer schneller in einen tiefen Ruhezustand bringt. Da es genügend Literatur zum Autogenen Training gibt, will ich im Rahmen dieses Buches nicht weiter darauf eingehen. Jeden, der sich mit Eigenarbeit oder mit Kassetten schwertut, kann ich nur zu einem Kurs an einer Volkshochschule ermuntern. Es lohnt sich.

Eine andere wirksame Methode ist das sogenannte Muskelentspannungstraining nach Jacobson.[2] In bestimmter Reihenfolge werden einzelne Muskelgruppen, zum Beispiel Oberarm oder Bauch, kurz und kräftig angespannt und dann langsam die Spannung gelöst. Durch die vorherige Anspannung fällt die Entspannung leichter, ist spürbarer und kann so leichter gelernt werden. Deswegen ist das Muskelentspannungstraining für jemanden empfehlenswert, dem Entspannung schwerfällt.

Im folgenden möchte ich einen Text für eine Entspannungstechnik vorstellen, den ich in vielen Seminaren erprobt habe.[3] Zu dieser Textvorlage erarbeitet sich jeder Teilnehmer den persönlichen Text. Jeder findet anhand der Vorlagen leicht die ganz auf ihn zugeschnittenen Worte und Inhalte.

Als eine große Hilfe für ein kontinuierliches Training erweisen sich Tonkassetten. Kassetten dienen zum Üben in den ersten

Jeder, der ein gutes Ergebnis erzielen will, muß trainieren. So ist es im Sport, und so ist es auch im Mentalen Training. Dazu gibt es die Methoden des Autogenen Trainings oder des Muskelentspannungstrainings.

41

Training in der Praxis

Wochen und auch später in belastenden Phasen. Sehr sinnvoll erweisen sich Kassetten, die der einzelne selbst bespricht. So erarbeiten sich in meinen Seminaren die Teilnehmer den Text selbst. Sie erhalten dann ein Aufnahmegerät und haben eineinhalb Stunden Zeit, um sich ihren Text auf eine Kassette zu sprechen. Gerade mit Kaufkassetten vertraute Seminarteilnehmer waren begeistert, als sie ihre eigene Kassette besprachen. Denn nach ein paar Anfangsschwierigkeiten ist es leicht, der eigenen Stimme zu vertrauen und sich fallenzulassen. Wer anfängt, sich die eigenen Kassetten zu gestalten, dem bieten sich eine Fülle von Möglichkeiten, schwierige Situationen zu bewältigen und die eigenen Ziele zu erreichen.

Sie können natürlich auch eine der vielen professionell gemachten Kassetten auf dem Markt nutzen. Entscheidend ist hier, daß Ihnen Inhalt und Stimme zusagen. Sie finden überwiegend Entspannungskassetten und Kassetten mit positiven Suggestionen zu praktisch jedem Thema, darüber hinaus Phantasiereisen. Leider sind die Spielzeiten von den Entspannungskassetten, die ich kenne, für ein kurzes tägliches Üben zu lang. Deshalb stelle ich Ihnen Texte vor, die Sie für individuelle Bedürfnisse nutzen können.

Dennoch werden nicht gleich jede Leserin und jeder Leser die eigene Kassette besprechen. Um ihnen dennoch die Gelegenheit zu geben, ein Training so wie im weiteren beschrieben durchzuführen, wurde gemeinsam mit dem PLS-Verlag Kassetten entwickelt, die Übungen dieses Buches in ihrer offenen Form enthalten. Damit kann der Hörer mit den eigenen Themen arbeiten und gleichzeitig eine professionelle Unterstützung in Anspruch nehmen.

Lesen Sie sich den folgenden Text zunächst einmal sehr langsam und ruhig vor und spüren Sie die Wirkung.

Entspannungstechnik

. . . Ich nehme mir so viel Zeit, wie ich brauche, um es mir wirklich bequem zu machen. Ich finde die beste Lage für meinen Körper, während ich beginne, mich allmählich mehr und mehr zu entspannen. Ich spüre meinen Rücken an der Unterlage und genieße es, getragen und gehalten zu werden. Ich lasse mehr und mehr los, sinke ein in die Unterlage, tiefer . . . und tiefer . . . Ich nehme meinen Atem wahr, wie er ganz von allein fließt im ruhigen Rhythmus des Ausatmens . . . und des Einatmens . . . Mit jedem Einatmen nimmt mein Körper Sauerstoff, Energie und Wachheit auf . . . und mit jedem Ausatmen fließen alle Spannungen aus dem Körper . . . Mit jedem Ausatmen verschwinden alle Spannungen, und ich werde ruhiger und ruhiger . . .

Eine weitere Möglichkeit sind Entspannungskassetten. Am sinnvollsten ist es, eigene Kassetten zu besprechen. Lesen Sie den Text langsam durch, und spüren Sie die Wirkung Ihrer eigenen Stimme.

Entspannung breitet sich aus, so daß ich mich tiefer und tiefer entspanne, mich immer freier und angenehmer fühle ...

Während ich hier sehr entspannt sitze oder liege, stelle ich mir einen Ort vor, an dem ich mich einmal ganz besonders wohl gefühlt habe.

Hier können Sie jeden Ort nehmen, an dem Sie einmal sehr entspannt waren, am Meer, in den Bergen, bei einem Spaziergang im Wald oder in der Badewanne. Das Beispiel ist eine Szene am Meer. Wenn es für Sie wirkt, nehmen Sie diesen Ort. Sonst nehmen Sie Ihren eigenen Ort und beschreiben ihn: Was sehe ich? Was höre ich? Wie ist die Luft (Geruch?) und wie die Temperatur? Was sind meine Bewegungen und Körperempfindungen? Welche Gefühle werden in mir wach?

Ich stelle mir vor, wie ich lang ausgestreckt an meinem Strand liege, und erlaube mir dabei, mich noch mehr zu entspannen. Ich schaue mich um, sehe all die leuchtenden Farben um mich, sehe den Sand, das Blau des Wassers und des Himmels ... Und dabei kann ich den warmen Sand unter mir spüren und die Sonne, die von oben meinen ganzen Körper erwärmt ... Ich kann die Wellen hören, die sich in gleichmäßigem Rhythmus wieder und wieder brechen. Ich nehme den salzigen Geruch des Wassers in der Luft wahr und die frische Brise, die vom Wasser her weht ...

Wie angenehm und erholsam ist es, so am Strand *(Ihr persönlicher Ort)* zu liegen.. nichts tun zu müssen, nirgendwohin zu gehen, einfach nur entspannen und dasein ... Und während ich so – am Strand *(Ihr persönlicher Ort)* liege und mich mehr und mehr entspanne, erlaube ich, daß dieses angenehme Gefühl meinen ganzen Körper ausfüllt, bis in jede Zelle ... Ich kann hier genießen, entspannen und einfach dasein. Ich gebe mich diesem Gefühl hin, so lange ich mag ... Wie angenehm ist es, loszulassen und sich zu entspannen.

Nun lasse ich ein Wort oder einen Satz in mir auftauchen, der dieses schöne, sichere, angenehme Gefühl wiedergibt. (Nehmen Sie hier die persönlichen Schlüsselworte, die Ihrem Gefühl entsprechen.)

Jetzt wiederhole ich die Worte *(Ihre Schlüsselworte)* jedesmal, während ich ausatme, einige Male zu mir selbst . . . Allmählich wird jedesmal, wenn ich die Worte *(Ihre Schlüsselworte)* zu mir sage, dieses warme, entspannte, gute Gefühl stärker werden. Ich mache es noch einige Male. Ich wiederhole *(Ihre Schlüsselworte)* und fühle jedesmal, wie dieses angenehme, entspannte Gefühl sich in mir ausbreitet . . . Ich gebe mich dem Gefühl hin und genieße . . .

Wenn ich soweit bin, wieder hier zurück in die Gegenwart zu kommen, dann zähle ich rückwärts von fünf bis eins und fühle mich mit jeder Zahl frischer und wacher. Wenn ich bei eins bin, werden meine Augen sich öffnen, und ich werde wach, erfrischt und energiegeladen sein.

Fünf . . . vier, allmählich werde ich wacher . . . drei, meine Lebensgeister kehren langsam zurück . . . zwei, mein Atem wird tiefer . . . und eins, die Augen öffnen sich. Ich bin wach, frisch, erholt und entspannt.

Vielleicht mag mein Körper sich jetzt ein bißchen dehnen und strecken und dabei genießen, wieder ganz wach und hier zu sein.

Wirksam ist hier die Kombination körperlicher und mentaler Anregungen. Die Entspannung beginnt mit der Konzentration auf den Körper und das Loslassen von Gedanken und Spannungen beim Ausatmen. Im nächsten Schritt erscheint die Vorstellung eines angenehmen Ortes, der verknüpft ist mit völliger Entspannung. Die Entspannung wird gekoppelt mit einem Begriff als Schlüsselwort, der später als Auslöser für die Kurzentspannung dient.

Finden Sie die beste Lage für Ihren Körper, und versuchen Sie sich zu entspannen. Stellen Sie sich Ihren Lieblingsort oder einen schönen Urlaub vor. Nehmen Sie alle Sinneseindrücke bewußt wahr.

Zum Besprechen der Entspannungskassette einige Hinweise:

- Wichtig ist die Nutzung von Wörtern und Bildern, die *für Sie* angenehm sind.
- Gestalten Sie aus dieser Vorlage Ihren eigenen Text, indem Sie alles streichen, was nicht Ihre Worte oder Ihr Satzbau sind, und statt dessen Begriffe einsetzen, die für Sie angenehm klingen.
- Eine Unterstützung für das spätere Üben ist, wenn Sie beim Sprechen entspannt sind. Am leichtesten gelingt das, wenn Sie ein Stück weit nachvollziehen und nachspüren, was Sie lesen.
- Sprechen Sie den Text auf die Kassette langsamer, als Sie normalerweise sprechen. Machen Sie viele Pausen. Ein Hinweis auf mögliche Pausen sind die Punkte ...
- Kleine Pausen nach jedem angenehmen Wort heben dieses Wort hervor, zum Beispiel dieses warme ... entspannte ... gute Gefühl.
- Hilfreich ist es, wenn Sie den Atemrhythmus für die Pausen nutzen. Sprechen sie einen Satz oder ein Wort, atmen Sie ganz aus und langsam wieder ein und sprechen erst dann mit dem nächsten natürlichen Ausatmen weiter.
- Lassen Sie im Hintergrund eine Musik laufen, die Ihnen gefällt und die Wirkung Ihres Textes unterstützt.
- Sie erkennen am einfachsten, was für Sie ganz persönlich verbessernswert ist, wenn Sie sich mit der Kassette einige Male entspannt haben. Genießen Sie es, den Text häufiger zu sprechen und immer wieder zu verbessern.
- Das wichtigste: Strengen Sie sich nicht an, perfekt zu sein. Spielen Sie mit den neuen Möglichkeiten, eigene Kassetten zu besprechen.

Eine solche Kassette mit circa sechs bis acht Minuten Spieldauer dient zum Üben in den ersten Wochen. Sie können die Kassette täglich ein- oder zweimal zu Ihrer Entspannung nutzen. Je mehr Sie üben, desto stärker und schneller ist der Entspannungseffekt.

Nach 21 Tagen können Sie anfangen, sich ohne Kassette auf Entspannung, den Atem, die inneren Bilder und das Schlüsselwort zu konzentrieren, um sich in einigen Minuten tief und leicht zu entspannen. Gelingt Ihnen das gut, dann kürzen Sie allmählich die Zeitdauer.

Nach zwei bis drei Monaten können Sie sich immer schneller und tiefer in allen Situationen entspannen. Es genügen dann ein tiefes Ausatmen, das Bild des Entspannungsortes und das innerliche Nennen des Schlüsselwortes. Damit können Sie sich in beruflichen Belastungszeiten jederzeit wieder regenerieren.

Vorschlag eines Trainingsprogramms:

1. Schritt: Erarbeiten eines persönlichen Entspannungstextes und Besprechen einer Kassette.
Zeitaufwand: circa 90 Minuten.

2. Schritt: Während der nächsten drei Tage täglich einmal mit der Kassette entspannen und überprüfen, ob man mit dem Text zufrieden ist.
Eventuelle Neufassung.
Zeitaufwand: 3 × 8 Minuten plus eventuell 60 Minuten.

3. Schritt: 4 Wochen lang, jede Woche fünfmal Training mit der Kassette.
Zeitaufwand pro Woche: 5 × 8 Minuten.

4. Schritt: Drei Wochen lang, jede Woche fünfmal ohne Kassette Entspannungstraining mit Atem, dem Entspannungsort und dem Schlüsselwort.
Zeitaufwand pro Woche: 5 × 3 Minuten.

5. Schritt: Besprechen einer Zielkassette.
Zeitaufwand: 90 Minuten,

Ganz wichtig beim Besprechen einer Kassette sind Schlüsselworte, die es zu wiederholen gilt und die ein gutes Gefühl in Ihnen auslösen. Sprechen Sie langsam, und machen Sie viele Pausen.

47

6. Schritt: Drei Wochen lang, jede Woche fünfmal kombiniertes Training Entspannung (ohne Kassette) und Training mit Zielkassette.

Zeitaufwand pro Woche: 5 × 1 Minute Entspannung plus 5 × 8 Minuten Ziel.

7. Schritt: Weitertrainieren. Jede Woche dreimal Entspannung und Ziel (ohne Kassette). Einsatz neuer Kassetten zu speziellen Zielen möglich.

Zum Vertiefen

- Ein nützliches Buch, das besonders die praktischen Seiten des Mentalen Trainings beleuchtet, gibt es auf englisch: *Mind Power* von Zilbergeld und Lazarus.

Kernsätze des Kapitels

- Mentales Training setzt sich aus zwei grundlegenden Bausteinen zusammen:
  - Bewußtes Trainieren von Entspannung
  - Systematische Beeinflussung unseres Denkens
  Resultat dieser Beeinflussung sind neue Einstellungen, neue Gefühle und ein positiver Wechsel in Körperempfindungen und -spannungen.

- Negative Denkprogramme sind an den Resultaten erkennbar. Die Gedanken sind nicht hilfreich, sondern verschlimmern im Gegenteil die Situation. Solche ungünstigen Programme erzeugen Wut, Depression und Schuldgefühle.

- Allein dadurch, daß Sie Ziele ausdrücklich formulieren, setzen Sie einen Veränderungsprozeß in Gang. Denn das Gehirn beginnt sich in Richtung auf das Ziel hin zu organisieren.

- Regelmäßiges Training ist die Voraussetzung für das Beherrschen aller mentaler Techniken, von der Entspannung angefangen über das Nutzen der inneren Bilder bis hin zum Lösen innerer Konflikte.

3 Eigene Kräfte wecken und nutzen

Herr Bauer bekommt im Alter von 35 Jahren mehr und mehr das Gefühl, in seiner beruflichen und persönlichen Entwicklung stehenzubleiben. Der jugendliche Schwung ist fort. Negative Rückmeldungen und kleine Fehler entmutigen und deprimieren ihn. An solchen Tagen grübelt er stundenlang, warum er ein derartiger Versager ist. Mißmutig sitzt er dann an seinem Arbeitsplatz, und die Kollegen machen einen großen Bogen um ihn. Oft kommt er tagelang nicht aus diesem Loch heraus. Er fühlt sich kraftlos, und seine Arbeitsleistung sinkt enorm.

Jeder von uns kennt den Zustand, in dem er sich kraftlos und ohne Energie fühlt. Manchmal gibt es einen konkreten Anlaß, und manchmal tritt dieser Zustand anscheinend grundlos auf. Er kann ein wichtiger Hinweis darauf sein, daß die Energiereserven aufgezehrt sind. Körper und Geist haben das gesunde Bedürfnis nach Ruhe und Erholung.

Wenn aber der negative Zustand länger anhält und von vielen trüben Gedanken begleitet wird, dann liegen die Ursachen nicht im erschöpften Körper, sondern im Kopf.

In derartigen Situationen gilt es, die mentalen Fähigkeiten einzusetzen. Eine der wichtigsten Fähigkeiten besteht darin, sich schnell und tief auch in schwierigen Situationen entspannen zu können. Eine wichtige Entspannungstechnik hierfür wurde im letzten Kapitel gezeigt. Im folgenden finden Sie andere mentale Möglichkeiten, die eigenen Kräfte zu wecken und zu nutzen.

Trainieren Sie so einige Wochen lang mit Ihrer selbst besprochenen Kassette. Jeder von uns ist manchmal kraft- und energielos. Hält dieser Zustand länger an, so ist er psychosomatisch.

Grüne Elefanten oder
Wie unser Gehirn funktioniert

Wer die Auslöser für die Gefühle von Kraft oder Kraftlosigkeit versteht, kann seine mentalen Kräfte gezielt einsetzen.
Ich möchte Sie zu der folgenden kleinen Übung ermuntern, zu der Sie nur eine Minute brauchen. Die Übung wirkt auf den ersten Blick harmlos und könnte auch auf Kindergeburtstagen zur Erheiterung dienen. Doch was auf den ersten Blick nett und lustig wirkt, hat auf den zweiten eine enorme Tragweite. Wenn wir die Übung bis in ihre Tiefen ausloten, gewinnen wir ein enormes Wissen darüber, wie unser Gehirn funktioniert.

Keinen grünen Elefanten sehen
Denken Sie in der nächsten Minute bitte *nicht* an einen grünen Elefanten!
Sie können an alles andere denken, aber: Bitte sehen Sie vor dem inneren Auge *keinen* grünen Elefanten!
Geben Sie sich noch 55 Sekunden mehr, nicht an grüne Elefanten zu denken!

Wenn Sie es geschafft haben: Herzlichen Glückwunsch! Damit gehören Sie zu einer kleinen Minderheit. Denn nach meiner Erfahrung bei Seminaren tauchen bei der großen Mehrzahl aller, die diese Aufforderung hören oder lesen, trotz enormer Willenskraft blitzschnell grüne Elefanten vor dem inneren Auge auf.
Die entscheidende Frage lautet: Warum ist das so? Wie läßt sich dieses Phänomen erklären?
Denn ich gehe davon aus, daß die meisten von Ihnen heute den ganzen Tag und wahrscheinlich auch die ganze letzte Woche *nicht* an grüne Elefanten gedacht haben. Aber genau in dem Augenblick, in dem ich Sie um diese Selbstverständlichkeit eigens bitte, sehen Sie grüne Elefanten.

Warum? Was ist das für ein innerer Mechanismus, der hier abläuft? Ist das eine Trotzreaktion? Denn Trotzreaktionen (»Jetzt erst recht!«) auf Aufforderungen, die mit Druck vorgebracht werden oder bei denen ein innerer Druck empfunden wird, sind natürlich und gesund. Damit wird der eigene Freiheitsspielraum geschützt. Aber hier, bei einer bloßen Übungsanregung, scheint diese Erklärung nicht ausreichend.

Versuchen wir daher zu ergründen, was in Ihrem Kopf vorgegangen ist, als Sie die Aufforderung: »Sieh keinen grünen Elefanten!« gehört haben.

Wenn die Aufforderung auf chinesisch an Sie gerichtet worden wäre, wäre sie spurlos vorbeigegangen – vorausgesetzt allerdings, daß Sie kein Chinesisch verstehen. Das bedeutet: Eine wichtige Voraussetzung dieser Übung war, daß Sie verstanden haben, welches Bild Sie nicht sehen sollten, nämlich das eines »grünen Elefanten«.

Was bedeutet nun »verstehen«? Am klarsten wird das bei der Erinnerung daran, wie ein Kind Worte verstehen und gebrauchen lernt. Da sieht ein Kind die unterschiedlichsten Vierbeiner durch Straßen laufen, hört sie Laute von sich geben (»wauwau« oder »miau«), spürt beim Streicheln die Schnauze, das Fell und vielleicht auch einmal Zähne und Krallen. Die vielen verschiedenen Sinneseindrücke werden gespeichert und miteinander verglichen, und irgendwann weiß das Kind: Das ist ein Hund und das eine Katze. Es weiß es dadurch, daß in dem Moment blitzschnell die Erinnerungen an die Erfahrungen ablaufen. An das Wort »Katze« sind diese Sinneseindrücke fest gekoppelt. Sie laufen blitzschnell und automatisch ab, wenn wir das Wort hören. Damit wissen und verstehen wir, was gemeint war.

Das Gehirn vollbringt Höchstleistungen, um einen Text, wie den, den Sie gerade lesen, zu erfassen. Moderne »Positronen-Emissions-Tomographen« (PET) registrieren die Aktivität der Hirnrinde. PET-Studien zeigen, daß beim Lesen selbst der ein

Unser Gehirn funktioniert so, daß wir bestimmte Sinneseindrücke mit Begriffen koppeln. Werden wir dazu aufgefordert, keine grünen Elefanten zu sehen, so passiert genau das Gegenteil.

fachsten Sätze ausgedehnte elektrische Gewitter im Gehirn einsetzen. Besonders aktiv sind die Sehrinde, am Sehen beteiligte Strukturen des Zwischenhirns, Augenbewegungen steuernde Areale des Mittelhirns und der motorischen Hirnrinde und Teile des akustischen Cortex. Dabei zeigt sich, daß nicht nur – wie gängige Schulmeinungen erwarten lassen – die linke Hirnhälfte Sprache verarbeitet, sondern auch die rechte aktiv wird.[1]

Um daher die Aufforderung zu verstehen, *nicht* an einen grünen Elefanten zu denken, muß die Vorstellung von einem grünen Elefanten vor dem inneren Auge erscheinen. Erst dann können wir versuchen, nicht daran zu denken – nur ist es dann schon zu spät, weil das Bild schon aufgetaucht war.

Wir können das auf den einfachen Nenner bringen: Worte erzeugen Bilder. Dabei ist es völlig egal, ob die Worte verneint werden. In jedem Fall erscheinen sie als Bild.

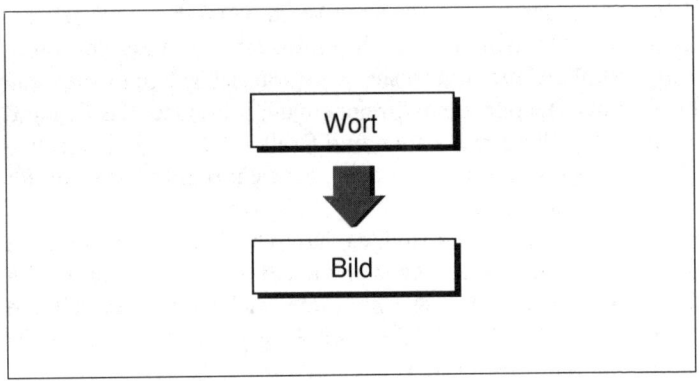

Nun besitzen innere Bilder eine besondere Eigenschaft: Sie entwickeln Anziehungskraft und die Tendenz, verwirklicht werden zu wollen.

Anziehungskraft innerer Bilder auf den Körper

Unterbrechen Sie einen Moment lang Ihre Lektüre, und werden Sie sich bewußt (ohne etwas zu ändern!), wie im Moment Ihre Körperhaltung ist ...

Wiederum ohne etwas äußerlich zu ändern, stellen Sie sich eine andere Körperhaltung vor, zum Beispiel, daß Sie aufrechter oder entspannter oder mit einem krummen Rücken sitzen ...
Achten Sie darauf, was Sie in Ihrem Körper spüren.

Sie werden bei dieser kleinen Übung erleben, wie das Bedürfnis entsteht, die eigene Haltung diesem Bild anzupassen. Bilder ziehen uns zur Verwirklichung an. Eine andere Übung kann Sie noch mehr überzeugen:

Pendelübung

Nehmen Sie einen Faden, und befestigen Sie einen Ring oder Knopf zum Beschweren daran. Halten Sie dieses primitive Pendel ruhig in der Hand.
Nun stellen Sie sich vor, daß der Ring oder Knopf kleine Kreise im Uhrzeigersinn beschreibt. Machen Sie sich innerlich ein deutliches Bild von diesem Kreis.
Anschließend stellen Sie sich den Kreis im Gegenuhrzeigersinn vor.

In meinen Seminaren sehe ich immer wieder, wie verblüfft die Teilnehmer sind, wenn sie bei diesem kleinen Experiment erleben, wie der Gegenstand tatsächlich den vorgestellten Kreis zu beschreiben anfängt. Er wechselt sogar die Richtung bei der Vorstellung der Gegenrichtung.
Um das Ganze zu verstehen, brauchen wir keine mystischen oder esoterischen Erklärungen. Das innere Bild entwickelt eine Tendenz zur Verwirklichung. Unsere Fingermuskeln reagieren mit unmerklichen Bewegungen. Und ohne daß wir uns anstren-

Worte erscheinen in unserem Gehirn immer als Bilder, und dabei ist es egal, ob die Worte bejaht oder verneint werden. Machen Sie sich z. B. bewußt, wie Ihre Körperhaltung momentan ist.

gen, ohne daß wir überhaupt wissen, wie es geschieht, organisiert der Körper von ganz allein die Verwirklichung.

Das Dilemma ist nun: Wenn jemand Dinge ablehnt und bekämpft, hat er immer notwendigerweise auch die Vorstellung von dem Bekämpften. Je häufiger er sich an das Bekämpfte erinnert, desto häufiger setzt er auch die Anziehung zu diesem Bild in Kraft. Das heißt, wir produzieren oft die Ergebnisse, die wir ganz besonders krampfhaft vermeiden wollen.

Ein Skilehrer in Österreich leitete jeden Winter Anfängerkurse. Auf dem Idiotenhügel stand in der Mitte einsam ein Baum. Bei jedem neuen Kurs warnte der Skilehrer: »Fahren Sie bloß nicht gegen den Baum!« Aber während einer Woche landeten 80 Prozent der Teilnehmer irgendwann an diesem Hindernis. Bis der Skilehrer mit der Warnung aufhörte. Ab diesem Moment sank die Quote der Auffahrer rapide.

Die bildhafte Seite unseres Gehirns kennt keine Verneinung. Für sie ist es völlig gleichgültig, ob ich auf den Baum hinfahre oder ob ich *nicht* auf den Baum hinfahren soll. Es wird das gleiche Bild zum Verstehen (»Auf den Baum fahren«) vorgegeben, und der Körper sucht danach (so wie in der Pendelübung), dieses Bild zu verwirklichen.

Nehmen wir ein Beispiel aus der Kindererziehung: Der kleine Hannes steht auf einem hohen Stuhl. Seine besorgte Mutter sagt zu ihm: »Du, spring nicht vom Stuhl herunter!« Sie sagt es ein zweites und dann ein drittes Mal – und Hannes kann sich nicht mehr beherrschen und springt. Denn was die Mutter dreimal in ihm erzeugt hat, war ein Bild: Herunterspringen. Bei jeder Wiederholung gewinnt das Bild an Anziehung. Und irgendwann war dann diese Vorstellung stärker als das Verbot: »Tu es nicht!«

Mit dem Verständnis von der Wirkung der inneren Bilder erscheinen auch viele Szenen aus dem Arbeitsalltag unter einem anderen Licht.

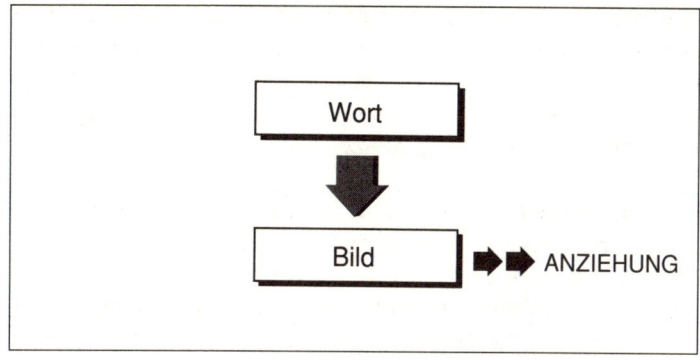

ieur Schwab stellt fest, daß bei der Bedienung der neuen Druckmaschine immer wieder der gleiche Fehler vorkommt. Wenn eine Menge Aufträge zu erledigen sind und die Hektik steigt, werden zwei Bedienungsknöpfe, die zu nahe beieinander liegen, gleichzeitig gedrückt, und die Farbmischung stimmt nicht mehr. »Auf keinen Fall die Bedienungsknöpfe gleichzeitig drücken!« warnte er immer wieder die Maschinenführer. »Es darf keine Panne vorkommen.«

Schwab ist sich nicht darüber klar, daß er immer wieder das bestimmte Bild der Panne in den Köpfen der Maschinenführer erzeugt. Wenn die Hektik dann groß genug ist und der Körper blitzschnell und automatisch reagiert, kommt es immer wieder dazu, daß dieses Bild verwirklicht wird.

Nach einem Seminar probiert Schwab es mit anderen Bildern. Er ruft die Maschinenführer zehn Minuten vor Feierabend kurz an die Maschine. Dort bespricht er mit ihnen, wie sich in Zukunft diese Panne vermeiden läßt. »Stellen wir uns einmal vor, Sie sind wieder unter dem Druck wie letzte Woche, und von allen Seiten kommen neue Anweisungen und Fristsetzungen.« Er stellt sich an die Maschine und demonstriert die Hektik. »Jetzt geht es um

Die bildhafte Seite unseres Gehirns kennt keine Verneinung. Wenn z. B. der Skilehrer davor warnt, nicht vor einen Baum zu fahren, so wird in unserem Innern das Bild »Auf den Baum fahren« erzeugt.

die Farbmischung. In diesem Moment werden Sie ganz ruhig, sehen die Bedienungsknöpfe und drücken vorsichtig und bewußt erst den rechten, warten zehn Sekunden und drücken dann den linken.« Das demonstriert er dreimal, damit sich dieses neue Bild in den Köpfen festsetzen kann.

Führungskräfte führen und motivieren um so besser, je mehr sie es verstehen, ihren Mitarbeitern positive Bilder vorzugeben.

Auch die Werbung nutzt das Wissen von der Anziehung der Bilder. Sie koppelt meist die Anziehung von angenehmen Bildern mit der Anziehung zu ihrem Produkt. Hin und wieder gibt es krasse Gegenbeispiele, bei denen Mangel an Verständnis für die Kraft der Bilder schon fast gefährlich wird. Ende der achtziger Jahre überzog die Bundespost die Republik mit Plakaten zum Thema: Zerstöre keine Telefonhäuschen. Auf diesen großen Plakaten war in allen Einzelheiten, bunt und farbig, ein zerstörtes Telefonhäuschen zu sehen.

Jedes dieser Bilder löst einen Impuls zur Zerstörung aus. Natürlich ist der Durchschnittsbürger gefestigt gegen die Wirkung eines solchen Bildes (so wie er auch nicht jedes Produkt kauft, das mit einem angenehmen Bild versehen wird). Aber man stelle sich den arbeitslosen frustrierten Jugendlichen vor, der eines Abends leicht alkoholisiert auf dem Nachhauseweg ist. Er kommt an einem Telefonhäuschen vorbei, das noch heil ist und gar nicht dem Bild entspricht, das in ihm noch von der Postwerbung in Erinnerung ist. Und zufällig liegt ein großer Stein am Straßenrand . . . In einer solchen Situation mag sich die Anziehung des gutgemeinten Abschreckungsbildes auswirken.

Ein anderes Beispiel kann das Verständnis erweitern, was ein versteckter Grund sein könnte, warum manche Leute Sexualität und Pornographie bekämpfen. Was läuft ab in dem Kopf desjenigen, der vehement gegen »unsittliche Darstellungen« kämpft? Um zu wissen, wogegen er kämpft, braucht er das

»unsittliche« Bild, das er ablehnt, vor seinem inneren Auge. Dieses Bild wird natürlicherweise einen gewissen Reiz auf ihn ausüben. So verbot Daniel Wegner, Psychologe an der Universität Virginia, einer Gruppe von Studenten, an »irgend etwas Sexuelles« zu denken. Eine andere Gruppe erhielt die Anweisungen, sich »irgend etwas Schönes« vorzustellen. Die Messung der Körperreaktionen ergab: Die Studenten, die nicht an sexuelle Dinge denken sollten, zeigten wesentlich stärkere körperliche Erregung als die anderen.

Mit diesem Hintergrund verstehen wir sogar die Schöpfungsgeschichte besser, das heißt, warum wir aus dem Paradies vertrieben worden sind. Da gibt es im Garten Eden unzählige Bäume mit Früchten. Gott kommt und zeigt Adam und Eva einen ganz bestimmten Baum: »Von dem Baum der Erkenntnis des Guten und Bösen sollst du nicht essen!« Das Resultat dieses Bildes kennen wir. Kein Wunder, daß auch viele der zehn Gebote auf den gleichen verbotenen Bildern beruhen: »Du sollst nicht begehren deines Nächsten Weib.« Mit diesem Verbot vor dem inneren Auge mag auch ein braver Pantoffelheld im Geiste all die Nachbarsfrauen durchgehen, die er nicht begehren soll.

Im Mentalen Training nutzen wir gezielt die Kraft der inneren Bilder, indem wir konstruktive Bilder dessen, was wir wollen, entwickeln und einsetzen.

Allerdings gibt es ein Hindernis: Wenn ich nur weiß, was ich nicht will, dann weiß ich noch nicht unbedingt, was ich konkret will.

Herr und Frau Müller kommen zur Eheberatung und erzählen: »Eine Woche nachdem wir zusammengezogen sind, haben wir angefangen, uns zu streiten, und seitdem streiten wir fast immer, wenn wir zusammen sind. Es ist schrecklich.« Die erste Frage der Beraterin lautet: »Was wollen Sie denn?« – »Wir wollen nicht mehr streiten«, ist die Antwort. »Sondern statt dessen?« – »Wir wollen

Gute Führungskräfte führen und motivieren um so besser, je mehr sie ihren Mitarbeitern positive Bilder vorgeben können. Im Mentalen Training wird gezielt die Kraft der inneren Bilder entwickelt und eingesetzt.

57

einfach wie viele andere Paare auch friedlich zusammenleben«,
antwortet das Ehepaar Müller. Zwar hat die Beraterin jetzt
erreicht, daß statt des abgelehnten Bildes (streiten) ein konstruk-
tives (friedlich zusammenleben) aufgetaucht ist, aber sie läßt
noch nicht locker: »Wie soll denn das friedliche Zusammenleben
aussehen? Heißt das, daß Sie dann immer einer Meinung sind?
Und was machen Sie, wenn Sie verschiedener Meinung sind?«
Die Müllers schauen sich verdutzt an. Darüber haben sie sich
noch nie den Kopf zerbrochen. Bisher haben sie sich gestritten,
wenn sie unterschiedliche Meinungen hatten. Irgendwann wurde
dann einer müde und hat nachgegeben. Damit können sie umge-
hen. Konkrete neue positive Vorstellungen fehlen ihnen aber
ganz und gar.

An dem Beispiel wird sichtbar, daß das Ehepaar Müller
zunächst einmal Vorstellungen davon entwickeln muß, wo es
hin will. Denn es genügt nicht zu wissen, was man nicht will, um
diesen Zustand zu verändern. Ohne konstruktive Alternativen
werden die Müllers nicht mit dem Streiten aufhören.
Häufig ist jemand auf ein Problem fixiert, läuft im Kreise darum
herum, schaut es immer wieder an und sagt sich dabei mit aller
Energie: »Das will ich nicht!« Nur: Was will er statt dessen?
Solange diese Frage nicht beantwortet ist, ist eine zufriedenstel-
lende Lösung eher unwahrscheinlich. Die Gestaltung von Zielbildern ist bei vielen Problemen ein wichtiger Schritt auf die
Lösung hin. Aufmerksamkeit und Energien gehen dahin, neue
Bilder und Wege zu entwickeln, anstatt sich in ständiger frucht-
loser Analyse von Problemen zu erschöpfen. Letzteres kostet
Kraft, ohne Veränderung zu bewirken.
Was für einen selbst gilt, gilt auch im Umgang mit anderen. Da
kreist ein Mitarbeiter um ein Problem, ist unzufrieden und
beschwert sich laufend. Die erfolgreiche Führungskraft unterstützt ihn und bringt ihn in eine positive Richtung.

Abteilungsleiter Schmidt steckt bis über beide Ohren in der Arbeit. Und das schon seit Monaten! Bei Besprechungen jammert er über seine Arbeitsüberlastung und den Streß, den er hat. Schließlich bittet ihn Hauptabteilungsleiter Rau zu einem Gespräch. »Um weniger Streß zu haben, müßten Sie etwas ändern«, ist seine Einleitung. »Was könnten Sie denn tun?« Schmidt ist verblüfft und erklärt kategorisch: »Ich will nur eines, keinen Streß mehr.« Dann beschreibt er einmal anschaulich, welche Berge von Unterlagen sich auf seinem Schreibtisch anhäufen und wie viele Anfragen, schriftlich, telefonisch, persönlich, ihn Tag für Tag aus seiner anderen Arbeit herausreißen. »Schön und gut«, meint Rau. »Wie könnten Sie sich denn bei den Anforderungen, die täglich an Sie gestellt werden, eine optimale Bewältigung vorstellen, so daß Sie ohne Streß sind?« Erst jetzt fängt Schmidt an, sich ernsthaft zu überlegen, wie das Ziel aussieht, zu dem er kommen möchte. »Ich möchte einfach meine Arbeit in Ruhe erledigen und abends pünktlich zufrieden nach Hause gehen.« – »Okay«, meint Rau, »was können wir da tun?«

Mit dieser letzten Formulierung ist das erste Mal eine positive Zielvorstellung vor das Auge von Schmidt gerückt. Ein Bild ist entstanden, das zu erreichen sinnvoll ist. Je mehr sich Schmidt an diesem Bild orientiert, desto stärker wird die Anziehung. Er gibt sich damit selbst eine Richtung, statt ziellos über den Über-Streß zu jammern.

Bei derartigen Zielvorstellungen ist es wichtig, daß sie keine Verneinungen enthalten, sondern sprachlich positiv formuliert sind. Denn nur dann erhalten sie ein konstruktives Bild (statt »kein Streß« lieber »entspannt die Arbeit erledigen«). Je konkreter die Formulierung, desto konkreter ist die Vorstellung. Ein Ziel wie »harmonisch und friedlich zusammenzuleben« ist einfach zu vage und unscharf. Je klarer und plastischer ein Zielbild ist, desto größer ist die Anziehung.

Oft wissen wir genau, was wir nicht wollen, machen uns aber keine Vorstellung von dem, was wir wollen.

Formulieren wir bejahend, was wir wollen, so sehen wir eine positive Zielvorstellung.

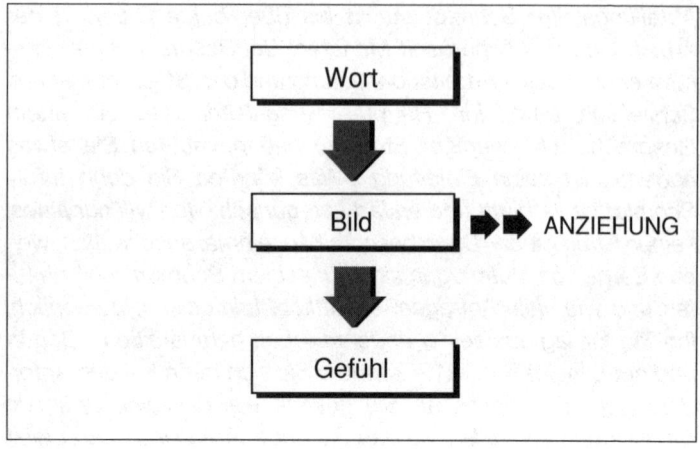

Gehen wir noch einen Schritt weiter, und betrachten wir genau-
er die Wirkungen, die Bilder auslösen.
Denken Sie einmal an das Wort »Hund«. Was für einen Hund
sehen Sie?
Die erste Einsicht, die Sie mit dieser Übung gewinnen, ist, daß
es keinen neutralen, abstrakten »Hund« an sich gibt, sondern
immer nur einen ganz konkreten, selbst wenn es der Hund aus
der Grundschulfibel ist. Vermutlich werden die von Ihnen, die
einen eigenen Hund haben, diesen sehen. Vielleicht ist es der
Dackel, der seine Schnauze auf die Schuhe legt, oder der Schä-
ferhund, der begeistert den Stock wieder zurückbringt.
Nun sind eine der wichtigsten Grundlagen für unser Handeln,
auch wenn wir es nicht immer gerne wahrhaben wollen, die
Emotionen. Wer bei dem Wort Hund seinen eigenen Hund vor
Augen hat, der wird im Regelfall mit einem Gefühl von Wärme
oder Freude reagieren.
Es gibt bei jedem Bild stärkere und schwächere emotionale
Tönungen, aber es gibt kaum oder gar nicht gefühlsmäßig völlig

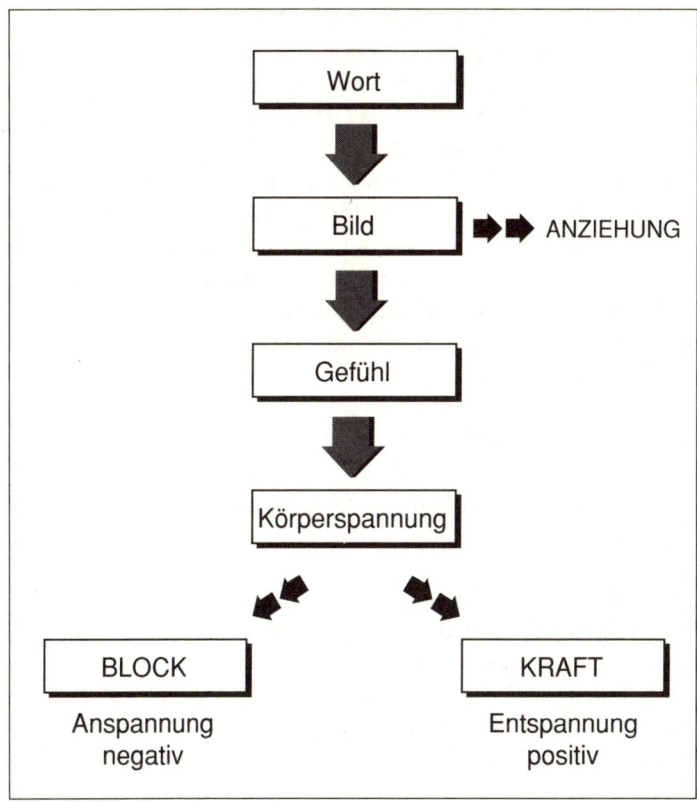

neutrale Bilder. Wenn ich in mich hineinhöre, werde ich selbst bei scheinbar neutralen Bildern (wie bei dem »grünen Elefanten«) einen persönlichen, gefühlsmäßigen Bezug finden können. Bilder lösen Gefühle aus.

Wenn ich diese Übung in Seminaren mache, erlebe ich aber, daß nicht immer alle Teilnehmer bei dem Wort »Hund« mit einem Lächeln reagieren. Hin und wieder runzelt jemand die Stirn und

In einem weiteren Schritt werden die Bilder, die wir uns gemacht haben, mit Emotionen angerei-chert. Denn jedes Bild löst in uns ein bestimmtes Gefühl aus, das positiv oder negativ sein kann.

hält die Luft an. Dem einen oder anderen ist der Gedanke an einen Hund unangenehm. Man stelle sich vor, in der letzten Woche von einem Hund angefallen worden zu sein. Wer dann das Wort »Hund« hört, wird als erstes fletschende Zähne sehen, Knurren hören und den Biß spüren. Sein Magen wird sich zusammenziehen, Angst wird auftauchen, ihm wird unwohl.

Es gibt also Bilder, die angenehme Gefühle auslösen, und Bilder, die unangenehme Gefühle auslösen. Diese Gefühle machen sich im Körper bemerkbar. Angenehme Gefühle bewirken einen Zustand der Entspannung oder der positiven Spannung. Sie wirken sich positiv auf unsere Leistung aus. Diese Gefühle geben Kraft.

Dagegen erzeugen unangenehme Gefühle eine negative Spannung, entweder in der Form von Über- oder von Unterspannung. Mit dieser Spannung können wir nicht unser volles Kraftpotential ausschöpfen. Wir sind teilweise oder ganz gelähmt und blockiert.

Jetzt kennen wir die ganze Kette dessen, was mit einem einfachen Wort verknüpft ist. Das Spiel mit dem grünen Elefanten hat seine Bedeutung entfaltet.

Mit jedem Wort erzeugen wir Bilder, die wiederum Gefühle auslösen, und diese Gefühle geben oder nehmen uns Kraft. Natürlich achten wir bei einem alltäglichen Gespräch nicht bewußt auf diese Wirkung, aber wir nehmen sie intuitiv wahr. Da gibt es die Kollegen, deren liebstes Gesprächsthema Krankheiten und körperliche Gebrechen sind. Ihnen gehen wir am besten aus dem Weg, denn nach solchen Gesprächen fühlen wir uns nicht gut. Dann gibt es auch die angenehmen Gesprächspartner, bei denen man sich nach zehn Minuten erfrischt und erholt fühlt. Bei solchen Kontakten sind es Gesprächsthemen wie berufliche Erfolge, Urlaub, Hobbys und Familie, die eine positive Spannung bewirken. Und nicht umsonst gehört es zu den Grundlagen der Verkaufsschulung, möglichst erst einmal ein dem Kunden angenehmes Gesprächsthema anzusprechen.

Die Diskussion, ob Manipulation moralisch vertretbar ist oder nicht, wird häufig zu oberflächlich geführt. Denn wie wir gerade gesehen haben: Mit dem Gebrauch von Sprache manipulieren wir ständig und immer. Denn mit jedem Wort, ganz gleich, ob im inneren Selbstgespräch oder bei der Kommunikation am Arbeitsplatz, setzen wir eine Sequenz in Gang, der sich niemand entziehen kann. Ständig beeinflussen wir uns und unser Gegenüber. Denn, wie anfangs erlebt: Es ist unmöglich, *nicht* an grüne Elefanten zu denken.

Sie erkennen daran, wie wichtig die Begriffe sind, die wir im Umgang mit den eigenen Problemen gebrauchen. Denn bereits die Art, wie ich ein Problem formuliere, schwächt mich oder gibt mir Kraft.

Wenn jemand beispielsweise als Ziel hat, »keinen Streß mehr« zu haben, dann löst er mit dieser Zielformulierung gleichzeitig das negative Bild aus, das er mit »Streß« verbindet. Vielleicht sieht er sich angespannt im Büro sitzen, während drei Telefone gleichzeitig klingen. Mit diesem Bild entsteht das Gefühl von Überlastung, begleitet von unangenehmer Anspannung. So erzeugt allein schon diese Zielformulierung einen ständigen Zustand minimaler Anspannung. Ganz anders, wenn das Ziel so formuliert ist: »Ich will zukünftig meine Arbeit ruhig und gelassen erledigen.« Damit werden Bilder vorgegeben, die Gefühle von Entspannung und Kraft auslösen. Was auf den ersten Blick nur wie ein kleiner sprachlicher Trick wirkt, erzielt bei näherem Hinsehen erstaunliche Veränderungen. Damit ist das Geheimnis geklärt, woher das »Positive Denken« seine oft erstaunlichen Wirkungen erzielt.

Herr Bauer aus dem Eingangsbeispiel zu diesem Kapitel befindet sich gerade wieder einmal in einem seelischen Tief.

Positive Bilder lösen in uns einen Zustand der Entspannung aus; dies gibt uns Energie und Kraft. Unangenehme Gefühle erzeugen eine negative Spannung und können uns lähmen und blockieren.

Zunächst versucht er den herkömmlichen Weg, damit es ihm wieder bessergeht: Er will das Tief analysieren und stellt sich die Frage: »Warum geht es mir im Moment schlecht?« Unser Gehirn reagiert wie ein guter Computer, indem es nämlich Antworten auf die jeweils gestellte Frage gibt. Also bei Herrn Bauer: »Schlecht geht es dir, weil du gestern nacht zuwenig Schlaf hattest.« Daß es ihm nach dieser Antwort noch nicht bessergeht, stellt er die gleiche Frage weiter. Der Gehirncomputer spuckt weitere Antworten aus: »Außerdem solltest du deine Steuererklärung schon seit vierzehn Tagen abgegeben haben.« Bauers Zustand bessert sich mit dieser Antwort immer noch nicht. Er stellt die Frage weiter. »Deine Karriere ist in einer Sackgasse.« – »Deine Frau versteht dich nicht richtig.« – »Dein Jüngster ist ein Schulversager.« – »Du bist als Kind nicht genügend geliebt worden.« Und so weiter, und so weiter. Jede Antwort ruft neue düstere Bilder hervor. Mit jeder Antwort geht es ihm ein Stückchen schlechter. Gefühle wie Trauer, Angst oder Ärger werden wach. Die innere Anspannung oder auch depressive Spannungslosigkeit werden immer größer.

An der Mitarbeit seines Gehirns liegt es nicht, daß Bauer erneut in ein gefühlsmäßiges Tief abgesackt ist. Er hat nur einen Fehler begangen: Er hat die falsche Frage gestellt, eine Frage nämlich, die Bilder hervorruft, die ihm Kraft nehmen.

Probieren Sie, wenn Sie das nächste Mal nicht in Ihrem optimalen Zustand sind (oder auch gleich jetzt!), folgende Fragen an sich selbst zu stellen, und warten Sie auf die Antworten, die Ihr Gehirn Ihnen liefert.

Die »Was brauche ich gerade jetzt?«-Frage

Was müßte ich jetzt tun, damit es mir bessergeht?

Allein sein

Zielvision + Einzelpersonen argumentieren

mehr Selbstbewußtsein

Zeit für sich (allein)

Argumente Widerlegen

Welchen gefühlsmäßigen Zustand möchte ich jetzt im Moment haben?

entspannt, ausgeglichen

Zufriedenheit

und eine Sicherheit

Mit den Antworten entstehen Bilder in Ihrem Kopf, die Sie anziehen. Jedes Bild ist angenehm, so daß jede Antwort ein positives Gefühl auslöst. Mit jeder Antwort geht es Ihnen ein Stückchen besser. Sie nutzen die Mechanismen Ihres Gehirns und setzen Ihre mentalen Fähigkeiten erfolgreich ein, um in einen guten Zustand zu kommen.

Herr Bauer aus unserem Beispiel geht es schlecht. Um sein Tief zu analysieren stellt er sich die Frage, warum.

Die Antworten darauf helfen ihm nicht aus dem Tief heraus. Die richtige Frage lautet: »Jetzt?«

Vergangene Erfolge als Kraftquelle

Frau Rein blickt auf ein langes, erfülltes Leben zurück. Im Krieg fiel ihr Mann, und sie zog allein ihre drei Kinder groß. Dazu übernahm sie die Leitung des Gärtnereibetriebs, den ihr Mann vorher geführt hatte. Aus einem Betrieb, der ursprünglich nur aus ihr, ihrem Mann und einem Lehrling bestand, hat sie ein erfolgreiches kleines Unternehmen mit neun Angestellten gemacht. Trotzdem ist sie unsicher geblieben und hält sich am liebsten im Hintergrund auf. Wenn sie jemand auf ihre Leistungen anspricht, wehrt sie nur ab und spricht von den vielen Fehlern, die sie gemacht hat. Sie scheint es nicht zu schaffen, sich selbst für ihren unermüdlichen Einsatz zu schätzen.

Vergangene Leistungen und Erfahrungen sind jedoch eine wichtige Kraftquelle, die Ihnen in vielen Situationen Stärkung geben kann. Aber auch alle Eigenschaften und Fähigkeiten, die Sie an sich selbst schätzen, zum Beispiel kleine Talente, eignen sich dazu.
Frau Rein schöpft keine Kraft aus ihrer geleisteten Arbeit und ihren Erfolgen.

Um positive Bilanz zu ziehen, ist es wichtig, noch folgende Frage zu beantworten.

Vergangene Erfolge als Kraftquellen

Frau Rein hat in ihrem Leben schon vieles alleine gemeistert. So hat sie drei Kinder alleine erzogen und führt erfolgreich ein kleines Unternehmen. Leider kann sie ihre Erfahrungen nicht als Kraftquelle nutzen.

Bilanz des Positiven

Was finden Sie gut an sich selbst? Notieren Sie mindestens zehn Eigenschaften, Dinge oder Erfahrungen, die Sie an sich schätzen. Nehmen Sie sich bei jeder Eintragung einen Moment Zeit, um sich daran zu freuen und stolz darauf zu sein.

① _____

_____

② _____

_____

③ _____

_____

④ _____

_____

⑤ _____

_____

⑥ _____

_____

⑦ _____

_____

⑧ _____

_____

⑨ _____

_____

⑩ _____

_____

Jede Antwort erzeugt Bilder, die mit Gefühlen der Kraft oder Freude verknüpft sind. Je mehr Zeit Sie sich für die Bilder nehmen, desto intensiver erleben Sie die Gefühle und desto mehr Energie wird für gegenwärtige oder zukünftige Aufgaben wach. Damit nutzen Sie ein wichtiges Prinzip des mentalen Lebens: Aufmerksamkeit nährt.

Sie sind derjenige, der entscheidet, ob er ständig die negativen Aspekte seines Wesens, die Fehler und schlechten Eigenschaften in den Vordergrund rückt. Denn mit dieser Form der Aufmerksamkeit beschwören Sie ständig negative Bilder und nähren damit diese Seiten, so daß Sie sich im Kampf dagegen aufreiben können. Sie können sich aber auch entscheiden, mehr und mehr das an Ihnen zu beachten, was Sie schätzen. Mit dieser Beachtung geben Sie den positiven Seiten Ihres Wesens mehr Kraft, so daß sie in Zukunft häufiger auftreten.

Diese Haltung steht im Widerspruch zu der Erziehung, die viele von uns erfahren haben. Da hieß es in erster Linie, perfekt zu werden und ständige Aufmerksamkeit dem zu geben, das diese Perfektion stört. Die Anerkennung des eigenen Wertes und der eigenen Leistung war eine seltene Ausnahme. Nur keinen einzigen Moment auf diesem steilen, anstrengenden Weg (ohne Ende!) zur Perfektion ausruhen! Statt dessen hieß es: »Eigenlob stinkt.«

Brechen sie mit diesen negativen Programmen aus der Vergangenheit. Lernen Sie, immer konstruktiver und wohlwollender mit sich umzugehen. Das ist weit sinnvoller und erfolgreicher.

Sie können Ihre Erfolge aus der Vergangenheit gezielt für jedes Problem und jede Situation, die Ihnen Schwierigkeiten machen, einsetzen. Viele Lösungsprogramme für die unterschiedlichsten Situationen sind in Ihrem Gehirn gespeichert. Leider werden diese Speicher zuwenig angezapft. Wichtig ist nur die richtige Frage, um die entscheidenden Erinnerungen herzuholen.

Notieren Sie Eigenschaften, die Sie an sich schätzen. Jede dieser Antworten wird Bilder in Ihnen erzeugen, die mit Kraft und Freude verknüpft sind. Nur Sie alleine entscheiden darüber, wie Sie sich bewerten.

Erfolgsprogramme der Vergangenheit abrufen

Gibt es im Moment irgendein Problem, mit dem Sie sich herumschlagen?

_____

_____

_____

_____

_____

_____

Welche ähnlichen Probleme haben Sie schon in der Vergangenheit erfolgreich gelöst?

_____

_____

_____

_____

_____

Wie könnten Sie die damaligen Lösungsansätze für Ihr aktuelles
Problem nutzen?

_____

_____

_____

_____

_____

Im Bild sein oder
Beobachter von außen?

*Müller platzt ins Arbeitszimmer seines Kollegen und erzählt auf-
geregt von dem unmöglichen Kunden, der ihn gerade beleidigt
hat. Seine Stimme wird rauh. »Wissen Sie, was er mir gerade an
den Kopf geworfen hat? Das ist ja eine Frechheit!« Heftig fuchtelt
er dabei mit seinen Armen und wird ganz rot im Gesicht. »Nun
regen Sie sich mal ab«, meint der Kollege. »Ihr Kreislauf dreht
gleich durch.«*

Was geschieht mit Müller, daß er beim Erzählen fast einen Kol-
laps bekommt? Der gleiche Müller ist doch beim Assessment
Center als scharfer, analytischer Beobachter bekannt. Diese
Fähigkeit hat er hier anscheinend völlig verloren. Was macht er
hier anders?

In unserem Kopf spielen sich viele Bilder ab, die sich in einem
wichtigen Punkt unterscheiden: Manchmal versetzen wir uns
beim Betrachten in das Bild hinein. Damit sind wir, wenn wir
uns an einen Urlaub erinnern, einen Moment lang wieder ganz
an diesen Platz versetzt. Wir sehen das Meer oder die Berge
oder die Stadt in allen Einzelheiten. Wir hören die Geräusche
um uns herum. Wir können sogar den Duft in der Luft riechen,
das köstliche Essen auf dem Gaumen schmecken und die Kühle
oder Wärme der Luft auf der Haut wahrnehmen.

Mit dieser Form der Erinnerung kommen auch die Gefühle dieser Situation wieder. Da es eine angenehme Erinnerung ist, spüren wir die Entspannung und die Kraft wieder, die wir hier
gefunden haben. So werden die Erinnerungen zur Kraftquelle,
die wir bewußt für einen grauen Arbeitsalltag nutzen können.

Beantworten Sie bei der nächsten Übung alle Fragen, und erleben Sie das innere Bild wieder in allen Einzelheiten und so präzise wie Sie können.

Mögliche Lösungen für Probleme finden wir gegebenenfalls bei einem schon bewältig-ten Problem in der Ver-gangenheit. Wenn wir uns Bilder von einer bestimmten Situation machen, dann verset-zen wir uns in das Bild.

71

Schöne Erinnerungen als Kraftquelle

Erinnern Sie sich an einen schönen Moment im letzten Urlaub.

Was sehen Sie vor sich? Beschreiben Sie Einzelheiten in der Nähe und in der Ferne.

_____

_____

_____

_____

_____

_____

Was sehen Sie, wenn Sie sich herumdrehen?

_____

_____

_____

_____

_____

Was hören Sie an lauten und leisen Geräuschen?

_____

_____

_____

_____

_____

Wie ist die Temperatur?

_____

_____

_____

_____

Wie fühlen Sie sich dabei? Wo im Körper können Sie dieses
Gefühl spüren?

_____

_____

_____

_____

_____

Wenn sie bei dieser Übung alle Fragen beantwortet haben, dann
sind Sie im Bild gewesen. Vielleicht standen Sie bei der ersten
Aufforderung, Einzelheiten zu beschreiben, noch außerhalb.
Aber im Moment, als Sie beschrieben, was hinter Ihnen lag, mußten Sie in das Bild hineinschlüpfen. Damit wird die Situation plastisch und lebendig, und die Erfahrungen aus dem Bild werden
intensiv. Schöne Erinnerungen werden so zur Kraftquelle.
Dann gibt es eine zweite Art von inneren Bildern. Dabei sind wir
Beobachter von außen. Eine Besonderheit ist dabei, daß wir uns
auch selbst in den Bildern sehen können. Bei dieser Art der
Betrachtung sind wir gefühlsmäßig distanziert, oder ein neues
eigenes Gefühl als urteilender Beobachter entsteht. Wenn wir
zum Beispiel nach einem Fehler die Situation analysieren, sehen
wir deutlich die Ursachen und den Verlauf und erkennen, was wir
hätten anders machen können.

Beschreiben Sie nun
schöne Momente im
Urlaub, und betrach-
ten Sie sie aus der
Nähe und aus der Fer-
ne. Drehen Sie sich
um, und hören Sie auf
laute und leise Geräu-
sche. Wie ist die Tem-
peratur?

73

Analyse vergangener Konflikte

Erinnern Sie sich an die letzte größere Auseinandersetzung, die Sie beruflich oder privat hatten . . .

Stellen Sie sich in drei Meter Entfernung eine Filmleinwand oder einen großen Videobildschirm vor. Sie können jetzt einen Film sehen, der bei dieser Auseinandersetzung gedreht worden ist, auf dem Sie und Ihr Konfliktpartner zu sehen sind . . .

Achten Sie insbesondere auf sich selbst, auf die Reaktionen, die Sie zeigen, und die Spannungen, die sich im Tonfall und in der Körperhaltung und Mimik ausdrücken.

Nehmen Sie sich Zeit, genau hinzuschauen und neue Einzelheiten zu entdecken . . .

Was fällt Ihnen auf?

_____

_____

_____

_____

_____

_____

_____

_____

_____

_____

_____

Bei dieser Übung erleben Sie sich in der Position des neutralen Beobachters. Von hier aus fallen Ihnen plötzlich Dinge auf, die Ihnen als Beteiligter damals (im Bild) entgangen sind. Sie hören den eigenen gereizten Tonfall, und Sie erkennen selbst, wie Sie möglicherweise die schwierige Situation mit verursachen.

Wenn Sie sich von außen sehen, wird Mentales Training zu einem sehr wertvollen Instrument der eigenen Analyse. Sie lernen aus kritischen Situationen und gewinnen die Fähigkeit, sich das nächste Mal anders und besser zu verhalten. Diese distanzierte Form ist eine hervorragende Möglichkeit, die eigene Intelligenz und das eigene Wissen zu nutzen und neue Möglichkeiten für die Zukunft zu finden.

Die Bedeutung dieser Analyse stellt Roland Berger in dem mit ihm geführten Interview so dar:

»Man muß Fehler genauso wie Niederlagen konstruktiv verarbeiten. Das ist ganz wichtig, denn wenn man das nicht tut, bleibt man nicht lernfähig. Vielmehr besteht die Gefahr, daß man Fehler und Niederlagen verdrängt, sich in die fehlerhafte Richtung hin sogar noch weiterentwickelt und Fehler immer häufiger wiederholt statt sie abzulegen.

Frage: Wie haben Sie Niederlagen und Rückschläge bewältigt?

Ich bin ein Mensch, dem solche Ereignisse sehr auf den Magen schlagen. Insofern habe ich schon immer Niederlagen analysiert. Was war der Grund? Wo lag der Fehler? Vor allem: Was habe ich falsch gemacht? Das Wichtige war ein Schlüsselerlebnis. Ich habe einmal in Chicago Silberbesteck verkauft, so von Haus zu Haus. Da ging ich mit einem Verkäufer mit, und wir waren bei einer alten Dame. Am Ende hatten wir nichts verkauft – und da sagte er: »Mensch, die Dame hatte Geld, der gefiel das Besteck, die brauchte es eigentlich auch oder hätte es sich leisten können. Ich muß irgend etwas falsch gemacht haben.« 99 von 100

Stellen Sie sich hierzu einen Konflikt auf einer Filmleinwand vor. Achten Sie auf Ihre Reaktionen, Ihren Tonfall, Ihre Mimik. Hier wird Mentales Training zu einem wichtigen Instrument der eigenen Analyse.

Menschen, vor allem Deutsche, hätten wahrscheinlich gesagt:
»So eine blöde Kuh! Die hat Geld, der hat es auch gefallen, die
hätte es auch brauchen können. Warum hat sie es nicht
gekauft?« Ich meine, man muß schon die Fähigkeit haben, bei
der Analyse danach zu suchen, was man selber hätte besser
machen können. Denn was die anderen hätten richtiger machen
können, das können Sie schlecht ändern oder beeinflussen. Das
heißt, eine Analyse ist erforderlich, bei der man die ganze Situation noch einmal im nachhinein von außen Revue passieren läßt.
Dann muß man sehen, was man falsch gemacht hat. Wenn man
nicht alleine ist, dann muß man auch einmal einen Kollegen fragen. Wie seht ihr das, was hätte ich besser machen können?

Die nächste Übung ist eine gute Schulung, um die Fähigkeit,
sich von außen zu sehen, zu üben.

Sich selbst unterstützen

Stellen Sie sich vor, daß Sie sich als wohlwollender Beobachter
in irgendeiner Ecke des Raumes, in dem Sie gerade sind, oder
auch an der Decke mit gutem Überblick befinden. Machen Sie
sich ein Bild von sich, so wie Sie jetzt gerade das Buch in Händen halten . . .
Achten Sie auf Einzelheiten, die Sie sehen, besonders in Haltung und Gesichtsausdruck . . .
Bekommen Sie als Beobachter von außen eine Idee, was Ihnen
in Moment guttun würde?
Welchen aufmunternden Satz können Sie sich jetzt gerade
sagen?

_____

_____

_____

_____

Die Fähigkeit, sich selbst von außen in bestimmten Situationen zu sehen, ist eine wichtige Hilfe, in kritischen Situationen wieder zu angemessenem Handeln zu finden. Bisweilen überschwemmen uns negative Gefühle, und wir versinken in ihnen wie in einem Sumpf. Im Moment, in dem ich mich von außen sehe, gelange ich zur Distanz zu meinen Gefühlen und wecke neue Kräfte. Ich ziehe mich sozusagen wie Münchhausen am eigenen Schopf aus dem Sumpf.

Manche nutzen diese Fähigkeit schon immer ganz selbstverständlich, anderen ist sie neu. Für letztere gilt nur eines: üben! Denn jeder von uns hat die Fähigkeit zu diesen zwei Formen innerer Bilder. Manchmal braucht es allerdings Training, um sie zu entwickeln.

Leider ist es so, daß viele Menschen im Alltag diese Fähigkeiten des Beteiligtseins und der Distanz genau verkehrt herum zum eigenen Schaden gebrauchen.

Betrachten wir im Ausgangsbeispiel Herrn Müller, der beim Berichten über die Auseinandersetzung mit dem Kunden ganz aus dem Häuschen gerät. Durch die lebhafte Art des Erzählens zeigt er, daß er »im Bild« ist. Er hat keine Distanz zu den Bildern, sondern ist wieder ganz und gar am Ort des Geschehens und erlebt die Situation so wieder, als ob sie gerade geschähe. Man kann es ihm an seinem Gesichtsausdruck und seiner Haltung ansehen, wie er den Kunden direkt vor sich sieht. Das hat die Konsequenz, daß er alle Gefühle wieder erlebt, also den Ärger und den Druck auf den Magen genauso heftig spürt, als würde das Ereignis gerade jetzt im Moment passieren. Für seinen Körper ist jedes neue Erzählen eine neue Belastung. So schafft es Herr Müller, seinen Adrenalinspiegel den ganzen Tag über auf einem ungesunden Maß zu halten. Er tut sich damit nichts Gutes, er lernt nichts aus der Situation, sondern er belastet lediglich seinen Kreislauf.

Herr Müller hat (leider) die Distanz, wenn er an seinen Urlaub

Die Fähigkeit zu entwickeln, sich in bestimmten Situationen von außen zu sehen, ist eine große Hilfe. Negative Gefühle ziehen uns zu leicht herunter. Herr Müller erlebt beim Erzählen die Belastung.

denkt. In dieses Bild schlüpft er nicht hinein, sondern stellt sein Bild vom sonnigen Strand in ein paar Metern Entfernung ab. Dann schaut er in seinem Arbeitszimmer um sich herum und sieht die vielen unbearbeiteten Akten auf dem Schreibtisch. Dann vergleicht er das Urlaubsbild mit dem Aktenberg und wird plötzlich deprimiert.

Herr Müller ist also nicht in das Urlaubsbild hineingegangen, um so die guten Gefühle von damals wieder aufzutanken, sondern er hat durch den Vergleich ein negatives neues Gefühl in sich erzeugt. Herr Müller hat also diesen glücklichen Moment als Quelle von Unglück benutzt.

Wir können daran den entscheidenden Unterschied zwischen Glückskindern und Unglücksraben erkennen. Nicht, daß beide nicht sowohl sonnige wie schwarze Momente in ihrem Leben hätten.

Worin sie sich unterscheiden: Der Unglücksrabe schlüpft in die Bilder negativer Situationen hinein und belastet sich erneut. Glückliche Erinnerungen vergleicht er mit der Gegenwart und nutzt sie so als Quelle von Traurigkeit und Unzufriedenheit. Das Glückskind macht es genau entgegengesetzt. Negative Situationen betrachtet es distanziert und sucht daraus zu lernen. In die glücklichen Erinnerungen schlüpft es immer wieder hinein, fühlt sich dankbar und schöpft frische Kraft daraus.

Schwarzsehen oder lieber rosarot?

Sachbearbeiter Römer gerät immer wieder in Auseinandersetzungen mit seiner Abteilungsleiterin, Frau Meiser. Wenn Herr Römer Prognosen über den zukünftigen Absatz erstellt, geraten die meisten recht düster. Frau Meiser ist dann stets unzufrieden, denn ihre Prognosen sind immer optimistisch und gehen von den sonnigsten Möglichkeiten aus. Als einmal beide recht ärgerlich geworden sind, werfen sie sich gegenseitig ihre Urteile an den Kopf. »Sie sind ein alter Schwarzseher!« meint Frau Meiser zu Herrn Römer. »Und ich finde, daß es Zeit wird, daß Sie endlich einmal Ihre rosarote Brille abnehmen«, entgegnet dieser aufgebracht.

In den achtziger Jahren machten NLP-Forscher eine der wichtigsten Entdeckungen, um das Mentale Training weiterzuentwickeln. Sie stellten fest, daß die Bilder und Sätze, die in unseren Köpfen ablaufen, bestimmte Eigenschaften haben. Diese Eigenschaften (»Submodalitäten« als Fachbegriff) haben enorme Auswirkungen auf die Gefühle: Wichtig bei inneren Bildern sind zum Beispiel die Größe, die Entfernung, in der sie sich befinden, die Farbigkeit, die Entfernung, in der Schärfe und die Bewegung.
Obwohl wahrscheinlich keiner von uns bisher in seinem Leben auf diese Eigenschaften geachtet hat, kann er sie leicht bewußt registrieren. Das Erstaunliche ist, daß jeder die Fragen nach den Eigenschaften beantworten kann. Manchmal mag jemand sich unsicher fühlen. Dann kann er einfach nur raten, aber er wird fast immer richtig raten. Er braucht lediglich den Mut, sich auf diese vage Ahnung einzulassen und ihr zu vertrauen.
Dieses Wissen ist im Volksmund schon immer vorhanden. Herr Römer ist tatsächlich ein »Schwarzseher«, denn wenn er seine Prognosen erstellt, sind seine inneren Bilder düster, schwarz

Wichtig ist es, negative Situationen distanziert zu betrachten und daraus zu lernen. In positive Erinnerungen sollte man hineinschlüpfen, um daraus Kraft zu schöpfen. Wichtig bei Bildern ist die Farbigkeit.

79

und grau. Deshalb sind die daraus entstehenden Gefühle negativ. Wie soll es auch anders ein, wenn jemand schwarzsieht? Die inneren Bilder von Frau Meiser sind dagegen leicht rosa getönt, in Pastellfarben und ein wenig unscharf. Wenn sie diese Bilder anschaut, bekommt sie ein wohliges Gefühl im Bauch.

Faszinierend ist aber, daß wir nicht nur die Eigenschaften unserer Bilder beschreiben können, sondern: Wir können die Eigenschaft aktiv verändern. Damit haben wir einen direkten Zugang, unsere Gefühle zu beeinflussen.

Eigenschaften innerer Bilder verändern

Denken Sie an einen unangenehmen Vorfall aus den letzten Tagen.

① Stellen Sie sich ein Bild dieser Szene vor. Was sehen Sie?

_____

_____

_____

_____

In welcher Entfernung ist das Bild? (nah/fern, wieviel Meter?)

_____

Welche Größe hat das Bild ungefähr?

_____

Wie sind die Farben? Oder ist es schwarzweiß?

_____

Ist das Bild scharf oder unscharf?

_____

Ist das Bild still, oder ist es bewegt (Film)?

_____

Wo im Raum befindet sich das Bild? Direkt vor Ihnen? Links, rechts, oben oder unten? Wo genau?

_____

Ein typischer Schwarzseher macht sich dunkle, düstere Bilder, die dann auch negative Gefühle aus- lösen. Wer die Dinge rosarot sieht, macht sich Bilder in Pastell- farben, die ein gutes Gefühl auslösen.

② Jetzt fangen Sie an, mit den unterschiedlichen Eigenschaften zu experimentieren, und beobachten Sie genau, was sich
an den Gefühlen verändert.

_____

Rücken Sie das Bild näher heran. Was verändert sich in bei
Ihnen?

_____

Was erleben Sie, wenn Sie es weiter wegrücken?

_____

Was erleben Sie, wenn Sie das Bild vergrößern?

_____

Was erleben Sie, wenn Sie es verkleinern?

_____

Was erleben Sie, wenn sie die Farben kräftiger machen?

_____

Was erleben Sie, wenn die Farben verblassen?

_____

Was erleben Sie, wenn Sie das Bild schärfer einstellen?

_____

Was erleben Sie, wenn Sie es unschärfer einstellen?

_____

Was erleben Sie, wenn Sie das Bild zum Stillstand bringen, dann langsam einen Film anfangen lassen zu laufen, der dann immer schneller wird?

_____

Was erleben Sie, wenn Sie den Ort des Bildes im Raum verschieben, also zum Beispiel von rechts oben nach links unten? Experimentieren Sie!

_____

_____

_____

_____

Was erleben Sie, wenn Sie sich selbst im Bild sehen, und was, wenn Sie sich nicht im Bild sehen?

_____

_____

_____

_____

③ Im letzten Schritt verändern Sie alle Eigenschaften des Bildes so, daß das bestmögliche Gefühl für Sie entsteht. Was sind die optimalen Eigenschaften?

_____

_____

_____

_____

Spielen Sie nun mit dem Bild, das Sie sich gemacht haben; vergrößern und verkleinern Sie es. Machen Sie die Farben kräftiger und blasser. Setzen Sie sich in dieses Bild, und nehmen Sie sich heraus.

④ Lassen Sie zusätzlich die Sonne auf das Bild scheinen, und
spielen Sie im Hintergrund eine passende Lieblingsmusik
ab . . .

Bei dieser Übung machen Sie die Erfahrung, wie stark die
Eigenschaften der inneren Bilder die gefühlsmäßige Reaktion
beeinflussen. Sie lernen, Bilder in einer optimalen Weise zu verändern. Es geht nicht darum, Bilder zu beschönigen, zu unterdrücken oder zu verdrängen. Das Ziel ist es, auch negative Bilder in einem optimalen Zustand zu betrachten. Dann sind wir
im Besitz unserer Ressourcen und blockieren uns nicht gefühlsmäßig.
Quälende Erinnerungen, ja sogar tiefsitzende Ängste und
Phobien lassen sich mit Abwandlungen dieser Technik, der
sogenannten Phobietechnik, und der Unterstützung eines
Fachmanns oft so rasch auflösen, daß es an Wunderheilung
erinnert.
Neben den Bildern haben auch die Sätze und Stimmen in unserem Kopf wichtige Eigenschaften. Mehr dazu im fünften Kapitel.

Zum Vertiefen

Wenn Sie Möglichkeiten kennenlernen wollen, Ihre Ressourcen
zu wecken, dann empfehle ich das Buch *Coach yourself* von
Cora Besser-Siegmund. Die Autorin ist ebenfalls NLP-Thera-
peutin und hat einen ähnlichen Erfahrungshintergrund wie ich.
Gerade deshalb mag es für Sie interessant sein, ähnliche Themen auf eine andere Art und Weise als hier dargeboten zu
bekommen.
Wer sich in die Welt der Eigenschaften innerer Bilder und Sätze
einarbeiten und noch einige der vielen Möglichkeiten der

Arbeit damit entdecken will, dem sei zum Einstieg das Buch von Bandler, *Veränderung des subjektiven Erlebens*, empfohlen.

Kernsätze des Kapitels

- Wer die Auslöser für die Gefühle von Kraft oder Kraftlosigkeit versteht, kann seine mentalen Kräfte gezielt einsetzen.

- Innere Bilder besitzen eine besondere Eigenschaft: Sie entwickeln Anziehungskraft und die Tendenz, verwirklicht werden zu wollen.

- Das Dilemma ist: Wenn jemand Dinge ablehnt und bekämpft, hat er immer notwendigerweise auch die Vorstellung von dem Bekämpften. Je häufiger er sich an das Bekämpfte erinnert, desto häufiger setzt er auch die Anziehung zu diesem Bild in Kraft.

- Führungskräfte führen und motivieren um so besser, je mehr sie es verstehen, ihren Mitarbeitern positive Bilder vorzugeben.

- Die Gestaltung von Zielbildern ist bei vielen Problemen ein wichtiger Schritt auf die Lösung hin.

- Mit dem Gebrauch von Sprache manipulieren wir ständig und jedesmal schlimmer.

- Bereits die Art, wie ich ein Problem formuliere, schwächt mich oder gibt mir Kraft.

- Der entscheidende Unterschied zwischen Glückskindern und Unglücksraben: Der Unglücksrabe schlüpft in die Bilder negativer Situationen hinein und belastet sich erneut. Glückliche Erinnerungen vergleicht er mit der Gegenwart und nutzt sie so als Quelle von Traurigkeit und Unzufriedenheit. Das Glückskind betrachtet negative Situationen distanziert und sucht daraus zu lernen. In die glücklichen Erinnerungen schlüpft es immer wieder hinein, fühlt sich dankbar und schöpft frische Kraft daraus.

Zuerst ist es also wichtig, die Auslöser für seine Kraft oder Kraftlosigkeit zu kennen. Positive Zielbilder versetzen uns in eine positive Stimmung. Zentral ist es, schon ein Problem bejahend zu formulieren.

4 Schwierige Situationen des Alltags bewältigen

Herr Dormann ist im ganzen Unternehmen als souveräne und entscheidungsfreudige Führungskraft bekannt. Er hat nur ein Problem: Jedesmal, wenn er zum Aufsichtsrat bestellt wird und den Raum betritt, wird er nervös und unsicher. Wenn er die ersten Sätze sagt, hört er selbst, wie seine Stimme anfängt zu zittern.

Schwierige Situationen des Alltags bewältigen

Jeder kennt Situationen, denen er sich nicht gewachsen fühlt. Dann kann ein Teil der Kontrolle über die Situation, die eigenen Gefühle und das eigene Handeln verlorengehen. Wir finden nicht mehr den Zugang zu unseren Kräften und Ressourcen und sind blockiert.

Mentales Training vermittelt Möglichkeiten, aus einem blockierten Zustand wieder in den Zustand der eigenen Ressourcen zu kommen und die Situation erfolgreich zu bewältigen. Es bietet eine Fülle von Methoden, um zu lernen, schwierige Situationen optimal zu bewältigen. So wie der Hochspringer vor dem Wettkampf jeden einzelnen Schritt beim Anlauf und Absprung im Geiste übt, kann das die Führungskraft mit schwierigen Aufgaben in ihrem Berufsalltag tun, indem sie angemessenes Verhalten für einen Konflikt, im Verkaufsgespräch oder als Leiter einer Konferenz trainiert.

Blockaden auflösen

Vorstandsvorsitzender Hansen ist total überlastet. Aktenberge türmen sich auf seinem Schreibtisch. Widerwillig macht er sich jeden Morgen an die Arbeit, den Berg zu bewältigen. Er fühlt sich überbeansprucht, körperlich geschafft und unzufrieden. Abgekämpft kommt er allabendlich spät nach Hause. Die Arbeitskollegen und die Familie beginnen gleichsam unter seinen Launen zu leiden.

Der gleiche Hansen hat als Urlaubshobby das Bergsteigen. Die schwierigsten Alpentouren sucht er dabei heraus und geht bis an die Grenzen seiner körperlichen Leistungsfähigkeit. Abends ist er erschöpft, aber ausgeglichen und zufrieden.

Gut erholt, mit neuem Schwung, kommt er aus dem Urlaub zurück. Bis die Aktenberge seinen neuen Elan wieder aufgezehrt haben...

Zwei Berge, die zu bewältigen sind – zu Hause die Akten, im Urlaub die Alpen. Die Anstrengung ist ähnlich. Was macht den Unterschied?

Die Alpen erlebt Herr Hansen als Herausforderung. Sie zu bewältigen, macht ihn stolz. Er spürt die eigenen Kräfte und hat deshalb Spaß daran. Diese Fähigkeit hat Herr Hansen verloren, wenn er vor seinem Aktenberg steht.

Wir können an diesem Beispiel zwei verschiedene Zustände unterscheiden, die in ihren Auswirkungen gegensätzlich sind: Es gibt den positiven Zustand, in dem wir unser Potential ausschöpfen. Wir befinden uns im Besitz unserer Ressourcen. Alle unsere Fähigkeiten und Kräfte stehen uns aktuell zur Verfügung. Geistig sind wir klar und können Ideen entwickeln. Gefühlsmäßig fühlen wir uns in einem Hochzustand. Körperlich sind wir entspannt und gleichzeitig voller Tatkraft.

Dann gibt es den negativen Zustand der Blockade. Hier sind wir abgeschnitten von unseren Kräften und erleben uns in einer Sackgasse. Problemen stehen wir hilflos gegenüber. Geistig sind wir wenig bei der Sache oder ständig auf einen bestimmten Gedanken fixiert. Gefühlsmäßig fühlen wir uns überfordert, niedergeschlagen oder hilflos. Körperlich sind wir unter Druck, angespannt und/oder kraftlos.

Jeder von uns kennt die zwei Extremzustände. Im Alltag befinden wir uns dem einen Pol oder dem anderen Pol näher. Obwohl wir gerne möchten, schaffen wir es meistens nicht, nur durch eine Willensanstrengung vom negativen in den positiven Zustand zu gelangen. Es ist, als ob sich eine innere Barriere dem entgegenstellt.

Im blockierten Zustand erleben wir uns als begrenzt, unfähig und schwach. Wir drehen uns im Kreis, ohne die Kraft zu finden, aus dem Kreislauf auszutreten. Das, was wir gerade jetzt besonders stark bräuchten, unsere Ressourcen nämlich, sind verlorengegangen.

Mit Mentalem Training lernt man Blockaden zu lösen, Energie aufzutanken und schwierige Situationen erfolgreich zu meistern. Nicht die Herausforderung alleine nimmt uns in Anspruch.

89

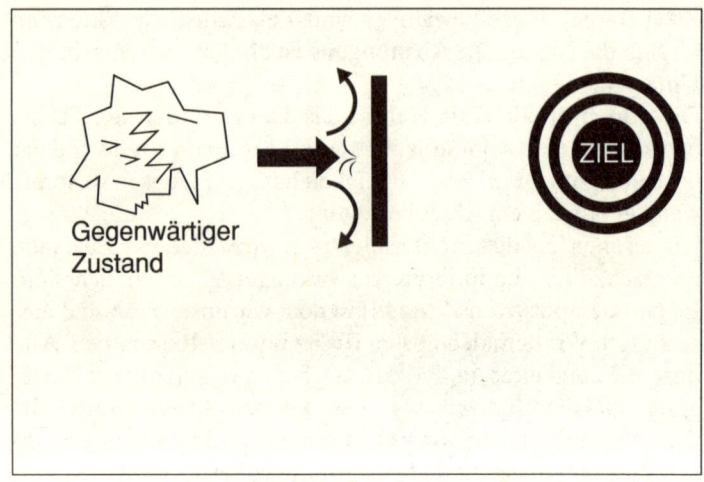

Gegenwärtiger
Zustand

ZIEL

Es gibt Wege, die eigenen Ressourcen zu wecken und in den negativen Zustand der Blockade hineinzubringen. Insbesondere das NLP hat hierzu Techniken entwickelt. Damit lösen sich die Blockaden auf. Wir finden neue Wege, die inneren Barrieren zu umgehen und zu unserem gewünschten Ziel zu gelangen.

In einem Coaching setzt sich Herr Hansen mit der unterschiedlichen Haltung zu seinen zwei Bergen, den Alpen und den Akten, auseinander. Er bekommt die Frage gestellt, welche Erfahrungen und Werte er mit den zwei Tätigkeiten verbindet. »Also«, meint er, »den Aktenberg mag ich nicht. Die Arbeit muß zwar sein, aber ich finde sie langweilig und belastend. Da empfinde ich Druck und Widerwillen. Dagegen Bergsteigen, das macht mir Spaß. Da spüre ich meine Kraft. Darin steckt für mich Herausforderung und Freiheit, auch Gefahr. Dabei fühle ich mich so richtig lebendig.«

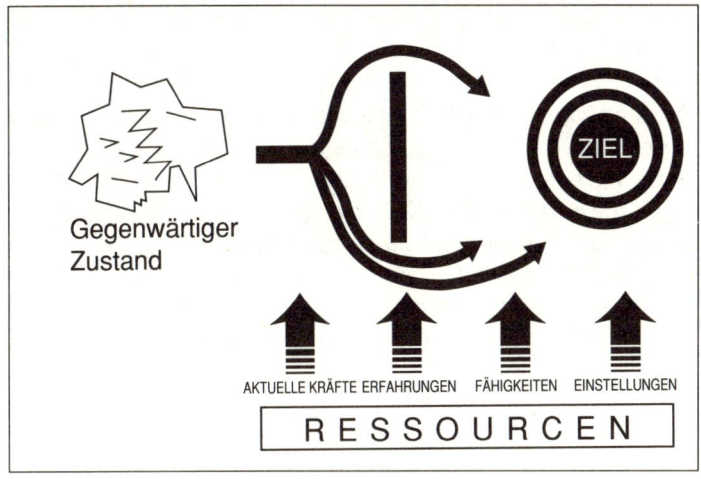

Gegenwärtiger
Zustand

ZIEL

AKTUELLE KRÄFTE ERFAHRUNGEN   FÄHIGKEITEN   EINSTELLUNGEN

R E S S O U R C E N

Was ihm Kraft gibt, hat Herr Hansen beim Thema Bergsteigen deutlich genannt: Spaß, seine Kraft spüren, Herausforderung, Freiheit, Gefahr, sich lebendig fühlen. Der nächste Schritt für ihn ist, Wege zu finden, wie er diese Ressourcen in die bisher ungeliebte Tätigkeit bringen kann. Die Frage an ihn lautet: »Wie könnten Sie so viel Spaß *in Ihre Schreibtischarbeit bringen, daß Sie Ihre Kraft spüren und sich richtig* lebendig fühlen? *So daß jede Stunde am Schreibtisch für Sie* Herausforderung *wird, die Sie gern und* freiwillig *unternehmen?! Vielleicht könnten Sie sogar ein Körnchen* Risiko und Gefahr *hineinmischen?*

Herr Hansen überlegt lange. Seine ganze Kreativität, die er sonst überwiegend im Dienste seines Unternehmens einsetzt, ist plötzlich für die eigene Person gefordert. Langsam formuliert er seine Gedanken: »Ich habe einfach zuviel Routinekram auf dem Schreibtisch. Bisher habe ich gedacht, ich müßte alles persönlich bearbeiten, weil ich die Verantwortung für das Ergebnis tra-

Mit Hilfe von NLP, dem neurolinguistischen Programmieren, sind wir in der Lage, die eigenen Ressourcen zu wecken und die Blockade aufzulösen. Die zentrale Frage ist, wie man positive Gefühle projiziert.

ge. Ich wollte bisher immer ganz sichergehen, daß es so gemacht wird, wie ich mir das vorstelle. Da bin ich schon sehr eigen. Ein Körnchen Risiko und Gefahr bestünde darin, diese Bereiche zu delegieren. Die nächste Änderung könnte sein, daß ich mir einen knapperen Zeitraum für die Bearbeitung setze. Damit fordere ich mich mehr und bin hinterher stolz, daß ich soviel geschafft habe. Und die gewonnene Zeit nutze ich abends, um zwei Stunden Tennis zu spielen. Damit tobe ich mich körperlich aus, das tut mir gut. Deswegen genieße ich ja auch so das Bergsteigen. Ich glaube, dann setze ich mich auch am nächsten Morgen wieder gern und freiwillig an den Schreibtisch.«

Als Herr Hansen diese Überlegungen entwickelt, läßt er sich ganz und gar von den Begriffen leiten, die er beim Bergsteigen genannt hat. Jedes dieser Worte ist mit ganz bestimmten Bildern und Gefühlen verknüpft. Es ist deshalb wichtig, genau diese Worte zu gebrauchen. Nimmt er die damit verbundenen Gefühle als Leitschnur für die Bewältigung des Aktenberges, ergeben sich für ihn neue Sichtweisen.

Sie können diese Technik für sich selbst ausprobieren. Nutzen Sie sie für Tätigkeiten, bei denen Sie sich immer wieder unzufrieden fühlen.

Motivation für ungeliebte Tätigkeiten

Welche Tätigkeiten machen Ihnen in Ihrem Berufs- oder Privatleben keine Freude?

Welche Werte, Erfahrungen, Gefühle, Einstellungen verbinden Sie damit?

Welche Tätigkeiten im Berufs- oder Privatleben machen Ihnen ganz besonderen Spaß?

Wichtig ist es, die gleichen positiven Begriffe in der Negativsituation anzuwenden. Denn jeder Begriff ist mit bestimmten Bildern und Gefühlen verknüpft. Motivieren Sie sich mit Hilfe der Fragen.

Welche Werte, Erfahrungen, Gefühle, Einstellungen verbinden Sie damit?

_____

_____

_____

_____

_____

Entwickeln Sie Bilder und Vorstellungen, wie Sie Ihre positiven Werte in die bisher ungeliebten Tätigkeiten bringen. Seien Sie dabei kreativ und spielen geistig mit den verschiedenen Möglichkeiten!

_____

_____

_____

_____

_____

Oft scheint es so, als ob in unserem Kopf die Erinnerungen an blockierte Situationen und die an Ressourcen in weit auseinanderliegenden Orten gespeichert sind. In einer positiven Situation haben wir deshalb alle Erinnerungen an blockierte Situationen vergessen, genau wie wir umgekehrt in der blockierten Situation alles an Stärken vergessen haben, die uns heraushelfen könnten. Es ist deshalb günstig, diese Techniken dann auszuprobieren, wenn wir Zeit und Ruhe haben.
Auch die nächste Technik dient dazu, Verbindungen zwischen diesen Orten zu schaffen, damit die Ressourcen in die blockierte Situation fließen.

Fähigkeiten für schwierige Situationen wecken

Denken Sie an den oder einen Ihrer größten beruflichen Erfolge. Welche Fähigkeiten haben Sie dabei bewiesen und gezeigt?

_____

_____

_____

_____

_____

Denken Sie jetzt an eine aktuelle berufliche Situation, die Ihnen Schwierigkeiten macht und in denen Ihnen die gerade genannten Fähigkeiten nutzen könnten. Wie würde es sich auswirken, wenn Sie die Fähigkeiten hier mehr einsetzen würden?

_____

_____

_____

_____

_____

Eine sehr wirksame und wichtige Technik ist im NLP als »Collapsing Anchors« bekannt und bringt auf einfache Weise Ressourcen in blockierte Situationen. Diese Methode funktioniert dadurch, daß negative und positive Gefühle mit der Empfindung von jeweils einer Hand gekoppelt (»geankert«) werden. Die Gefühle werden dadurch noch verstärkt, daß sie auf andere Sinneskanäle »übersetzt« werden, nämlich in Farben und Melodien. Gleichzeitig wird durch jede Wiederholung die Koppelung stärker. Wenn dann eine starke Koppelung erreicht ist, genügt

Eine Methode des NLP ist als „Collapsing Anchors" bekannt. Dies bedeutet, daß man negative und positive Gefühle in einer Hand koppelt. Diese Gefühle können noch durch Farben verstärkt werden.

das Zusammenführen beider Hände, um im inneren Erleben eine Veränderung herbeizuführen. Wer es nicht erlebt hat, wird skeptisch bleiben. Deshalb: Probieren Sie es einfach aus! Die Technik können Sie für eine Situation nutzen, in der Sie stark blockiert sind und in der Sie nicht wissen, wie Sie an Ihre Kraftquellen kommen. Sinnvollerweise überlegen Sie zunächst, welche Ressourcen für die Situation die richtigen wären, zum Beispiel innere Ruhe, Mut oder Verständnis. Dann arbeiten Sie mit diesen Ressourcen. Im folgenden Beispiel werden die Ressourcen »Kraft« und »Freude« verwendet. Wenn Sie andere Ressourcen haben, nehmen Sie Ihre Begriffe.

Nehmen Sie sich für diese Technik zwanzig Minuten Zeit, und sorgen Sie dafür, daß Sie ungestört bleiben.

Anker zusammenbringen

Setzen oder legen Sie sich entspannt hin, wobei Sie die linke und die rechte Hand mit der Handfläche nach oben getrennt voneinander auf die beiden Oberschenkel oder neben Ihren Körper legen.

Erinnern Sie sich jetzt genau und lebhaft an Situationen, in denen Sie »Kraft« und »Freude« empfunden haben . . .

Dann stellen Sie sich vor, daß diese Kraft und Freude in eine Ihrer Hände, links oder rechts, fließt. Diese Hand nenne ich ab jetzt »Krafthand«. Spüren Sie dieses besondere Gefühl in Ihrer Krafthand . . .

Wenn diese Kraft eine Farbe wäre – welche Farbe wäre es? Lassen Sie sich überraschen, welche Farbe vor dem inneren Auge auftaucht . . .

Schauen Sie die Farbe eine Weile an, und lassen Sie sie dann in Ihrer Vorstellung in Ihre Krafthand fließen . . .

Wenn die Kraft und Freude eine Melodie wären – welche Melodie wäre es? Lassen Sie sich überraschen, welche Melodie vor dem inneren Ohr auftaucht, ganz gleich, ob es ein Kinderlied, ein Schlager oder eine klassische Melodie ist . . .

Lassen Sie dann auch die Musik in Ihre Krafthand fließen . . .

Erinnern Sie sich jetzt genau und lebhaft an die Situation, in der Ihnen Kraft und Freude fehlt, in der Sie blockiert sind . . .

Dann stellen Sie sich vor, daß die ganzen negativen Gefühle aus der Situation in die andere Hand fließen. Diese Hand nenne ich ab jetzt »negative Hand«. Spüren Sie diese ganzen Gefühle in Ihrer negativen Hand . . .

Wenn diese negativen Gefühle eine Farbe wären – welche Farbe wäre es? Lassen Sie sich überraschen, welche Farbe vor dem inneren Auge auftaucht . . .

Schauen Sie die Farbe eine Weile an, und lassen Sie sie dann in Ihrer Vorstellung in Ihre negative Hand fließen . . .

Wenn die negativen Gefühle eine Melodie wären – welche Melodie wäre es? Lassen Sie sich überraschen, welche Melodie vor dem inneren Ohr auftaucht, ganz gleich, woher die Musik stammt . . .

Lassen Sie dann auch die Musik in Ihre negative Hand fließen . . .

Spüren Sie einen Moment lang die linke und die rechte Hand und wie sie selbst in Ihrer Mitte leer und entspannt sind. Dann bringen Sie ganz langsam, fast unmerklich, beide Hände zusammen, bis sie sich berühren . . .

Spüren Sie die Berührung, und stellen Sie sich vor, wie die Gefühle, Farben und Melodien sich mischen . . .

Schauen Sie nach einiger Zeit, welche neue Farbe entstanden ist . . .

Hören Sie, welche neue Melodie jetzt vor dem inneren Ohr auftaucht . . .

Dann schauen Sie sich die negative Ausgangssituation wieder an

Um den positiven und den negativen Anker zusammenzubringen, lassen Sie Kraft und Energie in eine Hand fließen. Lassen Sie ebenso eine Farbe hinzukommen und eine Melodie in diese Hand fließen.

und nehmen aufmerksam alle Veränderungen und neuen Möglichkeiten wahr ...

Die Technik läßt sich auch nutzen, um innere Gegensätze zu versöhnen. Da mag jemand immer wieder erleben, wie er zwischen Verschwendung und Geiz schwankt oder zwischen sturer Rebellion und völliger Anpassung. Beim Nutzen der Methode koppelt er jede Hand mit einem der Extreme, also zum Beispiel eine »Verschwendungshand« und eine »Geizhand«. Dann erlebt er, was geschieht, wenn er die beiden Hände zusammenbringt und wie flexibel Wahlmöglichkeiten zwischen den Extremen entstehen.

Die optimale Vorbereitung
für schwierige Situationen

Herr Schleier hat ein unangenehmes Gespräch mit dem beson-
ders schwierigen Kunden Herrn Roth vor sich. Herr Roth scheint
schon von Natur aus schroff und unhöflich zu sein. Jetzt ist noch
dazugekommen, daß die letzte wichtige Lieferung eine Woche zu
spät kam. Herr Roth hat schon am Telefon losgelegt und will nun
Herrn Schleier persönlich sprechen.
Herrn Schleier ist ausgesprochen unbehaglich zumute. Er steht
im Vorzimmer von Herrn Roth und hat noch zwei Minuten Zeit.
Automatisch bereitet er sich innerlich auf das Gespräch vor. In
seinem Kopf sieht es etwa so aus: »Hoffentlich ist Roth nicht in
seiner übelsten Stimmung. Aber meistens ist er ja schlecht drauf.
Und jetzt nach unserer Panne erst recht. Ich sehe ihn schon vor
mir mit dem verbissenen Gesichtsausdruck und den kritischen
Stirnfalten. Das letzte Mal war er ja gräßlich, als er mich wie einen
kleinen Schulbuben runtergekanzelt hat. Also wenn er weiter mit
mir so umgeht – das lasse ich nicht zu. Selbst wenn jetzt eine
Panne passiert ist und er so wichtig für uns ist. Schließlich habe
ich auch noch eine Selbstachtung. Alles muß ich mir ja auch von
ihm nicht gefallen lassen. Lieber kündige ich. Ich bin doch kein
Fußabstreifer!«
So und ähnlich laufen blitzschnell Gedanken, Erinnerungen, Bil-
der und Selbstgespräche in seinem Kopf ab. Seine Gedanken
lösen bestimmte körperliche Reaktionen bei ihm aus: Er spannt
sich an und ist kampfbereit.
Dann drückt Schleier die Türklinke herunter und betritt das Zim-
mer von Herrn Roth.

Vorbereitung ist eine wichtige Aufgabe und Funktion unseres
Gehirns, das unser Überleben sichern will. Automatisch läuft in
unserem Kopf ein innerer Film ab, der uns optimal auf das Neue

Führen Sie die beiden Hände zusammen, und mischen Sie die Gefühle und Farben. Schauen Sie sich die neu entstandenen Farben an. Gehen Sie jetzt zurück zu der negativen Ausgangs-situation.

einstellen soll. Deshalb bereiten wir uns alle in dieser oder einer ähnlichen Form auf schwierige Situationen vor. Es können Gespräche mit Mitarbeitern, Vorgesetzten und Kunden sein, es kann die Präsentation vor dem Vorstand sein genauso wie die Rede zur Hundert-Jahr-Feier des Unternehmens.

Bei Herrn Schleier können wir sehen, daß diese automatische Vorbereitung nicht immer die günstigste sein muß. Denn körperliche Anspannung und Kampfbereitschaft allein sind nicht unbedingt optimale Voraussetzungen für ein schwieriges Gespräch. Schleier rechnet mit dem Schlimmsten und sieht innerlich ein Bild davon. Das Bild entwickelt Anziehungskraft. Möglicherweise genügt in seinem Zustand schon eine kleine verbale Provokation von Roth, und er geht in die Luft.

Eine optimale mentale Vorbereitung wird Ihnen helfen, in einen Zustand zu gelangen, in dem alle Möglichkeiten, von der Freundlichkeit bis zur Härte, zur Verfügung stehen. Dazu sind folgende drei Schritte erforderlich:

Der erste Schritt

Sie stellen sich das gewünschte Ergebnis nach Beendigung der schwierigen Situation vor, Sie machen sich ein Zielbild. Wichtig ist die lebendige und plastische Vorstellung von dem Ergebnis, das Sie nach dieser Situation haben wollen. Sie müssen zunächst noch nicht wissen, wie Sie das Ergebnis geschafft haben.

Durch das Zielbild wecken Sie positive Gefühle und, damit verbunden, Ihre Kräfte und Fähigkeiten. Darüber hinaus bündelt das Bild alle Ihre Energien auf das Ziel hin. So nutzen Sie die Anziehungskraft der inneren Bilder.

Grundsätzlich gibt es zwei verschiedene Möglichkeiten, welche Art von Ziel sie sich vorstellen können.

Sie können sich ein Bild von dem konkreten *Ergebnis* machen, das Sie erreichen wollen. Allerdings ist das Ergebnis meist nicht nur von Ihren eigenen Anstrengungen, sondern auch vom Einfluß anderer abhängig. So hat oft jeder Beteiligte ein anderes Zielbild vom Ergebnis im Kopf, zum Beispiel im Sport, wenn jeder sich als Olympiasieger sieht. Es kann sich aber nur ein einziges Zielbild verwirklichen, denn aus der Natur der Sache ist es unmöglich, daß alle gleichzeitig siegen.

Das bedeutet, daß Sie trotz eines Ergebnisbildes nicht immer Ihre Zielvorstellung erreichen. Langfristig schwächen Sie so Ihr Vertrauen in Ihre Zielbilder und unterminieren Ihre mentale Stärke. Darüber hinaus laufen Sie Gefahr, Ihre Flexibilität und Kreativität zu verlieren. Möglicherweise übersehen Sie andere positive Möglichkeiten, die sich aus der Situation entwickeln könnten, nur weil Sie auf Ihr Ergebnis fixiert sind.

Die Alternative ist, sich ein Bild von dem gewünschten *Zustand* zu machen, in dem Sie nach Beendigung der kritischen Situation sein wollen. Der gewünschte Zustand wird etwa so sein: Sie fühlen Ihre Kraft und Stärke. Sie sind zufrieden mit sich selbst, weil sie Ihr Bestes gegeben und das Bestmögliche erreicht haben. Alle Schwierigkeiten haben Sie gemeistert. Mit diesem Bild lassen Sie das inhaltliche Ergebnis offen. Sie wissen aber, daß es für diese Situation optimal war.

Herr Schleier, der nach zehn Minuten wütend aus dem Zimmer von Roth gestürmt ist, hat beschlossen, sich in Zukunft anders auf alle ähnlichen Kunden vorzubereiten. Eine Woche später hat er noch eine direkte Chance zu einem klärenden Gespräch mit Herrn Roth, da sich zusätzliche Abwicklungsschwierigkeiten ergeben haben. Schleier bereitet sich am Vortag systematisch vor.

Er überlegt sich als erstes seinen Zielzustand und macht sich ein Bild von sich selbst, wie er nach einer Stunde dynamisch und energiegeladen aus dem Zimmer von Roth tritt. Er hört sich selber sagen: »Das hast du gut gemacht. Toll, wie ruhig du geblieben bist!«

Herr Schleier aus unserem Beispiel macht es, wie viele von uns, falsch. Günstiger ist es, sich das gewünschte Ergebnis nach Beendigung der Situation vorzustellen. Das Zielbild weckt Gefühle.

Wenn Sie sich ein Bild vom Zielzustand machen, sehen Sie sich, wie Sie beispielsweise nach dem Gespräch beim Vorstand mit zufriedenem Gesichtsausdruck aus der Tür kommen. Oder Sie sehen sich vom Rednerpodium freudig herunterkommen, begleitet vom Applaus.

Wie Loehr bei der Befragung von Spitzensportlern herausgefunden hat, neigen insbesondere junge unerfahrene und ehrgeizige Sportler zu der ersten Art der Zielbestimmung, indem sie Bilder von sich als Sieger auf dem Podest machen. Erst wenn die Erfahrung größer wird, kommen sie immer mehr zu einer Zielbestimmung, die sie unabhängig von anderen sein läßt. Sie stellen sich vor, alles, was in ihren Kräften steht, im Wettkampf zu geben. Auf eine Kurzformel gebracht, ist die erste Haltung: »Ich bin der Beste.« Die zweite Haltung lautet: »Ich gebe mein Bestes.«

Nutzen Sie die nächste Technik für eine Situation, die bisher schwierig für Sie war.

Sich auf schwierige Situationen vorbereiten

Welche Situation in Ihrem beruflichen Alltag macht Ihnen besondere Schwierigkeiten, oder welche Situation würden Sie gern besser bewältigen?

_____

_____

① Wie sieht das Ziel für Ihre schwierige Situation aus? Wie wollen Sie aus der Situation herauskommen? Beschreiben Sie genau den Ort, an dem Sie sich dabei befinden, und den Zielzustand.

_____

_____

Mit diesem ersten Schritt haben Sie sich selbst eine konstruktive Richtung vorgegeben. Sie programmieren sich mit diesem Bild.

Der zweite Schritt

Er ist ein wichtiger Zwischenschritt und dient der Suche nach Ressourcen. Sie überlegen sich, welche Eigenschaften erforderlich sind, um die schwierige Situation zu meistern. Diese Eigenschaften notieren sie.

Herr Schleier überlegt sich die Eigenschaften, die er bei seinem Gespräch mit Herrn Roth braucht. Er notiert sich, daß für ihn sinnvoll wäre:

Gelassenheit,
Höflichkeit,
aufmerksames Zuhören,
Verständnis für Herrn Roth,
Selbstsicherheit,
klare Darlegung des eigenen Standpunkts,
Flexibilität,
Humor.

Formulieren Sie jetzt, wie die hilfreichen Fähigkeiten für Ihre Situation lauten!

_____

_____

_____

_____

_____

Stellen Sie sich vor, wie Sie nach einer schwierigen Verhandlung mit zufriedenem Gesicht aus dem Konferenzraum treten. Überlegen Sie sich im zweiten Schritt, welche Ressourcen Sie benötigen.

② Welche Eigenschaften benötigen Sie für die Bewältigung Ihrer kritischen Situation?

ⓐ _____

ⓑ _____

ⓒ _____

ⓓ _____

ⓔ _____

ⓕ _____

ⓖ _____

Sie werden feststellen, daß Sie auch bei Ihrer Suche einige der Fähigkeiten von Herrn Schleier nutzen können. Denn für die meisten Situationen ist der Katalog der Eigenschaften gar nicht so unterschiedlich. Grundsätzlich gibt es drei wichtige Gruppen von Eigenschaften für schwierige Situationen.

- Die erste Gruppe besteht aus Eigenschaften wie Ruhe, Entspannung und Wachheit als Basis.

- Die zweite Gruppe besteht aus Eigenschaften, die notwendig sind, um den eigenen Standpunkt durchzusetzen. Dazu ist es wichtig, Mut zu haben und mit Selbstsicherheit und Zielstrebigkeit die eigene Richtung zu verfolgen.

- Die letzte Gruppe besteht aus Eigenschaften, die wichtig sind, um den Standpunkt des anderen zu erfassen und zu verstehen. Dazu gehört die Bereitschaft, sich auf das Gegenüber einzustellen, ihn ausreden zu lassen und ihm zuzuhören.

Der dritte Schritt

Er dient der konkreten Umsetzung dieser Fähigkeiten in die aktuelle Situation. Im Geiste gehen Sie jetzt alle möglichen Varianten der Situation durch. Welche Schwierigkeiten und Hindernisse könnten auftauchen? Bei jedem Hindernis prüfen Sie genau, welche der oben genannten Eigenschaften Sie zur Bewältigung brauchen. Dann machen Sie sich ein genaues Bild davon, wie es aussieht, wenn Sie das Hindernis mit Hilfe dieser Fähigkeiten meistern.

Herr Schleier kennt die Person von Herrn Roth gut genug, um abschätzen zu können, wo seine persönlichen Stolpersteine liegen. Er weiß, daß er bereits auf Touren kommt, wenn ihn Herr Roth, statt höflich zu begrüßen, nur mit einem verkniffenen »Mojn« anknurrt. Bei seiner Vorbereitung stellt er sich als erstes diese Szene vor und wie er dabei trotzdem entspannt bleibt und selbst höflich zurückgrüßt. Kniffelig wird es für Schleier weiterhin, wenn Herr Roth ihn wegen der Pannen, die passiert sind, zurechtstauchen will. Da hat Herr Schleier beim letzten Gespräch gleich Entschuldigungsgründe vorgebracht. Herr Roth wollte nichts davon wissen, und so war es zu dem Gesprächsabbruch gekommen. Herr Schleier findet heraus, daß für ihn an dieser Stelle Gelassenheit, aufmerksames Zuhören und Verständnis für Herrn Roth wichtig sind. Herr Schleier stellt sich in allen Einzelheiten vor, wie er sich die Vorwürfe von Roth in aller Ruhe anhört, ohne sich gleich zu rechtfertigen.
Eine andere Schwierigkeit kommt, wenn Roth ihm bei seinen Erklärungen das Wort abschneidet und ihm über den Mund fährt. Das kann Herrn Schleier auf den Tod nicht ausstehen. Allein beim Gedanken daran möchte er schon wieder aus seiner Haut fahren. Schnell schaut er in seine Liste der wichtigen erforderlichen Fähigkeiten. Ja, Höflichkeit, Selbstsicherheit und klare Darlegung des eigenen Standpunkts muß er in dieser Situation kombi-

Diese Eigenschaften sind Ruhe, aber auch Mut und Selbstsicherheit und vor allen Dingen seinem Gegenüber zuhören zu können. Im dritten Schritt spielen Sie die Varianten der Situation durch.

nieren. Das Ganze, mit etwas Humor gewürzt, wäre sehr ent-
spannend. Schleier malt sich genau aus, wie das Verhalten aus-
sieht, und staunt ein bißchen, weil es ihm so neu vorkommt.

Gehen Sie jetzt genauso bei Ihrer eigenen Situation vor.

③ Stellen Sie sich einen wahrscheinlichen Verlauf Ihrer schwierigen Situation vor.

Welches sind die »Stolpersteine«, die Sie aus Ihrem Tritt bringen? Welches ist das Verhalten beim Gegenüber, mit dem Sie am
meisten Schwierigkeiten haben?
Notieren Sie direkt unter jedes Verhalten die Fähigkeiten aus
Ihrer Liste, die Sie hier brauchen.

Störendes Verhalten des Partners

_____

_____

Erforderliche Fähigkeiten zur Bewältigung

_____

_____

Wie meistern Sie mit Hilfe dieser Fähigkeiten die Situation?

_____

_____

Störendes Verhalten des Partners

_____

_____

Erforderliche Fähigkeiten zur Bewältigung

_____

_____

Wie meistern Sie mit Hilfe dieser Fähigkeiten die Situation?

_____

_____

Störendes Verhalten des Partners

_____

_____

Erforderliche Fähigkeiten zur Bewältigung

_____

_____

Wie meistern Sie mit Hilfe dieser Fähigkeiten die Situation?

_____

_____

Die gleiche Art der Vorbereitung läßt sich auch für neue Situationen anwenden, beispielsweise für das erste Gespräch mit einem wichtigen neuen Kunden.
Sie analysieren zunächst Ihre alten Erfahrungen aus vergleichbaren Situationen. Das Ziel ist es, festzustellen, was genau Ihnen Schwierigkeiten bereitet. Denn normalerweise gibt es nur eine beschränkte Anzahl von Verhaltensweisen, die Sie aus dem Gleichgewicht bringen.
Sinnvoll wird die Vorbereitung der inneren Haltung, gekoppelt

Stellen Sie sich nun den Ablauf der Situation vor. Welche Elemente sind störend, wie reagiert das Gegenüber? Diese Technik können Sie natürlich vor jeder neuen Gesprächssituation anwenden.

mit der inhaltlichen Vorbereitung. So ist es für einen Verkäufer (wie für jeden, der Verhandlungen führt) wichtig, zunächst die jeweiligen Kundenfragen und -einwände zu behandeln und die eigenen Antworten und Argumente zu sammeln. Danach besteht die Arbeit darin, diese Argumente mit dem eigenen entspannten, sicheren und flexiblen Verhalten zu verbinden.

Mit dieser Technik können Sie erfolgreiches Verhalten im Mentalen Training erlernen und üben. So wie der Slalomläufer im Geiste immer wieder jede Slalomstange geschmeidig umfährt, lernen Sie, wie Sie von Argumenten und Belastungen nicht aus der Bahn geworfen werden, sondern Ihr Gleichgewicht bewahren. Das bedeutet, daß Sie nicht gleich beim ersten Anwenden dieser Technik die nötige Sicherheit gewonnen haben. Gerade hier heißt es immer wieder: ÜBEN! Elegant bewältigen Sie mit einem entsprechendem Training jede Situation.

Vom Modell lernen

Sachbearbeiterin Schraud bekommt mehr und mehr das Gefühl, daß alle anderen in ihrer Abteilung beruflich an ihr vorbeiziehen. Dabei weiß sie, daß sie fachlich ausgezeichnet ist. Trotzdem wird sie bei jeder Beförderung übersehen. Als sie zu vergleichen anfängt, was die Kollegen anders machen, fällt ihr auf, daß die (meist männlichen) Kollegen die eigenen Leistungen immer wieder bei den Vorgesetzten in Erinnerung bringen und sich selbst in den Vordergrund rücken. Sie treten insgesamt viel elanvoller und energischer auf. »Nein, nein,« sagt Frau Schraud zu sich selbst, »so werden, das kann ich einfach nicht. Das bin nicht mehr ich. Wahrscheinlich sollte ich besser die Firma wechseln.«

Nicht immer genügt es, lediglich die eigenen Kräfte zu wecken, um einer Situation gewachsen zu sein und ihr anders zu begegnen. Manchmal braucht es ein neues Know-how, ein erweitertes Verhaltensrepertoire. Denn wenn der schüchterne Jüngling in der Tanzstunde die Dame seines Herzens zu seinem ersten Walzer auffordert, dann gehört eben außer Mut und Selbstsicherheit auch ein gewisses Wissen über den Dreivierteltakt dazu.
Mentales Training hilft auch hier dabei, neue Verhaltensmöglichkeiten zu entwickeln. Eine große Hilfe, um neues Verhalten zu lernen, ist der Weg, von Modellen zu lernen. Auch Kinder lernen einen Teil ihres Verhaltens, indem sie Erwachsene imitieren und in ihren Spielen das Benehmen einfach ausprobieren. Das Lernen vom Modell ist ein Weg des inneren Rollenspiels.

In einem Seminar übt Frau Schraud, wie sie ihre Fähigkeiten erweitern kann. Sie stellt sich zunächst zwei Meter von sich entfernt eine große Leinwand vor. Dort läßt sie zunächst den Film ihres üblichen Verhaltens ablaufen.
Dann soll sie einen Film konstruieren, in dem sie energisch bei

Nicht immer genügt es, die eigenen Kräfte zu wecken, um eine schwierige Situation erfolgreich zu überwinden. Eine große Hilfe, um andere Verhaltensmöglichkeiten zu entwickeln, ist das Lernen vom Modell.

Vom Modell lernen

der nächsten Abteilungsbesprechung auf ihr letztes erfolgreiches Projekt hinweist. Beim Versuch, diese Bilder zu entwickeln, gerät sie ins Schwitzen. »Ich kann das nicht«, sagt sie schließlich. »Ich bin nie damit zufrieden. Es wirkt immer so aufgesetzt und übertrieben.«

Im nächsten Schritt stellt sie sich eine zweite Leinwand neben der ersten vor und läßt aus ihrer Erinnerung Filme eines besonders durchsetzungsfähigen Kollegen ablaufen. Sie beobachtet genau seine Körperhaltung, Gestik und Mimik und achtet besonders auf Stimme und Tonfall.

Jetzt probiert sie auf ihrer Leinwand in einem Film aus, in seine Haut zu schlüpfen und wie ein Schauspieler von ihm als Modell zu lernen. Weitere Schweißtropfen treten auf ihre Stirn. »Klappt es?« fragt der Trainer. »Es geht jetzt schon besser«, meint sie. »Ich kann mir das vorstellen, genau wie mein Kollege aufzutreten. Aber es gefällt mir nicht. Es kommt mir so wichtigtuerisch vor.« – »Probieren Sie mal einen Moment, sich hier und jetzt so wichtig zu nehmen, wie Sie sich selbst sind, und nicht von vornherein klein beizugeben«, kommt die Unterstützung. Und nach einigen Momenten: »Und jetzt ändern Sie den Film so ab, daß er für Sie ganz persönlich stimmt. Daß Sie sich ernst und wichtig nehmen und auf Ihr erfolgreiches Projekt hinweisen. Daß Sie es aber gleichzeitig so tun, daß es für Sie stimmig ist.«

Wieder probiert Frau Schraud mit geschlossenen Augen, ihre inneren Bilder zu ändern. Plötzlich entspannt sich ihr Gesicht, und sie sagt zufrieden: »Jetzt stimmt es für mich.« Sie ist bereit für den letzten Schritt. Sie macht sich noch einmal ein genaues Bild von sich mit dieser neuen Fähigkeit. Dann geht sie quer durch den Raum zu der Stelle, wo sich die imaginierte Leinwand befindet, und schlüpft in ihrer Vorstellung in diesen neuen Aspekt ihrer selbst. Sie verändert die Körperhaltung so, daß sie genau zu dem inneren Bild stimmt. An diesem Platz erlebt sie noch einmal von innen die ganze Situation und prüft nach, daß das neue Auftreten auch stimmig mit ihren Gefühlen in der Situation ist. »Ja«, meint sie, »so werde ich mich das nächste Mal verhalten.«

Wie das Beispiel von Frau Schraud zeigt, gibt es einige Hürden dabei, von Modellen zu lernen. Einmal kann es sein, daß das

In einem Seminar kann man diese Fähigkeit üben. Dazu stelle man sich die Situation auf einer 2 m entfernten Leinwand vor. Auf der zweiten Leinwand stelle man sich einen Kollegen vor, der die Situation bewältigt.

neue Verhalten eigenen Werten und Haltungen widerspricht. Wer es selbst ablehnt, sich wichtig zu nehmen, wird das schwerlich überzeugend vor anderen zeigen können. Hier ist es entscheidend, die inneren Hindernisse kritisch unter die Lupe zu nehmen und zu hinterfragen.

Eine weitere Hürde kann sein, daß fremdes Verhalten bei der eigenen Person einfach aufgesetzt wirkt, zum Beispiel wenn der steife Nordländer lebendiger werden möchte und sich als Modell ausgerechnet einen temperamentvoll gestikulierenden Sizilianer nimmt. Hier ist es wichtig, die Elemente des neuen Verhaltens herauszuziehen, die für einen selbst stimmig sind. Manches wird der Beobachter so abwandeln, daß zwar die Tendenz vorhanden bleibt (mit den Händen sprechen), aber die Äußerungsform ihm entspricht (mit kleinen Bewegungen).

Dann besteht noch die Möglichkeit, daß sich für das neue Verhalten kein ideales Modell findet. An dieser Stelle ist es sinnvoll, sich mehrere Modelle zu suchen, die jeweils Teilaspekte des gewünschten Verhaltens darstellen. In dem mentalen Film ist dann ein Verhalten zu entwickeln, das beide Elemente beinhaltet. Ich suche mir beispielsweise jemanden, der eine hervorragende Härte bei der Durchsetzung hat, und kombiniere ihn mit jemandem, der es versteht, sich sprachlich so auszudrücken, daß niemand sich verletzt fühlt. In meinem Film sehe ich, wie ich dieses neue gemischte Verhalten zunächst ausprobiere und dann übe.

Als Beobachter können Sie flexibel verschiedene Möglichkeiten durchspielen und sich dann für die beste entscheiden. Diese distanzierte Form, sich selbst von außen zu sehen, ist eine hervorragende Möglichkeit, die eigene Intelligenz und das eigene Wissen zu nutzen und neue Möglichkeiten für die Zukunft zu finden. Ein letzter wichtiger Schritt ist dann die Überprüfung aus dem eigenen Inneren, indem ich die Rolle von innen her erlebe. Dann trainieren Sie mental diese Situation konsequent.

Mit dieser Art des inneren Rollenspiels lernen Sie schnell und effektiv Verhaltensänderungen.

Wenden Sie die folgende Technik für ein Verhalten an, das Sie gerne beherrschen möchten, das Ihnen bisher aber immer wieder mißlungen ist.

Stellen Sie sich einen großen Bildschirm in einigen Metern Entfernung vor. Lassen Sie hier einen Film ablaufen von dem Verhalten, das Sie in der Situation normalerweise zeigen ...

Nun konstruieren Sie einen zweiten Bildschirm links oder rechts daneben. Auf diesem Bildschirm lassen Sie Filme ablaufen von einer Person, die diese Situation im Griff hat und ein Verhalten zeigt, das Ihnen gefällt. Vielleicht sehen Sie auch mehrere Personen, und jede zeigt nur Teilaspekte des von Ihnen gewünschten Verhaltens. Beobachten Sie ganz genau das Verhalten und Auftreten. Studieren Sie Haltung, Gestik, Mimik, Stimme, Tonfall, Wortwahl ...

Sehen Sie sich selbst auf Ihrem Bildschirm mit diesem neuen Verhalten. Probieren Sie, und ändern Sie so lange, bis Sie ganz und gar zufrieden sind ...

Schauen Sie sich den neuen Film einige Male aufmerksam an ...

Dann gehen Sie zu der Leinwand und schlüpfen in Ihrer Vorstellung in diese neue Person. Erleben Sie den Film noch einige Male von innen, überprüfen dabei und lassen den Film immer schneller ablaufen ...

Auch Hochleistungssportler, zum Beispiel Turner, nutzen intensiv diese Form des Mentalen Trainings. Statt des inneren Bildschirms läßt sich auch der reale Bildschirm mit Filmen erfolgreicher Übungen einsetzen. Dabei hat sich gezeigt, wie notwendig das ausführliche Erleben von innen her ein Bestandteil des Lernens ist. Denn in der Wettkampfsituation erfolgen die Übungen

In dem eigenen Film schlüpfe man dann in die Haut des Kollegen und lerne vom Modell. Dazu gilt es, einige Hürden zu überwinden, denn das neue Verhalten kann den eigenen Werten widersprechen.

113

so schnell und müssen so selbstverständlich gezeigt werden, daß der Sportler sich nur an seinem inneren Gefühl orientieren kann.

Auch im Managementtraining lassen sich beide Formen, das Sehen von außen und das Erleben von innen, verbinden. Häufig kommt der zweite Aspekt zu kurz. Da mag der Trainer ein bestimmtes Verhalten hervorragend demonstrieren. Aber es genügt nicht, daß die Teilnehmer das Verhalten beherrschen. Darüber hinaus ist eine bloße oberflächliche Imitation nicht von Dauer. Entscheidend ist, daß neues Verhalten so von innen her in das eigene Repertoire übernommen wird, daß es sich stimmig in die ganze Persönlichkeit einfügt.

Die Katastrophe als Kraftquelle

Referendar Schömig steht vor seinem zweiten juristischen Staatsexamen. Obwohl er immer ein ausgezeichneter Schüler und Student war, hat er auch früher erlebt, wie er in Prüfungen in Panik gerät und wie plötzlich alles Wissen aus seinem Kopf verschwunden ist. Schömig ist ehrgeizig und weiß, daß in dem Examen seine ganze berufliche Zukunft auf dem Spiel steht. Schon mehrere Monate vor dem Examen wacht er nachts öfters schweißgebadet mit Alpträumen auf, die sich auf sein Prüfungsversagen beziehen. Allmählich wirkt sich das auf seine Prüfungsvorbereitungen aus. Es fällt ihm immer schwerer, sich zu konzentrieren. Auch mit Mentalem Training hat er es schon probiert. Aber die Zielbilder von der erfolgreichen Prüfung wirken immer so blaß und unecht. Viel stärker fühlt er dieses unheimliche Grummeln im Magen.

Nicht jede Technik genügt für jede Situation. Am sinnvollsten ist es, bei Schwierigkeiten mit einer einfachen Technik anzufangen und die beharrlich zu üben. Schömig beispielsweise nutzt für seine Prüfungsvorbereitung die Zielbilder, wie in diesem Kapitel beschrieben.

Wenn die erste Technik nicht genügt, ist die nächste Hürde anzuwenden, die ein Stück tiefer reicht. Es mag auch irgendwann ein Punkt kommen, wo das reine Lesen und Ausprobieren nicht mehr genügt, sondern wo es sinnvoll ist, zu einem Fachmann zu gehen und gemeinsam die Schwierigkeiten anzugehen.

Bei Schömig war die Wirkung der Zielbilder zur Beruhigung nicht ausreichend, weil große Ängste in ihm wach sind. Für ihn wäre es eine Katastrophe, wenn er sein Examen nicht besteht. Beim Gedanken daran bekommt er Schweißausbrüche und Beklemmungen. Was Schömig dabei innerlich macht: Er geht in seinen Gedanken genau bis zu dem Punkt der Katastrophe,

Ein gutes Beispiel aus dem Leben ist die Überwindung der Examensangst. Herr Schömig, aus unserem Beispiel, versuchte es mit der Zielbildertechnik. Dies reichte als Beruhigung nicht aus.

nämlich die Vorstellung, den blauen Brief mit der Benachrichtigung »nicht bestanden« zu bekommen. An dieser Stelle stoppt er und fühlt das schreckliche Gefühl des Versagens. Von dort versucht er sich schnell in den Gedanken zu retten, daß das ja nicht passieren darf und wird. Aber das Gefühl sitzt ihm noch im Bauch, und die Überzeugung von einem Erfolg fehlt! Auch wenn er mit Zielbildern arbeitet, bricht immer wieder das Bild der Katastrophe durch und nimmt ihm Kraft.

Wenn wir uns auch beim Mentalen Training meist im positiven Bereich bewegen, so gibt es auch Fälle, in denen eine Roßkur das sinnvollste Mittel ist, um die Gesundungskräfte zu wecken. Eine Technik, die eine Erweiterung der oben beschriebenen Methoden ist, ist das Durchdenken der schlimmsten Möglichkeit, der Katastrophe. Für Herrn Schömig ist sie wichtig.

Herr Schömig hat sich ein Herz gefaßt und ist zur Studienberatung gegangen. Als er dort sein Leid klagt und um Hilfe bittet, meint der Berater nach einigen Fragen: »Am besten ist es, wenn wir einmal die schlimmste Möglichkeit durchspielen. Also, Herr Schömig, stellen Sie sich einmal vor, Sie fallen durch die Prüfung. Wie geht das weiter?« Herr Schömig wird ganz blaß. »Also, dann bin ich – völlig fertig«, stottert er nach einiger Zeit. »Ja und, wie geht es weiter?« – »Na, einmal kann ich zur Prüfung noch antreten, aber ich denke, wenn ich das erste Mal durchgefallen bin, wird meine Panik sicherlich noch größer«, meint Schömig. »Gut«, sagt der Berater, »dann gehen wir doch ganz realistisch weiter davon aus, daß Sie auch das zweite Mal nicht bestehen. Was dann?« Herr Schömig schluckt und weiß keine Antwort. »Herr Schömig, natürlich haben Sie bis jetzt eine Reihe von Jahren und sehr viel Energie an Ihr Studium gegeben, und diese Kastastrophe, die wir hier durchdenken, ist ein Schock für Sie. Aber das Leben geht ja weiter. Sie haben sicherlich noch mehr Möglichkeiten, Ihr Leben zu gestalten. Was für Alternativen kämen denn dann in Frage?«

Herr Schömig braucht einige Zeit, bis er meint: »Meine geplante Karriere im Staatsdienst wäre natürlich hin. Wahrscheinlich könnte ich nur in der freien Wirtschaft eine interessante Stelle finden. Ich hatte schon mehrfach in den Semesterferien in zwei Unternehmen gejobbt, und eigentlich hat mir das frische Klima dort gut gefallen. Da gäbe es sicherlich Möglichkeiten für mich, denn auf den Kopf bin ich wirklich nicht gefallen – außer wenn es um Prüfungen geht.«

Herr Schömig beginnt sich zu entspannen. Daran hat er bisher noch nie gedacht. Er wird immer ruhiger, und allmählich fängt es sogar an, ihm Spaß zu machen, die möglichen Alternativen genau zu entwickeln.

Drei Wochen später berichtet er dem Berater, daß er viel ruhiger und sicherer im Lernen geworden ist. Die Alpträume sind verschwunden. »Es ist, als ob ein Knoten geplatzt ist«, meint er.

Das Ziel beim Durchdenken der schlimmsten Möglichkeit ist es, erst dann aufzuhören, wenn gedanklich ein guter Zustand in der Zukunft erreicht ist, ganz gleich, welche Zeit bis dahin erforderlich ist. Solche Katastrophenängste könnten sein: Ich versage in diesem Projekt! Ich verliere den Arbeitsplatz! Mein Partner oder meine Partnerin verläßt mich! Begleitet sind diese Gedanken vom Gefühl, dieses Ereignis nicht überleben zu können.

Vielleicht haben auch Sie eine derartige Angst, die Sie noch nie bis zu diesem Ende durchdacht haben. Sie können die Katastrophentechnik für Ihre persönliche Katastrophe anwenden. Sie können aber auch diese Methode einfach einmal probeweise anwenden, um Ihre innere Unabhängigkeit zu stärken.

Wie wichtig innere Unabhängigkeit ist, zeigt die Antwort von Frau Professor Höhler auf die Frage, was ihre Orientierungshilfe bei Entscheidungen ist und wie sie ihren Weg gefunden hat:

Dies führt ihn zu großen Ängsten, die sich in Schweißausbrüchen äußern. Selbst bei einem Nichtbestehen des Examens bieten sich ihm jedoch viele Alternativen, die ihm auch Spaß machen würden.

Immer nur die Unabhängigkeit. Ich merke, mir ist in meinem Leben Unabhängigkeit als Quelle für meine Leistungskraft die wichtigste Größe. Man muß sehen, daß das in Übergangszeiten an Erfolg gekoppelt ist. Die Gesellschaft ist in hohem Maße flexibel und nimmt neue Gedanken auf. Wir brauchen diese Grenzgänger in Übergangszeiten. Ich habe mich zuerst auch den Systemen gefügt. Ich habe eine Beamtenlaufbahn gemacht mit langen Qualifikationsprozessen, aber dann habe ich mein höheres Interesse in den Vordergrund gestellt. Ich schlüpfe nirgends unter, und wenn man jetzt Leute hat, die in die Systeme eingebettet sind, dann muß man sagen: Ihr müßt euch mental immer wieder den inneren Freiraum erkämpfen, sonst stirbt ein Teil eurer Persönlichkeit.

Was wäre das Schlimmste, was Ihnen passieren könnte, wenn Sie sich von heute auf morgen völlig für Unabhängigkeit entscheiden und nur das tun, was Sie wirklich wollen?

_____

_____

_____

_____

Wenn Sie das Schlimmste notiert haben – wie könnte Ihr Leben, realistisch betrachtet, weitergehen? Enden Sie mit Ihren Gedankenspielen erst dann, wenn Sie sich in der Zukunft wohl fühlen.

_____

_____

_____

_____

Wenn Sie diese Methode anwenden, gewinnen Sie mehr und mehr Selbstvertrauen. Die Grundlage ist der Satz: »Was kann mir denn schon passieren?« und eine realistische Antwort darauf. Denn viel zu oft bauen wir uns mentale Gitterstäbe im eigenen Kopf, weil uns erlernte Ängste den Ausblick versperren.

Kernsätze des Kapitels

- Es gibt Wege, die eigenen Ressourcen zu wecken und in den negativen Zustand der Blockade hineinzubringen.
- Eine optimale mentale Vorbereitung wird Ihnen helfen, in einen Zustand zu gelangen, in dem alle Möglichkeiten, von der Freundlichkeit bis zur Härte, zur Verfügung stehen.
- Was wäre das Schlimmste, was Ihnen passieren könnte, wenn Sie sich von heute auf morgen völlig für Unabhängigkeit entscheiden und nur das tun, was Sie wirklich wollen?

Auch für Frau Professor Höhler ist die innere Unabhängigkeit wichtig. Spielen Sie nun durch, was für Sie das Schlimmste wäre, wenn Sie von heute auf morgen völlig unabhängig sein würden.

5 Streß bewältigen

Herr Schwarz ist seit einem Jahr Leiter des Bereichs Osteuropa in einem Transportunternehmen. Die Arbeitsbelastung setzt ihm in den letzten Monaten immer mehr zu. Er fühlt sich überlastet. Da er sehr engagiert ist, sind ihm in der letzten Zeit von seinem Chef, Herrn Mauer, immer mehr Aufgaben übertragen worden. Leider häufen sich in der letzten Zeit Pannen und Unfälle, so daß er immer öfter Feuerwehr spielen muß und seine organisatorischen Aufgaben vernachlässigt. Er kommt immer später nach Hause, aber selbst das genügt nicht.

Während es früher häufig vorkam, daß er sich morgens darauf freute, wieder an seinen Arbeitsplatz zu kommen, denkt er inzwischen schon am Sonntagnachmittag mit Schrecken an den Montag. Seine Kinder beschweren sich, weil er immer weniger Zeit für sie hat. »Und selbst wenn du mal am Samstag hier bist, hast du nur noch dein dummes Büro im Kopf«, meint seine Frau. »Und die Cognacflaschen werden auch immer schneller leerer«, fügt sie noch hinzu.

Die beruflichen Anforderungen steigen und steigen. Streß und Überlastung werden immer mehr zu wichtigen Themen. Auch die Streßbewältigung ist ein Teil des Themas »Schwierige Situationen bewältigen«. Wegen der Komplexität ist dem »Streß« ein eigenes Kapitel gewidmet.

Was ist Streß überhaupt? In der Diskussion wird der Begriff »Streß« mit zwei unterschiedlichen Bedeutungen gebraucht.

Wichtige Themen der heutigen Zeit sind Streß und Überbelastung. Herr Schwarz fühlt sich durch hohe Arbeitsanforderungen überlastet. Dadurch kommt er spät nach Hause und vernachlässigt seine Familie.

121

Streß bewältigen

Eine Menge überflüssiger Argumentationen rührt von dieser Begriffsverwirrung her. Die erspart man sich, wenn man zunächst den Begriff klärt.

Die einen setzen »Streß« mit »Spannung« gleich. Sie betonen deshalb, daß Streß ein notwendiger Bestandteil von Leistung ist, denn es ist klar, daß zu jeder Leistung eine gewisse Spannung erforderlich ist. Sie unterscheiden zwischen der positiven notwendigen Spannung, die sie als »Eustreß« bezeichnen, und der negativen Unter- oder Überspannung, die sie als »Distreß« bezeichnen.

Hingegen benutzt man im gängigen Sprachgebrauch das Wort »Streß« nur für die negative Überspannung. Danach kann es also keinen »positiven Streß« geben.

Im folgenden wird der allgemeine Sprachgebrauch verwendet: Mit »Streß« ist also immer eine negative Form der Überspannung gemeint.

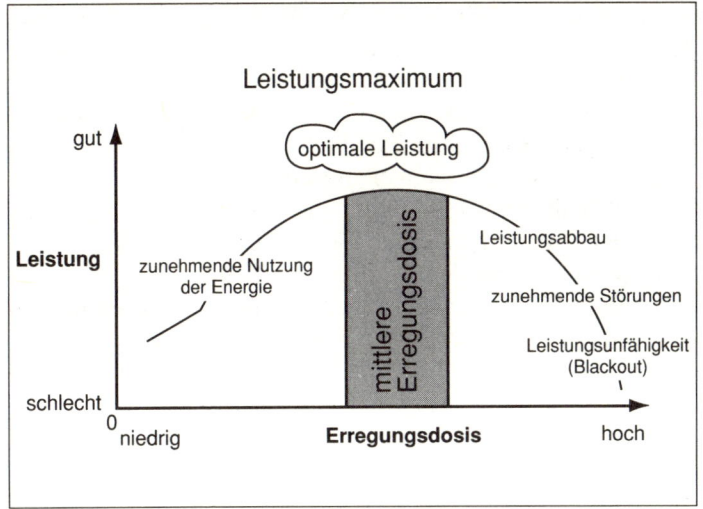

Leistungsmaximum

gut

optimale Leistung

Leistung

zunehmende Nutzung
der Energie

mittlere
Erregungsdosis

Leistungsabbau

zunehmende Störungen

Leistungsunfähigkeit
(Blackout)

schlecht 0

niedrig   **Erregungsdosis**   hoch

Den Zusammenhang zwischen Spannung und Leistung vermittelt anschaulich obige Zeichnung:

An der linken Seite ist die Spannung gleich Null, zum Beispiel,
wenn jemand mit jedem Muskel im Schlaf entspannt ist. Dann
liegt auch die erbrachte und mögliche Leistung bei Null. Wenn
die Spannung langsam ansteigt, steigt auch die Leistung an.
Irgendwann in der Mitte bei ansteigender Spannung kommt es
zu einem Optimum der Leistung.

Je weiter die Spannung nach dem Optimum ansteigt, desto
mehr nimmt die Leistung ab. Es entwickelt sich die für die Leistung ungünstige Überspannung, der »Streß«. Irgendwann ist
die Spannung derartig hoch, daß alle Muskeln total angespannt
und verkrampft sind. Dann ist auch die Leistung wieder auf Null
herabgesunken.

Die Überspannung ist die Folge einer hohen körperlichen Aktivierung. Alle Muskelbereiche des Körpers sind leicht ange-

Es gibt zwei Formen
von Streß, den Eu-
und den Distreß. Der
Eustreß sorgt für eine
positive Spannung
und der Distreß für
eine negative. Im
Sprachgebrauch
geben wir Streß die
negative Konnotation.

123

spannt (daher oft Kopf- und Schulterschmerzen). Kreislauf, Atem und Schweißdrüsen reagieren mit erhöhter Funktion. Konsequenzen davon sind emotionale Komponenten wie Angst und innerer Druck. Dazu kommt eine übersteigerte Gedankentätigkeit. Die Gedanken rasen durch den Kopf, drehen sich im Kreis, ohne daß sie zu sinnvollen Handlungen führen.

Wer sich daher gestreßt fühlt, hat immer auch körperliche Symptome. Je aufmerksamer Sie für diese Signale sind, desto schneller können Sie dem Streß gegensteuern.

Überprüfen Sie für sich selbst, wie Ihr Körper auf Streßsituationen reagiert.

Körperreaktionen im Streß

Welches sind Ihre körperlichen Symptome in Streßsituationen?

Unterstreichen Sie die Symptome, die Sie bei sich bemerken.

Weiche Knie	Schnelle Erschöpfung
Angstgefühl	Herzstolpern, -jagen
Muskelzucken	Übermäßiges Schwitzen
Herzstechen	Ziehen in der Brust
Rückenschmerzen	Nacken- und Schulterschmerzen
Verspannungen	Gliederschmerzen
Kopfschmerz	Rot werden
Magenbeschwerden	Verdauungsstörungen
Sodbrennen	Krämpfe
Zwangsvorstellung	Depressive Verstimmungen
Schwindelgefühl	Zucken der Augenlider
Kurzatmigkeit	Schlecht zuhören
Schreckhaftigkeit	Zähne knirschen im Schlaf
Schlafstörungen	Zerschlagen aufwachen
Gedächtnislücken	Trockener Mund
Stottern	Kein Appetit
Zittern	Hitzewallung
Frösteln	Unruhe

Sonstiges: _____

_____

Die besonders hohe körperliche Aktivierung ist unser tierisches Erbe als Reaktion auf eine Bedrohung. Für den Organismus geht es in dieser Situation um das Überleben. Dabei gibt es zwei Alternativen: Kampf oder Flucht. Für beides ist diese höchste körperliche Aktivierung notwendig. Diese Aktivierung war aber in den Frühzeiten der Menschheit stets nur für einen kurzen Zeitraum erforderlich. Denn dann war die Gefahr vorbei – oder man hatte nicht überlebt. Als natürlicher Ausgleich erfolgte dann eine ebenso tiefe Ruhe- und Entspannungphase, in der der Körper sich regenerieren konnte.

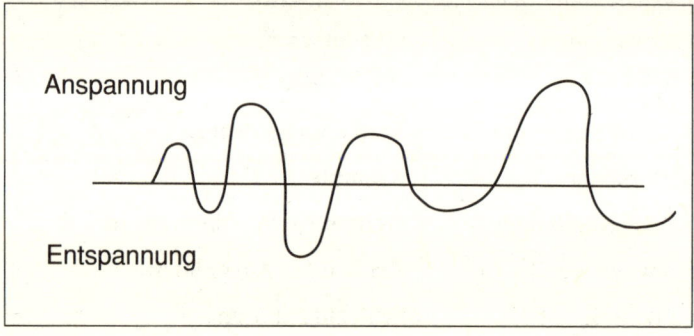

Dieser natürliche Wechsel zwischen Anspannung und Entspannung ist heute im Berufsleben immer mehr verlorengegangen. Im Wechsel zwischen beiden Polen befindet sich der Manager viel häufiger auf seiten der Anspannung. Der Organismus ist ständig auf Hochspannung, und die Organe werden dadurch überlastet.

Ein interessantes Experiment zeigt die Belastung durch Ärger: Eine Katze, die in einem Käfig saß, erhielt Nahrung zu fressen, die auf einem Röntgenbildschirm sichtbar war. Auf dem Schirm war die Arbeit des Magens beim Verdauen als langsames Pulsieren sichtbar. Dann wurde ein Hund vor den Käfig gebracht. Die Katze fauchte und war kampfbereit. Der Magen hörte auf zu pulsieren. Nachdem der Hund wieder entfernt war, dauerte es fünf Minuten, bis die Katze äußerlich wieder ruhig und entspannt war. Aber auf dem Bildschirm war zu sehen, daß der Magen eine halbe Stunde brauchte, um sich wieder zu erholen und normal weiterzuverdauen. Ärger schlägt sich auf den Magen! (Man stelle sich vor, daß dieser Hund alle zwanzig Minuten erschiene ...)

Auch in den Ruhephasen gelingt es meist nicht, die Spannungen abzubauen und zu einer tiefen, ausgleichenden Entspannung zu finden. Statt dessen ist diese Entspannung nur oberflächlich und auf Dauer unzureichend als Gegengewicht zur Anspannung.

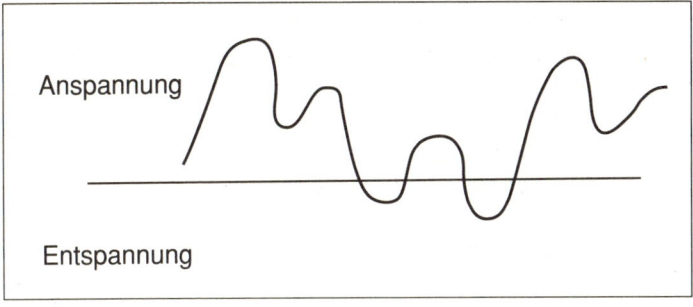

Die Fähigkeit, sich schnell in belastenden Situationen entspannen zu können, ist eine der wirksamsten Hilfen für den beruflichen Alltag. Denn wer es immer wieder schafft, sich vom Streß am Arbeitsplatz zu erholen und zu regenerieren, hat seine ganze Energie zur Verfügung, die Anforderungen zu bewältigen.

Anspannungen des Körpers sind nicht schädlich, wenn die Erholungsphasen so lang sind wie die Anspannungsphasen. Selbst in Ruhephasen gelingt es uns heute oft nicht, Entspannung zu finden.

Wegen der Bedeutung und der Auswirkungen des Verhältnisses von Spannung und Entspannung sei ein längerer Ausschnitt aus dem Gespräch mit Frau Professor Höhler zitiert:

Frage: Was würden Sie als Ihre wichtigste mentale Fähigkeit bezeichnen?

Die Fähigkeit, daß ich über meine Konzentration verfügen kann, wie und wann ich will. Ich kann mich zu Ruhe- und Schlafpausen disziplinieren. Auch wenn ich Schlafdefizite habe, kann ich überall schlafen, und zwar intensive zehn Minuten oder Viertelstunden. Ich kann aus einer Autofahrt oder einem Flug wie aus einem Ruhezustand auftauchen und voll konzentriert an einem Ort sein. Darauf kann ich mich immer verlassen. Ich habe in der Kreativitätsforschung gelesen, daß meine Technik, die ich von selbst, um mich zu schonen, entwickelt hatte, genau den Kreativitätstechniken entspricht, die schöpferische Leute anwenden. Sie können in Zustände von halb Traum und Trance zurückweichen, um dann plötzlich herauszukommen und ganz da zu sein. Denn es geht darum, nicht dauernd auf hohen Touren zu laufen, sondern nur, wenn es wirklich nötig ist.

Frage: Dieser Wechsel von tiefer Entspannung und dann wieder der vollen Leistung ist für Sie wichtig?

Ich glaube, daß diese Wellenbewegung ungeheuer wichtig für unseren Kräftehaushalt ist. Also jeden Tag einmal an die Leistungsgrenze, das gilt geistig, und das gilt auch körperlich! Wenn man das macht, dann bleibt man sehr elastisch. Wir müssen die Flexibilität erhalten. Für mich ist dieses Wechselbad das Befriedigende an meiner Arbeit. Wenn ich denke, wie viele Menschen durch ihren Arbeitstag schwimmen, eigentlich immer so low level, immer nur halb da und hier ein Gespräch und da eine kleine Abstimmungssitzung, und das war es dann. Dann wundere ich mich nicht, daß sie abends unzufrieden, enttäuscht und ausgepumpt sind.

Frage: Wie könnte diese Spannung erreicht werden?

Indem wir einen durchdachten Umgang mit Zeit praktizieren. Alle Gesprächspartner zwingen, gut vorbereitet auch in den harmlosesten Kontakt zu kommen. Auf den Zeitverbrauch, auch für andere spürbar, achten. Also sofort dazwischengehen, wenn Sie den Eindruck haben, hier wird unkonzentriert an einer Sache herumgelabert. Wir sollten dann abbrechen und übermorgen wohlvorbereitet alle noch einmal zusammenkommen. Also immer wieder entschieden auf Effizienz bestehen, auf Effizienz als einer Quelle von geistiger Freude.

Frage: Weil dann Spannung da ist?

Ja, weil alle besser sind. Wissen Sie, bei den Spitzenpersönlichkeiten ist jeder, der mit Ihnen in Kontakt tritt, für die Dauer dieses Gespräches besser, als wenn er allein ist. Das gilt ja nicht generell, wenn Menschen zusammen sind, sondern das gilt nur, wenn eine fordernde, hochkonzentrierte Persönlichkeit das Tempo und die Qualität vorgibt, und die anderen müssen dieser Qualitätsforderung genügen. Das lernen Leute sehr schnell. Das geht einmal schief, vielleicht auch zweimal, aber dann nicht mehr. Eine fordernde Präsenz zu entwickeln, das ist ungeheuer zeitsparend.

Frage: Wie kann man die entwickeln?

Indem man selber sehr gut Bescheid weiß über die Dinge. Man muß selber optimal vorbereitet sein, man darf keine unnötigen Meetings veranstalten. Man muß ein Ziel für das Gespräch im Auge haben, nicht die Vorstellung, wir wollen mal darüber reden, mal sehen, was dabei herauskommt. Wenn man führt, muß man ein Ziel im Auge haben.

Frage: Also die volle Aktivierung aller Kräfte?

Die volle Sachkenntnis. Die Basis ist immer, daß man wirklich von den Dingen etwas versteht und nicht irgendwie herumrudert. Es funktioniert nicht, wenn man sich sagt, es wird schon irgend etwas herauskommen, wenn wir da mit sechsen sitzen. Wenn keiner weiß, wo man hin will, kommt man nirgendwohin.

Frau Höhler betont ebenfalls, daß ihre größte mentale Fähigkeit die ist, sich zu Ruhephasen zwingen zu können. Sie kann einen bewußten Wechsel zwischen Entspannung und voller Leistung beeinflussen.

Tiefe Entspannung ist erforderlich, um dann wieder das Leistungsmaximum zu erreichen. Dieser Wechsel ist gesund und befriedigend. Das Leistungsmaximum läßt sich aber nur mit der richtig bemessenen Spannung erreichen.

Von der schädlichen Überspannung gibt es keinen direkten Weg zur optimalen Spannung. Immer ist zunächst der Schritt in die tiefe Entspannung zu gehen. Erst von dort kann wieder die optimale Spannung erreicht werden, um damit gleichzeitig zum Leistungsmaximum zu gelangen.

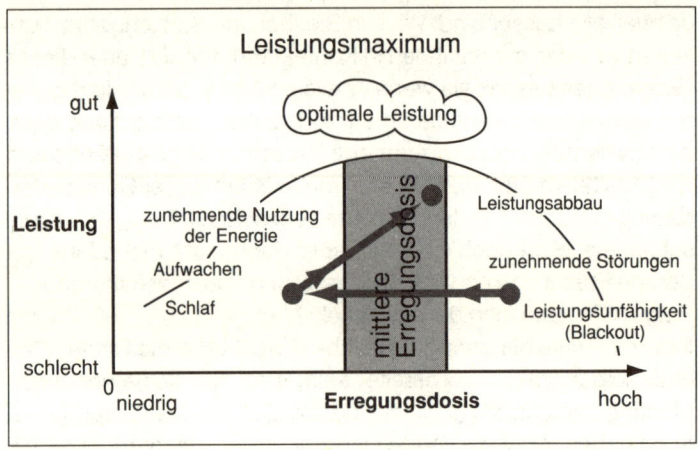

Mentales Training als Entspannungstechnik ist die beste Methode, um sich leicht, schnell und tief zu jeder Zeit zu entspannen. Dazu gibt es eine Vielzahl von verschiedenen wirksamen Möglichkeiten.

Empfehlenswert ist das Besprechen der eigenen Entspannungskassette, wie im zweiten Kapitel beschrieben, und das regelmäßige Training mit dieser Kassette.

Den Abstand gewinnen

Herr Schwarz, der neue Leiter des Bereichs Osteuropa, dreht durch. Kurz hintereinander haben drei LKW-Fahrer angerufen, daß sie im Nebel an einem Unfall beteiligt sind. Die Werkstatt hat mitgeteilt, daß die Reparatur eines weiteren Wagens nicht mehr rentabel ist. Außerdem hat sich für die nächste Woche ein Steuerprüfer vom Finanzamt angekündigt. Seine Sekretärin ist eingeschnappt und hat gedroht zu kündigen. Das Telefon klingelt ständig, weil unzufriedene Kunden sich beschweren. Herr Schwarz ist am Ende. »Ich pack' den Streß nicht mehr!« stöhnt er.

Herr Schwarz ist deshalb am Ende, weil ihn die vielfältigen Aufgaben momentan überwältigen. Er verliert den Überblick und fühlt sich plötzlich nur noch als Spielball von Anforderungen, die er nicht alle gleichzeitig bewältigen kann.

Jeder kennt diesen Zustand von Zeit zu Zeit. Die Menge der Schwierigkeiten, die gleichzeitig auf uns einströmt, droht, uns zu ertränken. Die Probleme rücken uns so dicht auf den Leib, daß sie uns nicht mehr in Ruhe lassen, sondern Tag und Nacht beschäftigen, ohne daß wir durch Grübeln zu Lösungen kommen. Ein Bild mag den inneren Zustand verdeutlichen: Jemand will einen hohen Berg besteigen. Er steht direkt vor einer riesigen Steilwand, die ihm unbezwingbar und aussichtslos erscheint. Er sieht keinerlei Möglichkeiten und fängt an zu verzweifeln.

Zwei Schritte sind wichtig, um diesen »Streßberg« bezwingbar zu machen. Der erste Schritt ist die Erfassung der verschiedenen Streßursachen. Denn es gibt nicht den »Streß« an und für sich, sondern nur eine Vielzahl von Streßursachen. Die gilt es, einzeln aufzuschlüsseln. Dann werden aus dem scheinbar unbesteigbaren Mount Everest eine Reihe kleinerer Berge, von denen aber jeder für sich bezwingbar ist. Nur eben nicht alle auf einmal gleichzeitig!

Ein Unglück kommt selten allein. Dies gilt für jeden Menschen in bestimmten Situationen. Man sieht vor sich einen unüberwindbaren Berg, den man nicht erklimmen kann. Wichtig ist es, die Ursachen zu kennen.

Streß: Abstand gewinnen

132

Der zweite Schritt ist, Abstand zu schaffen. Denn wenn ich, statt direkt vor einer Steilwand zu stehen, zweihundert Meter Abstand genommen habe, dann erkenne ich mehr Möglichkeiten und Wege. Vielleicht gibt es nicht nur den einen steilen Aufstieg, sondern eine leichtere Route.

Im Arbeitsalltag ist das Notieren von Streßursachen ein Weg, Abstand zu schaffen. Allein das Auflisten der verschiedenen Belastungen macht den Kopf freier und den Überblick größer.

Nutzen Sie diese Möglichkeit und die nächste Frage in aktuellen Streßsituationen. Wenn Sie zur Zeit das Gefühl von einer Dauerüberlastung haben, können Sie die Übung sofort nutzen.

Den »Streßberg« aufteilen

Welches sind all die Ursachen, die im Moment an meinem inneren Druck mitbeteiligt sind?

① _____

② _____

③ _____

④ _____

⑤ _____

⑥ _____

⑦ _____

⑧ _____

⑨ _____

⑩ _____

Im zweiten Schritt ist es notwendig, sich den nötigen Abstand zu schaffen. Vielleicht findet man dann einen Weg, der um den Berg herumführt. Beginnen Sie also damit, sich Ihre Streßursachen zu notieren.

133

Wenn Sie sich die Streßursachen anschauen, wie sähe eine sinnvolle Reihenfolge und Vorgehensweise, die Probleme anzugehen und zu bewältigen, aus?

_____

_____

_____

_____

_____

_____

_____

_____

_____

_____

_____

_____

_____

Eine weitere Technik hilft, den Raum zu geben, Probleme zu
lösen und den nötigen Abstand zu schaffen. Finden Sie dabei für
sich die Abwandlung heraus, die Ihnen entspricht.

Abstand schaffen

① Spüren Sie in den Körper hinein, und nehmen Sie die Spannung wahr, die die verschiedenen Streßursachen verursachen ...

② Benennen Sie die erste Ursache.

③ Sie haben jetzt zwei Alternativen:

- Sie stellen sich vor dem inneren Auge vor, wie Sie das Problem in einen Sack, eine Kiste oder ähnliches packen und diesen Behälter an einen schönen Platz stellen, der dem Problem guttut.
  Spüren Sie in den Körper, um wieviel leichter Sie sich jetzt fühlen.
- Manchmal ist es einfacher, sich tatsächlich einen passenden Gegenstand symbolisch für das Problem zu nehmen, zum Beispiel eine Schere, ein Streichholz etc. Legen Sie den Gegenstand so nahe an sich heran, wie Sie ihn als Problem in Ihrer Nähe spüren. Dann rücken Sie ihn in einen Abstand, der angenehm ist. Schauen Sie, ob der Abstand genügend groß ist. Dann spüren Sie in den Körper, um wieviel leichter Sie sich jetzt fühlen.

④ Benennen Sie die nächste Ursache, und rücken Sie sie wieder in einen Abstand wie in Schritt drei.
  Fahren Sie damit fort, bis Sie alle Ursachen benannt und in einen angenehmen Abstand gerückt haben.
  Fühlen Sie in Ihrem Körper den inneren Raum und die Entspannung, die Sie jetzt gewonnen haben.

⑤ Werfen Sie einen Blick auf alle Ursachen, und entscheiden Sie über Ihr weiteres Vorgehen, die Probleme anzupacken.

Wie ist die Reihenfolge, um diese Probleme anzugehen? Stellen Sie sich vor, Sie packen Ihr Problem in einen Behälter und stellen ihn an einen schönen Platz. Fahren Sie so mit jedem Problem fort.

Ein wichtiges Element ist bei dieser Technik, die Eigenschaften von inneren Bildern, hier die Entfernung, zu beeinflussen. Wenn Sie die Streßursache verpacken und an einen guten Platz stellen, dann rücken Sie das innere Bild gleichzeitig in die Ferne und entlasten sich aktuell.

Dabei ist es nicht das Ziel, Streßursachen zu unterdrücken oder zu verdrängen. Es ist daher nicht sinnvoll zu versuchen, die inneren Bilder so zu entfernen, daß sie nicht mehr betrachtet werden können – ganz abgesehen davon, daß diese Bilder ihre Eigendynamik haben und von allein sich wieder in den Vordergrund drängen wollen. Es geht darum, selbst in den bestmöglichen inneren Zustand zu kommen, um alle Kraft zur Verfügung zu haben. Mit dieser Kraft läßt sich dann ein sinnvoller Weg finden, mit der gegenwärtigen Situation fertig zu werden.

Für Fortgeschrittene, die mit dieser Technik vertraut sind, gibt es eine kurze Variante, die Sie im Streß – oder auch jetzt gleich! – ausprobieren können:

Davon abgesehen geht es mir gut!

Von x (zum Beispiel dem Streit mit meinem Chef) und y (meinem Schnupfen) und z (der Beule im Auto) abgesehen, geht es mir gut!

Wir sehen ab von den einzelnen Ursachen, schieben sie ein Stück beiseite und spüren und genießen dabei den inneren Freiraum.

Die äußeren Belastungen als Streßursache

Herr Schwarz hat unter anderem deshalb immer mehr Arbeitsbe-
lastung, weil ihm sein Chef Mauer zusehends Aufgaben über-
trägt. Wenn Herr Schwarz bisher auch alles hervorragend bewäl-
tigt hat, bekommt er doch immer mehr das Gefühl, seine Reser-
ven anzugreifen, und das kann nicht endlos so weitergehen.
Eigentlich hat er ja von seinem Vorgesetzten erwartet, daß er
erkennt, wie überlastet er ist. Aber auf seine vorsichtigen Hinwei-
se zeigt Mauer keine Reaktion außer einer: »Sie schaffen das
schon, Herr Schwarz!« Verzweifelt hat Herr Schwarz es schon mit
Entspannungsübungen versucht. Aber auch das macht seinen
Arbeitsberg nicht geringer.

Herr Schwarz schafft es nicht, alle Probleme nur mental zu
lösen. Auch Entspannungstraining vergrößert die Arbeitskapa-
zität nicht unendlich. Die Fülle der Aufgaben ist zu groß für ihn.
Diese Aufgaben hat er sich auch nicht selbst gesucht, sondern
sie wurden ihm übertragen. Selbst wenn Herr Schwarz den
Überblick über alle Anforderungen behält und anfängt, nach
seiner Vorstellung Prioritäten zu setzen, genügt das womöglich
nicht. Denn es liegt nicht allein in seiner Hand, welche Aufgaben er für wichtig hält und erledigt und welche nicht.
In einer derartigen Situation gibt es nur zwei Möglichkeiten.
Diese werden am besten durch folgenden Spruch aus dem
18. Jahrhundert verdeutlicht:
Gott gebe mir,
   die *Gelassenheit,*
      die Dinge hinzunehmen, die ich nicht ändern kann,
   den *Mut,*
      die Dinge zu ändern, die ich ändern kann,
   und *die Weisheit,*
      das eine vom anderen zu unterscheiden.

Bei dieser Methode sollen Streßursachen nicht unterdrückt oder verdrängt werden. Wichtig ist es, sich selbst in den besten Zustand zu bringen und Kräfte zu sammeln. Mit dieser Kraft lösen Sie Ihr Problem.

137

Dieses Sprichwort enthält eine Leitlinie von grundsätzlicher Bedeutung. Für den, der die Weisheit der Unterscheidung gefunden hat, gibt es einen Weg: das, was von mir nicht verändert werden kann, zu akzeptieren, und alles, was von mir beeinflußt werden kann, tatkräftig anzupacken. Ohne die Umsetzung dieser Weisheit zerstört jemand sein eigenes Leben.

Oberamtmann Frank ist ein eifriger Verfechter des Autogenen Trainings und übt es regelmäßig, um sich zu entspannen. Er hat das auch nötig, denn die Spannungen um ihn herum wachsen immer mehr an. In seiner Dienststelle ist das Arbeitsklima unerträglich geworden. Jeder intrigiert gegen jeden. Mit seinem Kollegen im gleichen Referat spricht er schon seit Wochen kein Wort mehr. Auch zu Hause hängt der Haussegen schief. Seine Frau will seit längerer Zeit ein Gespräch mit ihm führen, weil sie so unzufrieden ist. Deshalb kommt Frank jeden Abend später nach Hause und sagt ihr, er sei im Moment zu überlastet für überflüssige Beziehungsgespräche.
Nur am Donnerstagabend geht er pünktlich zu seinem Stammtisch mit alten Schulfreunden. Dort wird über die Weltpolitik diskutiert. Frank ist der engagierteste von allen, wenn es darum geht, neue, mutige Lösungsvorschläge für die Konfliktherde in der Welt zu entwickeln.

Oberamtmann Frank besitzt zwei der geforderten Qualitäten, die Gelassenheit und den Mut. Aber die Weisheit fehlt ihm. Denn er schafft es, Gelassenheit und Mut genau in den verkehrten Bereichen zu leben. Er übt Gelassenheit am Arbeitsplatz und bei seiner Frau, da, wo es für ihn wichtig wäre, die Situationen zu ändern, nicht. Mut bringt er dort auf, wo er keinen Einfluß hat, nämlich in allem, was weit weg von ihm liegt und wo sein Engagement keine persönlichen Konsequenzen hat.
Betrachten Sie unter diesem Blickwinkel die Streßursachen in Ihrem Leben:

Gelassenheit und Mut

Angenommen, Sie besäßen die geforderte Weisheit.

Welches sind aktuelle Streßursachen, bei denen Sie Gelassenheit brauchen?

_____

_____

_____

_____

_____

Welches sind aktuelle Streßursachen, bei denen Sie Mut zur Bewältigung brauchen?

_____

_____

_____

_____

Manchmal ist es einfacher und bequemer, nicht zu der gewünschten Weisheit zu kommen. Denn sie verlangt oft als Konsequenz, Mut aufzubringen, um den Streß bei den Wurzeln zu packen.
Häufig ist zum Beispiel die erste Reaktion von Seminarteilnehmern auf den Vorschlag, etwas an ihrer Situation zu ändern, die:
»Ich habe keine Möglichkeiten zur Abhilfe. Ich kann leider nichts machen. Bei mir sind Änderungen unmöglich.«
Wenn Sie sich selbst auch in einer derartigen Klemme erleben und das Gefühl haben, Ihre Situation nicht verändern zu können, probieren Sie folgende Übung aus. Sie wird Ihnen helfen, Ihre Kräfte zu mobilisieren.

Zur Erreichung unserer Ziele sind zwei Eigenschaften von entscheidender Bedeutung: Mut und Gelassenheit. Überlegen Sie sich, wo Sie Gelassenheit brauchen. Wo brauchen Sie viel Mut?

139

Zehn Jahre ohne Änderung

Stellen Sie sich vor, die Situation, in der Sie sich gerade befinden, bleibt die nächsten zehn Jahre lang genauso wie jetzt. Nichts Wesentliches wird sich ändern, sondern alles wird einfach so weitergehen.

Was sind Ihre Gefühle?

_____

_____

_____

_____

_____

_____

_____

_____

_____

Mit dieser Übung ändern wir die Zeitperspektive und bekommen einen weiteren Überblick. Manch einer tappt in den immer stärker werdenden Streß einfach dadurch hinein, daß er nicht über seinen Tellerrand blickt. Menschen schaffen es, die schlimmsten Situationen auszuhalten, indem sie einfach jeden Tag nur bis zum Abend schauen. Für diese Zeitdauer gelingt es ihnen, auch unerträgliche Verhältnisse durchzustehen. Man rettet sich durch bis zum Wochenende oder bis zum nächsten Urlaub. Aber sie haben nicht den Überblick, daß, wenn sie nichts ändern, es bis zum Ruhestand so weitergehen wird.

Wenn auch Sie zu denjenigen gehören, die sich von Lichtblick zu Lichtblick durchhangeln, dann kann Ihnen der realistische Blick auf die nächsten zehn Jahre Kraft zur Initiative geben. Denn wenn *Sie* nicht die Kraft finden, etwas für Sie selbst zum Positiven zu ändern – wer denn dann?

Herr Schwarz hat einen realistischen Blick in die Zukunft getan. Der Schock hat ihm zu der Einsicht verholfen, daß er etwas unternehmen muß, bevor seine Gesundheit vor die Hunde geht. Er sieht, daß ein klärendes Gespräch mit seinem Chef, Herrn Mauer, ansteht. Er hat Angst vor dem Gespräch und der Reaktion Mauers, denn bisher hat er ja alles geschafft, was ihm anvertraut wurde. Und nun? Aber es hilft alles nichts, und er bereitet sich gründlich auf das Gespräch vor. Er macht sich ein positives Bild vom Zustand nach dem Gespräch, von der Erleichterung und der Zufriedenheit mit sich selbst. Im Geiste geht er auch alle Schwierigkeiten für ihn mehrfach durch. Er weiß, daß Mauer zunächst abblocken wird, und bereitet eine Reihe von Argumenten vor.
Das Gespräch selbst verläuft in einer ruhigen, sachlichen Atmosphäre. Herr Schwarz ist überrascht, wie einsichtig sein Vorgesetzter wird, als er ihm drastisch die gegenwärtige Lage beschreibt. Gemeinsam finden sie Entlastungsmöglichkeiten. Außerdem erhält Schwarz klare Prioritäten für seine Arbeit. Erleichtert verläßt Schwarz den Raum. »Das Gespräch hätte ich schon längst führen sollen!« sagt er zu sich selbst.

Wir sehen keine Möglichkeit zur Änderung der Situation. Wenn wir uns nun vorstellen, die Situation bliebe so wie jetzt, dann erhalten wir eine größere Zeitperspektive. Dies gibt uns Kraft für den heutigen Tag.

Die innere Verarbeitung

Abteilungsleiter Rüstig geht durch seine Abteilung, schaut bei vieren seiner Sachbearbeiter vorbei und ermahnt jeden mit den gleichen Worten:,»Herr X, Sie sind in dieser Woche schon einmal mehr als zehn Minuten zu spät gekommen. Bitte, kommen Sie in Zukunft pünktlich!«
Eine Viertelstunde später kann man die vier Mitarbeiter, völlig unterschiedlich, vor ihren Schreibtischen sitzen sehen.
Herr A sitzt deprimiert mit gesenktem Kopf, offensichtlich arbeitsunfähig, vor seiner Schreibmaschine. Herr B vermag ebenfalls nicht zu arbeiten, denn er hat vor Panik ganz zittrige Finger. Herr C sitzt mit zusammengebissenen Zähnen vor seinen Akten und schlägt immer wieder ärgerlich mit der geballten Faust auf den Tisch. Einzig und allein Herr D sitzt locker am Schreibtisch und arbeitet wie gewohnt.
Der erschrockene Beobachter fragt die drei arbeitsunfähigen Sachbearbeiter, was denn mit ihnen passiert sei. Jeder von ihnen antwortet:»Abteilungsleiter Rüstig hat mich gerade derart fertiggemacht, daß ich im Moment nicht fähig bin zu arbeiten.«

Wie kommt es, daß die gleiche Ermahnung völlig unterschiedliche Auswirkungen hat? Dabei haben doch alle vier die gleiche Situation miterlebt!

Das, was die vier unterscheidet, ist die unterschiedliche innere Verarbeitung der Situation.

Im Kopf von Sachbearbeiter A, der völlig deprimiert die Situation verdaut hat, hat sich folgendes abgespielt, nachdem Rüstig ihn wieder verlassen hatte: »Das ist ganz schlimm: Ich bin zu spät gekommen!! Mir passieren ja ständig solche Dinge. Ich mache anscheinend immer alles falsch. Nichts gelingt mir. Erst letzte Woche habe ich diesen wichtigen Termin vergessen. Und vorgestern fast der Autounfall. Und ... und ...«

Innere Verarbeitung

Immer mehr fällt ihm ein, was noch so alles falschläuft in seinem Leben, was ihm mit seiner Frau und seinen Kindern mißlingt und wie sein ganzes Leben eine einzige Pleite ist. Am Ende ist er total fertig und deprimiert.

Sachbearbeiter B ist dagegen so in Panik geraten, daß er zu zittern anfängt. Seine Gedankenmuster gehen in eine andere Richtung: »Das war aber schlimm, daß Rüstig mich dabei erwischt hat, daß ich zu spät gekommen bin. Heutzutage muß man sehr vorsichtig sein. Arbeitsplätze sind nicht sicher. Was wäre denn, wenn wirklich im nächsten halben Jahr die Geschäfte schlechter gingen? Vielleicht werden sogar Leute entlassen. Und mich hat er sich jetzt gemerkt. Wenn ich dann auf der Straße sitze – was mache ich dann mit dem Haus, das noch nicht abbezahlt ist? Das wird wohl versteigert werden müssen! Und meine Frau mit

Unser Beispiel zeigt, daß der gleiche Vorfall bei vier Personen vier unterschiedliche Reaktionen hervorruft.

Nur derjenige, der seine eigenen Fehler zugibt, darüber reflektiert und sie ändert, meistert die Situation.

143

ihren ganzen Ansprüchen? Und meine Kinder, die studieren wollen?« Immer mehr steigert er sich in die drohende Katastrophe hinein und malt sie in den schwärzesten Farben aus. Am Ende sieht er sich fünf Jahre weiter mit einer letzten Flasche Fusel als Penner unter der Brücke sitzen. Kein Wunder, daß bei diesen Gedanken seine Hände zittern!

Sachbearbeiter C sitzt dagegen voller Wut am Arbeitsplatz. In seinem Kopf kocht es: »Wie kommt der Rüstig eigentlich dazu, mich so anzufahren? Ich mache doch hier meine Arbeit wirklich gut. Wenn ich einmal zu spät komme, gibt es ein Riesentrara. Daß ich erst letzte Woche eine Stunde länger gearbeitet habe, das kümmert keinen. Das ist eine Unverschämtheit! Und überhaupt geht es hier in keiner Weise gerecht zu. Ich sollte eigentlich schon längst befördert sein. Aber statt dessen haben sie den Idioten aus der anderen Abteilung vorgezogen. Und ... und ...«
Immer mehr Ungerechtigkeiten fallen ihm ein. Er klopft wütend auf seinen Schreibtisch, und wehe dem ersten, der jetzt sein Zimmer betritt und nur einen einzigen falschen Ton sagt.

Erstaunlicherweise gibt es noch Sachbearbeiter D, der ruhig seine Arbeit erledigt. Was macht der anders? Hatte er auf Durchzug geschaltet? (Das ist die erste Idee, auf die oft Teilnehmer in meinen Seminaren kommen.)

Im Kopf von Sachbearbeiter D hat sich folgendes abgespielt: »Ruhig bleiben! Erst einmal die Situation analysieren! ... Rüstig hat recht. Ich bin jetzt diese Woche schon dreimal zu spät gekommen. Außerdem, solange wir noch keine gleitende Arbeitszeit haben, hat meine Firma ein Recht darauf, daß ich pünktlich bin. Ist nun einmal so. Warum bin ich überhaupt zu spät gekommen? Das war doch vorher nicht so. Ach ja, der Verkehr stockt im Moment immer wieder wegen der neuen Ampel an die-

ser Baustelle. Ich kann einfach nicht sicher sein, hier pünktlich anzukommen. Da hilft alles nichts – da ist es am besten, ich stehe während der Bauzeit eine Viertelstunde früher auf. Dann komme ich rechtzeitig.« Nachdem D die Situation anlysiert und für ihn befriedigend bearbeitet hat, widmet er seine ganze Energie wieder der Arbeit.

Wir erkennen die unterschiedlichen Gedankenmuster, die wie automatisch ablaufen, und wie die jeweiligen Gedanken die Gefühle bestimmen. Der entscheidende Faktor, ob eine Situation als belastend erlebt wird, ist die innere Verarbeitung. Deshalb erhalten Situationen ihren Charakter als »Streß« am Arbeitsplatz erst durch eine mentale Bewertung, die etwas als gefährlich und bedrohlich ansieht. Streß ist darauf dann die natürliche Reaktion.
Entscheidend dafür, ob jemand Streß erlebt, ist die innere Verarbeitung der Vorfälle am Arbeitsplatz.

Sinnvoll für alle Streßsituationen ist es, eine umfassende Analyse anzustellen. Was erzeugt in Ihnen Spannungen? Nachfolgende Fragen machen die inneren Ursachen bewußt, die für Sie eine Situation streßgeladen machen. Wenn Sie diese Übung nutzen, wird Ihnen klar, wie Sie in Zukunft Ihren Streß abbauen können.
Erforschen Sie damit eine schlimme Streßsituation aus der jüngsten Vergangenheit.

Wir sehen also, daß der entscheidende Faktor, wie wir mit einer Situation umgehen, die innere Verarbeitung des Problems ist. Nur durch unsere Bewertung kann etwas als stressig empfunden werden.

Streß-Analyse
Streßgeladene Situation

Ort/Datum/Uhrzeit _____

① Wie war die Situation, *bevor* der Streß anfing?

Äußere Ereignisse

_____

_____

_____

Gefühle

_____

_____

_____

Gedanken

_____

_____

_____

② Was genau löste den Streß aus?

Äußere Ereignisse

_____

_____

_____

Gefühle

_____

_____

_____

Gedanken

_____

_____

_____

③ Was genau waren Ihre körperlichen Streßmerkmale?

_____

_____

_____

④ Wie verhielten Sie sich, als Sie merkten, daß Streß aufkam?
Äußeres Verhalten

_____

_____

_____

Gedanken *über* den Streß

_____

_____

_____

Gefühle

_____

_____

_____

⑤ Hätten Sie gern etwas anderes in der Situation getan?
Wenn ja, was?

_____

_____

_____

Mit welchen Gedanken hielten Sie sich davon ab, es zu tun?

_____

_____

_____

⑥ Was können Sie tun, daß in ähnlichen Situationen weniger Streß entsteht?

_____

_____

_____

Die inneren Programme, die den Streß auslösen, müssen uns zunächst klarwerden. Im nächsten Schritt kann ich anfangen, diese Programme zu ändern, indem ich die Situation mit realistischen Gedanken betrachte oder mein Verhalten ändere.
Loehr hat bei seinen Untersuchungen der Spitzensportler als eine der wichtigsten und überraschendsten Entdeckungen festgestellt, daß auch mental starke Spieler unter Druck *nicht* gut spielen. Niemand ist unter Druck gut. Spitzenkönner unterscheiden sich dadurch von den mittelmäßigen Athleten, daß sie es verstehen, den Druck zu eliminieren. Sie haben es gelernt, schwierige Situationen in ihrem Kopf so zu strukturieren, daß sie mit positiver Tatkraft erfüllt sind.[1]

Ein Teil dieser Strukturierung, der Verarbeitung und Bewertung einer Situation geschieht durch innere Bilder. Wenn jemand bei harmlosen Pannen ins »Katastrophisieren« kommt, das heißt ins bildhafte Ausmalen der schlimmstmöglichen Folgen, dann wird Streß die Folge sein.

Ein anderer Teil der Verarbeitung und Bewertung erfolgt durch innere Sätze und Stimmen. Zu und neben den Bildern läuft die ganze Zeit in unserem Kopf ein inneres Selbstgespräch ab, bei dem die verschiedensten Stimmen durcheinandersprechen. Wie die inneren Bilder steuern die Stimmen in unserem Kopf, ob wir uns in einen Zustand der Ressourcen oder in eine Blockade bewegen. Die Inhalte dieser Sätze sind uns vertraut und erzeugen eine unmittelbare Wirkung in uns. Frau Neubert ist ein gutes Beispiel für Sätze, die durch den Kopf schwirren.

Zwar bereitet Frau Neubert die Präsentationen ihrer Marketingkonferenz akribisch vor; sie macht sich jedoch verantwortlich für jede kleine Panne und leidet darunter.

Im Unterschied zu den Streßursachen, die zunächst von außen gesetzt werden (auch wenn natürlich hier genauso die innere Verarbeitung ein entscheidender Faktor ist), ist die wichtigste Streßquelle für Frau Neubert in ihrem Inneren.

Die Sätze, die ihr durch den Kopf gehen, erzeugen unmittelbaren Druck und Selbstzweifel:

»Es darf auf keinen Fall etwas schiefgehen.«
»Das hätte doch nicht passieren dürfen!«
»Warum habe gerade immer ich das Pech?!«
»Du Versagerin!«
»So wird ja nie etwas aus dir!«

Jeder von uns kennt derartige Sätze, die ihn antreiben und unter Druck setzen.

Denken Sie an Situationen, in denen Sie sich unter Druck gefühlt haben.

Auch Spitzensportler arbeiten unter Druck nicht gut. Sie sind vielmehr in der Lage, den Druck zu eliminieren.

Ein Teil der inneren Verarbeitung erfolgt durch Sätze und Bilder, die uns in Selbstzweifel stürzen.

Welches sind die Sätze, die diesen Druck auslösen?

_____

_____

_____

_____

Um sich in Zukunft anders zu verhalten, ist es zunächst wichtig, sich die streßauslösenden Sätze bewußtzumachen. Diese negativen Programme und Sätze haben deshalb soviel Macht und Einfluß, weil sie unbeachtet und unbemerkt ihre Wirkung entfalten. Schon die Aufmerksamkeit für einen bestimmten Satz in unserem Inneren schafft den Abstand zu dem Negativprogramm, zum Beispiel: »Aha, da ist ja wieder mein typischer Druckauslöser: Das darf auf keinen Fall schiefgehen.« Wenn dieser Satz wie ein alter lästiger Bekannter begrüßt wird, dann kann er leichter verabschiedet und eine rationale Analyse der Situation vorgenommen werden.

Aber es ist nicht nur der Inhalt dieser Sätze, der oft eine schlimme Wirkung auslöst. Diese Sätze werden von Stimmen vorgetragen. Wie die Bilder haben auch diese Stimmen Eigenschaften, die die gefühlsmäßige Wirkung stark beeinflussen. Denn es macht einen Unterschied, ob Ihnen in Ihrem Kopf eine sanfte Stimme liebevoll zuflüstert: »Das war nicht so toll von dir« oder ob eine nörglerische Stimme: »Das war wieder typisch für dich« in Ihr linkes Ohr quäkt.

Die folgende Übung hilft Ihnen, sich bewußt zu werden, wie diese Stimmen in Ihrem Kopf klingen und welche Möglichkeiten der Veränderung Sie haben. Natürlich lassen sich auch zu diesen Sätzen und Stimmen dazugehörige Bilder entwickeln, aber oft ist das für eine Veränderung gar nicht nötig.

Am wirksamsten wird sich diese Übung entfalten, wenn Sie sich überlegen, welches der Satz ist, der Ihnen am meisten zusetzt.

Eigenschaften innerer Sätze verändern

Welches ist der Satz, der bei Ihnen am meisten Druck auslöst?

_____

_____

① Hören Sie mit Ihrem inneren Ohr einmal ganz genau den Satz, und beantworten Sie die folgenden Fragen.

Wie laut oder leise ist die Stimme?

_____

Wie hoch oder tief ist die Stimme? Ist sie männlich oder weiblich?

_____

Wie ist der Rhythmus? (schnell/langsam)

_____

Wie ist der Tonfall und wie die Klangfarbe?

_____

Von wo kommt diese Stimme? (von vorne/hinten, links/rechts, allen Seiten)

_____

Von welcher Entfernung kommt die Stimme?

_____

② Jetzt fangen Sie an, mit den Eigenschaften zu experimentieren, und beobachten, was sich an den Gefühlen verändert.

Um in Zukunft überlegter zu handeln, muß man sich seine eigenen streßauslösenden Sätze bewußtmachen. Zu den Sätzen und Stimmen gibt es natürlich Bilder. Machen Sie sich markante Sätze bewußt.

151

Was erleben Sie, wenn Sie die Stimme lauter machen?

_____

Was erleben Sie, wenn Sie die Stimme leiser machen?

_____

Was erleben Sie, wenn Sie die Stimme höher machen?

_____

Was erleben Sie, wenn Sie die Stimme tiefer machen?

_____

Was erleben Sie, wenn Sie den Rhythmus schneller machen?

_____

Was erleben Sie, wenn Sie den Rhythmus langsamer machen?

_____

Was erleben Sie, wenn Sie mit dem Tonfall und der Klangfarbe experimentieren?

_____

_____

_____

Was erleben Sie, wenn Sie die Stimme aus anderen Richtungen tönen lassen?

_____

_____

Was erleben Sie, wenn Sie die Entfernung, aus der die Stimme kommt, verändern?

_____

_____

③ Verändern Sie jetzt die Stimme so, daß sie ihre schlimme Kraft verliert.

Häufig tut es gut, wenn die Stimme irgendwie lächerlich wird. Probieren Sie einmal aus, mit welcher Melodie die Stimme diesen Satz singen könnte. Oder vielleicht klingt sie wie eine Schallplatte, die zu langsam oder zu schnell abgespielt wird.

_____

Mit dieser Übung lassen sich erstaunliche Wirkungen erzielen. Denn mit einem veränderten Tonfall verlieren die Sätze an Wirkung. Der nächste wichtige Schritt ist es, diesen alten Satz durch einen neuen positiven und ermutigenden zu ersetzen. Solche Sätze sind beispielsweise:

Ich schaffe das.

Je stärker der Streß, desto größer meine Ruhe.

Ich habe enorm viel Energie.

Das wäre doch gelacht, wenn ich damit nicht fertig würde!

Ich gebe mein Bestes, und das ist gut genug.

Ich genieße die Schwierigkeiten.

Überlegen Sie sich einen Satz, der in Zukunft ein guter Ersatz für den bisherigen negativen Satz sein kann.

_____

_____

_____

Um diesen neuen Satz in Zukunft automatisch anzuwenden, ist es wichtig, diese Hörveränderungen ein paarmal blitzschnell vorzunehmen. Auf diese Weise übernimmt das Gehirn den veränderten Satz als neues Programm.

Hören Sie Ihren streßauslösenden Satz in der Originalversion.

Verändern Sie ihn im Bruchteil einer Sekunde zu der neuen, entschärften Tonart –

und wandeln Sie ihn in der gleichen Geschwindigkeit in den neuen, ermutigenden Satz um.

Wiederholen Sie das fünfmal.

Eine letzte wichtige Frage ist zu beantworten, wenn Sie Ihren Streß abbauen wollen. Es ist die Frage nach dem Preis, den der Abbau kostet. Denn es gibt viele, die sich darüber beklagen, wie schlimm ihr Streß ist. Nach Kräften, so erzählen sie allen, bemühen sie sich, die Überlastung abzustellen. Aber es gelingt ihnen einfach nicht!

Immer wenn jemand im Alltag beharrlich an einem guten Vorsatz scheitert oder ein Ziel nicht verwirklicht, dann enthält der gegenwärtige Zustand Vorteile, die er nicht aufgeben will.

Welchen Vorteil kann Verhalten haben, das zum Streß führt? Dazu müssen wir die Ursachen des Stresses anschauen. Kann jemand nicht »Nein« sagen, wenn ihm jemand Arbeit abgeben will? Dann mag der Vorteil darin liegen, beliebt oder zumindest nicht unbeliebt zu sein. Da mag jemand in seinem Unternehmen als Macher und unerschöpflicher Arbeiter geschätzt und anerkannt sein. Mit dem unermüdlichen Einsatz legt er die besten Voraussetzungen für seine Karriere. Darüber hinaus kann der übergroße Einsatz notwendig sein, um dem eigenen Bild von sich selbst gerecht zu werden. Dem Perfektionisten ist die Vorstellung unmöglich, daß eine Arbeit nicht hundertprozentig erledigt ist. Eine Arbeit liegenzulassen ist unerträglich. Lieber gibt er dafür seinen Feierabend und sein Wochenende auf.

Die Vorstellung, was denn die Kolleginnen und Kollegen von ihm denken könnten, wenn er mit aufgeräumtem Schreibtisch fröhlich und pünktlich in den Feierabend ginge, ist für ihn schrecklich. Es könnte natürlich auch ein klein wenig Dummheit dabei mit im Spiele sein. Denn da reibt sich jemand auf, ruiniert sich die Gesundheit, nur damit nach dem frühen Magengeschwür am Krankenbett anerkennend von ihm gesprochen wird. Der Gedanke daran, mit den eigenen Ansprüchen an sich etwas bescheidener und geduldiger zu werden, mag wie ein Versagen und eine Niederlage gewertet werden. Nur: Ohne auch bestimmte Vorteile aufzugeben oder zu riskieren, wird keiner es schaffen, Streß abzubauen.

Was sind die Vorteile, die Ihnen der Streß am Arbeitsplatz verschafft?

_____

_____

_____

_____

_____

_____

_____

_____

_____

Machen Sie sich bewußt, daß Ihre jetzige streßhafte Situation Vorteile hat, wenn Sie vorgeben, sie nicht ändern zu können. Wer z. B. Arbeit nicht abgeben kann, hat mit sich Probleme.

An dieser Stelle findet auch das »Lied vom Streß« seinen passenden Platz:

Du weißt nicht mehr, wie Blumen duften,
Kennst nur die Arbeit, nur das Schuften.
So geh'n sie hin, die schönen Jahre,
Auf einmal liegst Du auf der Bahre
Und hinter Dir, da grinst der Tod:
Kaputtgerackert – Vollidiot!

Zum Abschluß des Kapitels möchte ich Sie auf die Möglichkeit hinweisen, eine Kassette zum Thema »Streß bewältigen« zu besprechen. Wichtig ist dabei, das gleiche Vorgehen zu praktizieren, wie im letzten Kapitel für schwierige Situationen dargestellt. Fangen Sie mit dem Ziel an, beispielsweise am Abend zufrieden zu sein. Gehen Sie dann die einzelnen Schritte bis dahin konkret durch. Ihr Text könnte möglicherweise, wie folgt, lauten:

Streß bewältigen
Es ist 22.30 Uhr. Ich sitze entspannt, zufrieden und erfüllt in meinem bequemen Sessel. Ich bin stolz auf meine Leistung. Ich habe alle wichtigen Dinge, die ich mir vorgenommen habe, erledigt. »Gut, wie ruhig und entspannt ich das heute geschafft habe«, sage ich zu mir. Ich fühle mich ganz wohl und schaue voller Freude zurück, wie ich die Schwierigkeiten des Tages bewältigt habe.
Ich stehe mit Schwung früh um Viertel vor sieben auf, um genügend Zeit für das Frühstück und einen entspannten Tagesanfang zu haben. Das tut gut. Es geht nichts über einen gelungenen Tagesanfang!
Voller Energie fahre ich zum Büro und betrete wohlgelaunt mein Arbeitszimmer. Ich werfe einen Blick auf meinen Termin-

kalender und plane und setze realistisch meine heutigen Prioritäten. Ich weiß jetzt, daß heute meine Hauptarbeit dem neuen Projekt Y gilt. Ich bin ruhig und entspannt.

Nach fünf Minuten kommt Herr Müller und unterbricht mich mit wichtigen Fragen. Ich bleibe gelassen, beantworte die erste Frage sofort und mache mit ihm für nachmittags eine Viertelstunde für die Besprechung der zweiten aus. Dann arbeite ich konzentriert weiter.

Das Telefon klingelt. Ich bin freundlich und konzentriert. Kurze Zeit klingelt es wieder. Ich bleibe freundlich und entspannt. Ich weiß: Je größer das Chaos um mich herum wird, desto ruhiger werde ich.

Herr Maier kommt und bittet mich um meine Unterstützung. Ich bin freundlich und sicher, wenn ich ihm sage, daß es mir zur Zeit leider nicht möglich ist.

Ich freue mich, mich wieder ans Projekt Y zu setzen, und sage mir: »Toll, daß ich die erste Seite der Entwürfe schon geschafft habe!«

Um 17.30 beende ich den Arbeitstag. Ich freue mich auf den Feierabend. Ich fahre zum Tennisplatz, wo ich mit Hans voller Elan noch eine Stunde Tennis spiele. Abends gehe ich mit meiner Frau noch ein Glas Wein trinken. Wir plaudern und genießen es, die Zeit ganz für uns zu haben.

Ändern Sie diese Bilder nach Ihren eigenen Gegebenheiten ab!

Zum Schluß noch praktische Hinweise für den täglichen Streß, zum Schnelleinsatz gedacht. Experimentieren Sie damit, was Ihnen persönlich am meisten nützt.

Auch in diesem Fall ist es möglich, eine Kassette zum Thema »Streß bewältigen« zu besprechen. Obiger Text ist ein Modell für Ihren eigenen Text, den Sie mit vielen positiven Bildern anreichern sollten.

Streßtechniken zum Schnelleinsatz

① Körper: *Entspannen Sie sich*

- Sagen Sie sich Ihr Schlüsselwort von Ihrem Entspannungs-ort.

- Verlangsamen Sie bewußt Ihren Atemrhythmus.

- Sprechen Sie bewußt etwas langsamer.

- Entspannen Sie Ihre Muskeln. Lassen Sie Arme und Schulter baumeln, und schütteln Sie sie.

② Einstellung: *Positiv.*

- Erinnern Sie sich daran, wie Sie ähnliche Situationen erfolgreich gemeistert haben.

- Was können Sie jetzt tun, damit es Ihnen bessergeht?

- Treten Sie einen Moment lang aus der Situation und betrachten sich von außen. Geben Sie sich selbst Unterstützung.

- Formulieren Sie die Situation so für sich um, daß sie positiv wird. Was können Sie gerade lernen?

③ Dann Aufmerksamkeit: *Hier und Jetzt*

- Richten Sie die ganze Aufmerksamkeit auf den gegenwärtigen Moment.

- Denken Sie nicht an mögliche zukünftige Konsequenzen, sondern geben Sie hier und jetzt Ihr Bestes.

Zum Vertiefen

Weitere interessante Anregungen zum Thema »Streß« erhalten Sie in *Freude durch Streß* von Vera F. Birkenbihl.

Kernsätze des Kapitels

- Wer sich gestreßt fühlt, hat immer auch körperliche Symptome. Je aufmerksamer Sie für diese Signale sind, desto schneller können Sie dem Streß gegensteuern.

- Jeden Tag einmal an die Leistungsgrenze, das gilt geistig, und das gilt auch körperlich! Wenn man das macht, dann bleibt man sehr elastisch.

- Es ist nicht das Ziel, Streßursachen zu unterdrücken oder zu verdrängen. Es geht darum, selbst in den bestmöglichen inneren Zustand zu kommen, um alle Kraft zur Verfügung zu haben. Mit dieser Kraft läßt sich dann ein sinnvoller Weg finden, mit der gegenwärtigen Situation fertig zu werden.

- Entscheidend dafür, ob jemand Streß erlebt, ist die innere Verarbeitung der Vorfälle am Arbeitsplatz.

- Negative Programme und Sätze haben deshalb soviel Macht und Einfluß, weil sie unbeachtet und unbemerkt ihre Wirkung entfalten. Schon die Aufmerksamkeit für einen bestimmten Satz in unserem Inneren schafft den Abstand zu dem Negativprogramm.

Distreß löst beim Menschen immer auch körperliche Symptome aus. Wenn Sie sich diese Signale bewußtmachen, dann können Sie dagegen steuern. Verdrängen Sie Streß nicht, sondern sammeln Sie Kräfte.

6 Ziele erreichen

Wenn du ein Schiff bauen willst,
so trommle nicht Männer zusammen,
um Holz zu beschaffen und
Werkzeuge vorzubereiten, oder die
Arbeit einzuteilen und Aufgaben zu vergeben,
sondern lehre die Männer
die Sehnsucht nach dem endlosen Meer.

(Antoine de Saint-Exupéry)

Herr Rost ist 36 Jahre alt und verantwortlich für den Vertrieb in einem Großunternehmen. Sein großes Ziel ist es, Vorstandsmitglied zu werden. Das hat er sich schon zu Beginn seiner Karriere vorgenommen, und für dieses Ziel setzt er seine ganze Kraft und Energie ein. Argwöhnisch beobachtet er seine Kollegen, daß ja keiner an ihm vorbeizieht. »Es ist einfach schrecklich, wie verbissen du bist«, sagt ihm einmal seine Frau an einem der wenigen Wochenenden, an denen er Zeit für seine Familie hat.

»Führungskräfte brauchen Visionen!« heißt das neue Schlagwort. Das verkünden die aktuellen Bestseller auf dem Buchmarkt, und selbst konservative Wirtschaftszeitungen liegen inzwischen voll mit im Trend. Hochbezahlte Unternehmensberater werden engagiert, die Visionen für die deutsche Wirtschaft kreieren. Wenn Sie in Magazine und Illustrierten schauen, ist es

Herr Rost ist ein Mensch, der klare Ziele hat, er will Vorstandsmitglied werden. Dies bringt ihn dazu, sehr verbissen zu reagieren. In der heutigen Welt sind »Visionen« das Schlagwort, der Trend der Zeit.

161

Ziele erreichen

klar: Wer nicht visionär wird, verpaßt den Trend der Zeit. Wer einfach nur steril und linear nach vorne plant, ist out. Er ist als zu kopflastig entlarvt.

Zu dem persönlichen Ziel hin soll die bildhafte innere Vorstellung, eine Vision von diesem Ziel, den Weg weisen. Da gibt es bewundernswerte Naturtalente wie zum Beispiel den Troja-Entdecker Schliemann, der schon als Halbwüchsiger genau wußte, was das Ziel in seinem Leben sein sollte. Dazu zählt auch das Vorstandsmitglied, das nach dem Krieg als Handwerker anfing und sich auf dem zweiten Bildungsweg hochgearbeitet hat. In einem Seminar erzählt mir das Vorstandsmitglied, daß es schon damals als Jugendlicher immer vor sich das innere Bild gehabt hatte, einmal im Fond eines großen Wagens von einem Chauffeur gefahren zu werden.

Offen bleibt, wie jemand zu seiner persönlichen Vision findet. Dabei kann Mentales Training in zwei Bereichen entscheidend nützen:

162

- Bei der Bestimmung und Findung des Zieles
- Als Unterstützung auf dem Weg zu diesem Ziel

Mentales Training gibt einem das Fernglas in die Hand, um aus der Fülle möglicher Ziele das richtige auszuwählen. Wenn dann das Ziel bestimmt ist, gibt es den Proviant und die Ausrüstungsgegenstände, um den Weg zu diesem Ziel erfolgreich zu gehen.

Interessant für Sie mag es sein, sich schon am Anfang des Kapitels die Frage nach Ihren Zielen für Ihr Leben zu stellen. Im weiteren Verlauf des Kapitels werden dann immer wieder neue Aspekte beleuchtet und neue Elemente hinzukommen. Am Ende werden Ihre Vorstellungen vollständiger und klarer, dazu gleichzeitig anziehender sein.

Vielleicht haben Sie Ihre Lebensziele bereits ganz konkret vor Augen, vielleicht schweben Sie Ihnen nur vage und mehr unverbindlich vor. Konkretisieren Sie bei der nächsten Frage, soweit es für Sie im Moment möglich ist.

Meine Lebensziele
Was sind die Ziele für Ihr Leben?

_____

_____

_____

_____

_____

Es kann für Sie sehr spannend sein, am Ende des Kapitels diese Notizen wieder herzuholen, um zu sehen, inwieweit sich Ihre Vorstellungen konkretisiert, erweitert oder verändert haben.

Das Mentale Training kann dazu beitragen, seine eigene Vision zu entwickeln. Es hilft einem bei der Zielbestimmung und unterstützt diese auf dem Weg zum Ziel. Fragen Sie als erstes nach Ihren Lebenszielen.

163

Vom erfolglosen Millionär

Zwei große Arten von Zielen lassen sich unterscheiden: die äußeren Ziele und die inneren Ziele. Beide sind miteinander verknüpft.

Äußere Ziele sind die Ziele, die greifbare Resultate beinhalten. Für Herrn Rost im Ausgangsbeispiel ist es die Stellung als Vorstandsmitglied. Greifbare Ziele sind: das eigene Haus, die Selbständigkeit, ein bestimmter Partner oder eine bestimmte Partnerin.

Dann gibt es die inneren Ziele. Das sind solche, die von außen kaum oder gar nicht sichtbar sind, weil sie mit unserer Persönlichkeit zu tun haben. Das könnte »ein erfülltes und abwechlungsreiches Leben« sein, »viel Spaß bei der Arbeit« oder »immer entspannter und selbstsicherer werden«.

Viel zu oft wird übersehen, daß jedes äußere Ziel mit einem inneren Ziel verknüpft ist, gleichgültig, ob wir uns über das innere Ziel klar sind oder nicht. Jedes äußere Ziel hat eine innere Bedeutung für uns. Manchmal ist sie offensichtlich, manchmal versteckt.

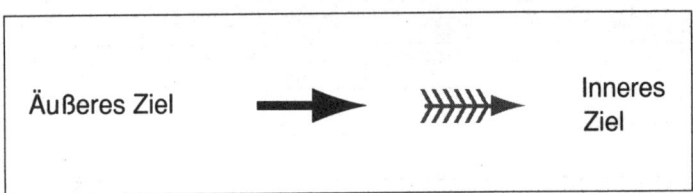

In einem Seminar zum Mentalen Training nennt Trainee Schur als Ziel, das er mit dem Mentalen Training erreichen will: »Ich will Millionär werden.«
Der Trainer sucht mit den nächsten Fragen nach der Bedeutung, nach dem inneren Ziel: »Weshalb wollen Sie Millionär werden?« –

»Dumme Frage«, antwortet Schur, »damit ich eine Menge Geld habe.« – »Und wozu?« kommt die beharrliche Nachfrage. »Ist doch klar. Damit ich mir kaufen kann, was ich will.« – »Wie sieht das konkret aus? Heißt das dann«, fragt der Trainer weiter, »daß Sie jeden Abend Bestellscheine von Versandhäusern ausfüllen?« – »Nein, nein!« wehrt Schur ab. »Ich stelle mir beispielsweise vor, wie ich dann in München an den teuersten Läden vorbeispaziere und links und rechts in die Schaufenster schaue. Und was ich mir dann kaufen will, das kaufe ich!« Bei dem Gedanken daran schaut Schur ganz begeistert. »Was ist das Besondere daran im Unterschied zu jetzt?« fragt lächelnd der Trainer weiter. »Ja«, meint Schur immer noch ganz erfüllt, »es ist das Gefühl: ›Mir gehört die Welt.‹ Das habe ich dann.«

Wer Millionär werden will, mag wie Trainee Schur als inneres Ziel die Idee haben, daß dieser Reichtum mit dem Satz: »Mir gehört die Welt!« und einem kraftvollen Gefühl verbunden ist. Die Fragen des Trainers bringen ihn wie auf einer »Bedeutungsleiter« dahin, immer tiefer zu steigen und dadurch immer deutlicher zu erkennen, was er in Wirklichkeit will, was hinter dem äußeren Ziel steckt.

Herr Rost träumt davon, wie er dann als Vorstandsmitglied Macht und Einfluß hat. »Man hört auf mich. Ich bin wer! Ich kann alle meine Vorstellungen umsetzen.« Schon bei dem Gedanken daran fühlt er sich gut. Das steht am Ende seiner Bedeutungsleiter.

Oder eine Sportlerin quält und schindet jahrelang ihren Körper, um einmal Olympiasiegerin zu sein. Sie träumt davon, daß dadurch ihr Leben seinen Höhepunkt findet: »Ich bin unschlagbar. Ich bin die Beste!«

Viele erreichen ihre äußeren Ziele nicht und bleiben in ihrer Frustration hängen. Aber noch frustrierender kann es sein, wenn jemand sein äußeres Ziel zwar erreicht, aber das innere

Zu unterscheiden ist zwischen äußeren und inneren Zielen. Äußere Ziele sind z. B. ein Haus, die Selbständigkeit, ein bestimmter Partner. Innere Ziele haben mit der Persönlichkeit zu tun. Beide treten synergetisch auf.

165

Ziel verfehlt. Er erlebt dann den erträumten Zustand – wenn überhaupt, nur fünf Minuten –, und dann erfolgt wieder der Rück-Fall in die alten Gefühle. »Nichts ist frustrierender als der Erfolg«, lautet diese Weisheit.

Man stelle sich Schur zehn Jahre später vor mit seiner Million, in Wertpapieren und Immobilien angelegt. Den Kopf voller Aktienkurse läuft er an den teuren Geschäften vorbei. Er kauft mit seiner Scheckkarte ein, aber ohne Begeisterung. Statt dessen leitet ihn die Haltung, sich etwas zu leisten, wie es sich gehört. Irgendwo taucht in ihm das Gefühl auf, daß etwas schiefgegangen ist, aber er weiß nicht genau, was. Und als einzige Lösung fällt ihm ein, sich als Ziel die zweite und dritte Million zu setzen.

Denn: Unsere Gefühle führen ihr Eigenleben. Sie lassen sich nicht durch Äußerlichkeiten zwingen. Lebensnahe, fast tragische Beispiele finden wir beim genauen Hinschauen in den Schlagzeilen unserer Illustrierten. Da gibt es den Bergsteiger, der zwanghaft und unbefriedigt nach immer neuen körperlichen Extremleistungen sucht und von einem Berg zum anderen, von einem Pol zum anderen hetzt. Oder da steigt ein erfolgreicher Topmanager aus, um sich seinen Traum vom alternativen Leben zu erfüllen, indem er Heilpraktiker wird. Was damit endet, daß er zum Heilpraktiker-Papst Deutschlands wird, vom Zwang zum Erfolg gejagt wie eh und je, mit einem Terminkalender, der um kein bißchen leerer ist als in den Managerzeiten.

Zur weiteren Illustration eine kleine Geschichte:

Ein Besucher wird zu Beginn des Jahrhunderts durch eine Irrenanstalt geführt. Schließlich bringt man ihn in den abgesperrten Sicherheitstrakt des Gebäudes, in dem die besonders schweren Fälle liegen. Er nähert sich einer Zelle, aus der schon aus der Ferne ein schreckliches Gebrüll klingt. Als er durch das Guckfensterchen in die Zelle schaut, erblickt er einen Mann, der andauernd mit dem Kopf gegen die Wand rennt, flucht, jammert und immer wieder »Eva!« schreit. »Das ist ja grauenhaft!« ruft der entsetzte Besucher aus. »Was ist mit dem passiert?«

Der begleitende Arzt erklärt: »Dieser Mann hatte eine große Liebe, eine wunderschöne Frau namens Eva. Sie hat ihn schließlich verlassen und einen anderen geheiratet. Das hat er nicht verkraftet, und da ist er durchgedreht. Seitdem ist er so.«

Die beiden gehen weiter und hören bald wieder einen fürchterlichen Lärm, Stöhnen und Fluchen. Als der Besucher durchs Guckloch schaut, sieht er einen Mann, der auf seine Matratze hämmert, das Bettuch mit den Fingern zerfetzen will und immer wieder »Eva!« stöhnt. »Was ist denn mit dem los?« will der geschockte Besucher wissen. »Ja, das ist der, den sie dann geheiratet hat«, bekommt er als Antwort.

Manche äußeren Ziele sind Ersatzziele. Wir suchen Ersatz, um eine tiefe Unzufriedenheit nicht spüren zu müssen. Diese Ziele dienen dazu, »ein Loch zu stopfen«. Ein Loch in unserem Selbstwert nämlich, das geheime Wissen um ein Defizit, das wir mit uns herumtragen. Dann ist der Erfolg eine Art Droge, die dieses Gefühl des Verlustes oder der Minderwertigkeit betäuben soll. Da schafft es jemand nicht, zu einer befriedigenden Partnerschaft zu kommen, und stürzt sich in die Arbeit, wird zum »Workaholic«, um Karriere zu machen. Oder ein anderer fühlt sich minderwertig, der Umwelt unterlegen und entwickelt daraus seinen besonderen Ehrgeiz, es »den anderen zu zeigen«.

Auch wenn wir ein solches Ersatzziel erreicht haben, wird die Unzufriedenheit wieder auftauchen. Rastlos werden wir uns neue Ziele suchen, solange wir nicht den Wunsch gefunden haben, der darunter verborgen ist.

Wer sich innere Ziele setzt, zum Beispiel spontaner und flexibler zu werden, hat oft eine andere Schwierigkeit. In Seminaren

Viele äußere Ziele treten als Ersatzziele auf. Sie verdecken in uns eine große Unzufriedenheit. Stimmt die Partnerschaft nicht, stürzen sich viele Menschen in die Arbeit, um Karriere zu machen.

erlebe ich, daß mancher Teilnehmer mit inneren Zielen sich scheut, äußere Ziele zu nennen. Er hat Angst davor, durch äußere Ziele eingeengt zu werden und gerade nicht zur Spontaneität und Flexibilität zu gelangen.

Aber auch innere Ziele existieren nicht unabhängig von den äußeren. Innere Ziele werden immer in einer bestimmten äußeren Situation verwirklicht werden. Diese Situation schafft Rahmenbedingungen. Sie können das innere Ziel fördern und unterstützen oder es stören und behindern. Deshalb ist es nützlich, mögliche Alternativen von äußeren Zielen zu entwickeln, die den besten Nährboden für das innere Ziel darstellen.

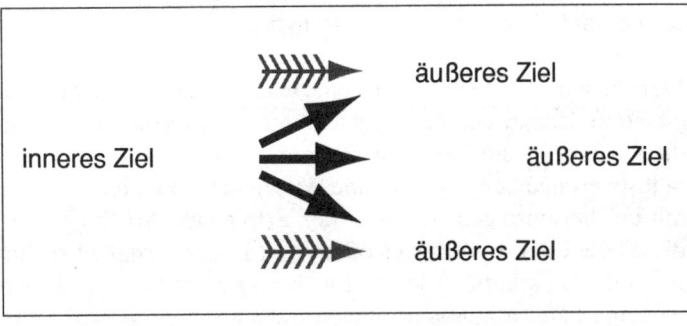

Ziel der nächsten Fragen ist es, deutlicher die immer schon vorhandenen Verknüpfungen zwischen äußeren und inneren Zielen wahrzunehmen. Dabei ist die Erkenntnis wichtig, daß es keine automatischen Verknüpfungen zwischen den Zielen gibt. Ich kann mein inneres Ziel erreichen, ohne den ursprünglich vorgestellten Rahmen zu verwirklichen, genauso wie ich mein äußeres Ziel erreichen kann und dabei das innere verfehle.

Arbeiten Sie nach diesen Gesichtspunkten an Ihren bisher genannten Zielen weiter.

Äußere und innere Ziele

① Was sind Ihre äußeren Ziele?

Äußeres Ziel _____

Was ist das innere Ziel dabei?

_____

Äußeres Ziel _____

Was ist das innere Ziel dabei?

_____

Äußeres Ziel _____

Was ist das innere Ziel dabei?

_____

② Was sind Ihre inneren Ziele?

Inneres Ziel _____

Inneres Ziel _____

Inneres Ziel _____

Entwickeln Sie mindestens drei mögliche äußere Ziele, die günstige Rahmenbedingungen für Ihre inneren Ziele darstellen.

ⓐ _____

_____

ⓑ _____

_____

ⓒ _____

_____

Innere Ziele werden immer in äußeren Zielen verwirklicht. Sie schaffen sozusagen den Rahmen. Entwe- der sie fördern oder sie stören das innere Ziel. Deshalb sollte man sich äußere Ersatzziele suchen.

Bei jedem äußeren Ziel geht das eigentliche Streben danach, das innere Ziel zu erreichen, das immer ein positiver Gefühlszustand ist. Und jeder Mensch strebt in seinem Inneren nach Glück und Zufriedenheit. Deshalb werden die äußeren Ziele gesetzt, die in der Zukunft erreicht werden sollen. Allerdings besteht dabei eine Gefahr, die Professor Oswald Neuberger in einem Gespräch mit *Management Wissen* 1991 drastisch so beschreibt:

Die Männermanager spüren im Grunde, daß sie ausgetrocknet sind, daß ihnen ganz wichtige Teile des Lebens verlorengehen: Freude, Spaß, Lust, Lebendigkeit ... Es ist eine Sehnsucht nach dem anderen, nach dem Verlorenen da. Und es ist typisch, daß man das in die Zukunft projiziert. So ist es eine Erlösungshoffnung, während es doch im Grunde eine Sache ist, die man hier und jetzt machen muß.[1]

Man muß nicht unbedingt erst den Umweg über das äußere Ziel beendet haben, um das innere Ziel zu leben. Wer seine mentalen Kräfte konzentriert einsetzt, kann das innere Ziel direkt ansteuern. So könnte unser werdender Millionär Schur lernen, den Zustand, der in dem Satz gipfelt, »mir gehört die Welt«, immer häufiger zu empfinden. Er braucht keine zehn Jahre zu warten, um dieses Gefühl bei seinen Spaziergängen wieder und wieder zu erleben – unabhängig vom jeweiligen Kontostand. Wenn er dann nach zehn Jahren die Million erreicht hat, dann kann er sie genießen und auskosten, denn dieses Gefühl hat er lange genug geübt. Denn auch ein solches Gefühl braucht Übung!

Oder wie der ehemalige Zehnkampf-Weltrekordler Kurt Bendlin es ausdrückt:

Erst dann zu leben, wenn man es geschafft hat, ist ein großer Irrtum: Man kann nicht mit vierzig, fünfzig oder gar nach der Pensionierung auf einmal ein ganz anderer Mensch sein. Also muß man sein Leben so organisieren, daß man seine Träume ganz konkret lebt. Sicherlich kann man Höchstleistung im Beruf, absolutes Lebensglück und ewig junge Lebensfreude nicht so einfach abrufen.[2]

So stellte sich bei einer Befragung von Lottomillionären ein Jahr nach ihrem Gewinn heraus, daß jeder sich wieder in den gleichen Gefühlen bewegte wie vor dem Gewinn. Wer schon damals grundsätzlich zufrieden war, war es auch nach dem Gewinn, und wer sich vorher gerne Sorgen machte und grübelte, tat jetzt das gleiche.

Folgende Übung läßt sich nutzen, um den inneren Zielzustand zu erreichen und zu üben. Denn das Gefühl, das Sie sich wünschen, ist Ihnen aus bestimmten Situationen in der Vergangenheit bekannt. Jede Erinnerung, bei der Sie in dieses Bild schlüpfen, wird das Gefühl in Ihnen nähren.

Heute besteht die Gefahr eines Managers darin, wichtige Teile seines Lebens zu verlieren, wie: Freunde, Lust, Lebendigkeit. Wer seine inneren Kräfte konzentriert einsetzt, kann sein Ziel ansteuern.

Innere Ziele sofort erreichen

Verwenden Sie die vorhin genannten inneren Ziele.

(a) inneres Ziel _____

Welches ist eine Situation in der Vergangenheit, bei der Sie dieses Gefühl sehr stark empfunden haben?

_____

_____

_____

Schlüpfen Sie in dieses innere Bild hinein. Gehen Sie an den Ort des Geschehens. Schauen Sie sich um. Hören Sie auf die Stimmen und Geräusche in dieser Situation. Spüren Sie dieses besondere Gefühl . . .

(b) inneres Ziel _____

Welches ist eine Situation in der Vergangenheit, bei der Sie dieses Gefühl sehr stark empfunden haben?

_____

_____

_____

Schlüpfen Sie in dieses innere Bild hinein. Gehen Sie an den Ort des Geschehens. Schauen Sie sich um. Hören Sie auf die Stimmen und Geräusche in dieser Situation. Spüren Sie dieses besondere Gefühl . . .

© inneres Ziel _____

Welches ist eine Situation in der Vergangenheit, bei der Sie dieses Gefühl sehr stark empfunden haben?

_____

_____

_____

Schlüpfen Sie in dieses innere Bild hinein. Gehen Sie an den Ort des Geschehens. Schauen Sie sich um. Hören Sie auf die Stimmen und Geräusche in dieser Situation. Spüren Sie dieses besondere Gefühl.

_____

_____

_____

Sie erleben mit dieser Übung, wie Sie Ihre inneren Ziele direkt erreichen. Je häufiger Sie diese Übung nutzen, desto mehr Kraft geben Sie den inneren Zielen.

Vielleicht ist es bei dem einen oder anderen inneren Ziel schwierig, eine intensive Erinnerung zu finden. Aber Sie müssen es ja von irgendwoher kennen, sonst wäre es nicht erstrebenswert für Sie. Suchen Sie einfach nach Erinnerungen, in denen Sie dieses Gefühl andeutungsweise erlebt haben. Geben Sie diesem schwachen Gefühl in Ihrer Vorstellung alle Aufmerksamkeit und Intensität. Nutzen Sie die bereits gezeigten Möglichkeiten, Bilder und Sätze zu verändern, um das Erleben zu intensivieren.

Um innere Ziele sofort zu erreichen, machen Sie sich ein Bild von einer Situation, bei der Sie stark empfunden haben. Gehen Sie in den Ort des Geschehens, und hören Sie auf Stimmen und Geräusche.

173

Alle Ziele in Balance bringen

Herrn Rost sind wir in unserem Ausgangsbeispiel begegnet, als er mit 36 Jahren verbissen sein Ziel verfolgte, Vorstandsmitglied zu werden.

Fünf Jahre später sieht seine Bilanz so aus: Inzwischen hat sich seine Frau von ihm scheiden lassen und seine zwei Kinder mitgenommen. Daraufhin war er in ein tiefes Loch abgestürzt, das er ein Jahr lang allabendlich mit Alkohol auffüllte.

Jetzt hat er sich wieder so voll in die Arbeit gestürzt, daß er oft bis 22 Uhr im Büro sitzt. Als das Herzstechen, das ihn schon früher ab und zu geplagt hatte, stärker und häufiger auftritt, dazu noch Magenschmerzen kommen, läßt er eine komplette medizinische Untersuchung seines Gesundheitszustands vornehmen. Die Bilanz ist erschreckend. Sein Arzt warnt ihn: »Sie haben Ihren Körper ganz schön ruiniert. Bisher haben Sie noch Glück gehabt. Ihr Glück kann aber morgen schon zu Ende sein. Wenn Sie Ihr Leben nicht total ändern, ist ein Herzinfarkt nur eine Frage der Zeit.« Herr Rost steht vor einem Abgrund. Freunde, bei denen er sich einmal aussprechen könnte, hat er inzwischen nicht mehr. Alles kommt ihm sinnlos vor.

Ein paar Tage später wird er zu seinem Chef gerufen. Der eröffnet ihm freudestrahlend: »Herr Rost eine gute Nachricht: Ihre Berufung in den Vorstand wird in Kürze erfolgen. Das haben Sie sich durch Ihren außerordentlichen Einsatz schon lange verdient!«

Wer auf Dauer erfolgreich sein will, der muß auf eine Balance in seinem Leben achten. Wer nur einseitig auf den Bereich Leistung achtet, dem kann passieren, daß es zu einem Ungleichgewicht kommt und er sich letztendlich selbst schadet. Wir suchen nach einer vollständigen Zielbeschreibung. Die eigene Vision soll den ganzen Lebensentwurf enthalten und nicht nur fragmentarisch Teilaspekte herausarbeiten.

Wie Pezeschkian herausgefunden hat, gilt kulturübergreifend, daß folgende vier Bereiche miteinander in Einklang zu bringen sind:

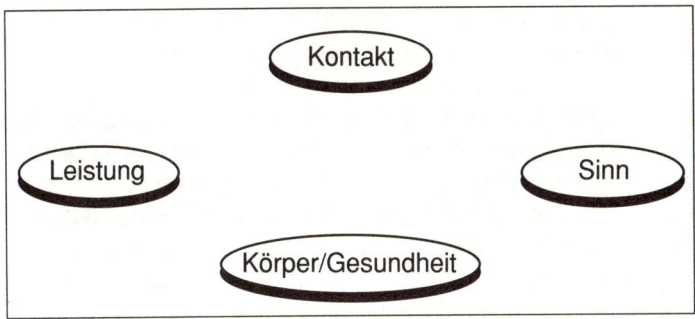

Der Bereich Leistung ist bisher zentrales Thema dieses Buches gewesen. Für Manager, für die dieses Buch bestimmt ist, ist das Thema Leistung ein Bereich, dem sie sehr viel Aufmerksamkeit geben.

Gesundheit ist die energetische Grundlage für jede Leistung. Der Körper ist unser Instrument, das wir besitzen, um geistige Leistungen körperlich zu machen und in die Welt zu bringen. Die Fitneß des Körpers ist eine so selbstverständliche Voraussetzung für beruflichen Erfolg und Karriere, das sie oft vernachlässigt wird.

Jeder von uns hat dabei im Normalfall ein großes Reservoir an Lebenskraft mitbekommen. Es läßt sich vergleichen mit einem Grundkapital auf seinem Lebenskonto. Mit diesem Kapital kann der einzelne wirtschaften. Wer sein Kapital nur hortet, also seine Kräfte für sich behalten will und sie nicht in kreative Leistungen umsetzt, dessen Kapital wird durch die Inflation aufgezehrt. Es mehrt sich nicht, und es bringt keinen Nutzen für den Besitzer und die Umwelt.

Eine Balance in seinem Leben ist eine wichtige Voraussetzung für dauerhaften Erfolg. Die vier Bereiche: Leistung, Kontakt, Sinn und Körper müssen unbedingt zusammenwirken.

Jemand kann auch seine Gesundheit und den Körper vernachlässigen. Er überzieht damit sein Konto ständig und verschuldet sich mehr und mehr. Zwar kann er mit dem Kapital eine Zeitlang wirtschaften. Aber er hat hohe Überziehungszinsen zu zahlen, macht mehr und mehr Schulden und geht über kurz oder lang Bankrott. Das ist dann das Magengeschwür, die ruinierte Leber oder der Herzinfarkt.

Kontakt ist die emotionale Grundlage für jede Leistung. Der Manager wird nur dann seine Kraft gern auf Dauer in seine Leistung einsetzen, wenn er genügend emotionale Nahrung bekommt. Diese notwendige Nahrung sind für ihn befriedigende Kontakte auf allen Ebenen. Dazu gehört das gute Arbeitsklima und der Umgang mit den Kollegen genauso wie ein Freundeskreis, der in persönlichen Fragen Rat geben kann. Kernbereiche sind Partnerschaft und Familie. Auch hier besteht die gleiche Gefahr wie im Bereich Gesundheit. Das Konto wird ständig überzogen. Die befriedigende Partnerschaft wird als selbstverständliche Grundlage vorausgesetzt. Sie dient als Kraftquelle, wobei übersehen wird, daß auch die Pflege dieser Quelle Zeit und Energie erfordert. Wer das übersieht, den bestraft oft ein harter Sturz aus den Wolken. Denn wenn Kontakte und Beziehungen zerbrochen sind, ist es meist zu spät, sie wieder zu kitten.

Die Frage nach dem Sinn des Ganzen, was jemand unternimmt, ist der vierte zentrale Bereich. Jeder von uns hat Werte, die zu verwirklichen für ihn Sinn macht. Nur Leistung, die eingebettet in die eigenen Werte ist, erhält Bedeutung für die eigene persönliche Entwicklung. Hier ist wieder die Anknüpfung an die inneren Ziele, die sich jemand durch das Erreichen der äußeren verspricht. Denn es kann doch wohl nicht der einzige Sinn eines vierzig Jahre langen intensiven beruflichen Engagements gewesen sein, auf dem hartumkämpften Waschmittel-, Zigaretten-, Colamarkt (hier Ihr eigenes Produkt einsetzen) den

Umsatz der eigenen Marke um 5 Prozent gesteigert zu haben. Dann doch lieber gleich als Lebenswerk am Strand bei Ebbe voller Stolz eine Sandburg bauen! Erfolg hat viele Dimensionen. Die äußeren Erfolge können Hand in Hand mit der Weiterentwicklung gehen, die sich in den inneren Bereichen abspielt.

Die drei Bereiche Körper/Gesundheit, Kontakt und Sinn sind wichtige Voraussetzungen für eine auf Dauer erfolgreiche Leistung. Davon unabhängig hat jeder der drei Bereiche einen Eigenwert und schafft seine eigene Befriedigung. Wer gerne Sport treibt, wer es liebt, schönes Essen zu genießen, der macht das nicht um eines anderen Zieles wegen, zum Beispiel fitter sein, sondern findet einen eigenen Sinn in dem, was er tut. Und schöne Stunden, mit guten Freunden oder mit der Familie verbracht, haben einen höheren persönlichen Wert als die nächste Gehaltszulage.

Dabei muß jeder seine eigene Balance finden und entwickeln. So berichtet Frau Professor Höhler über ihr eigenes Leben:

Ich bin in meinem Leben, wie ich es bisher geführt habe, niemals auf das einseitige Leistungskonzept eingestiegen. Deshalb sehe ich vielleicht auch so viele Defizite deutlicher, die in den Normalkarrieren eine große Rolle spielen und Leidensdruck verursachen. Wenn Sie in eine Firma gehen und machen da eine Karriere, wie sie vorgeschrieben ist, dann erleiden Sie Defizite, Kontaktdefizite, häufig auch Sinndefizite, wenn es Ihnen nicht gelingt, Ihre ganzen Sinnwünsche auf den Beruf zu konzentrieren, und auch Defizite, was Ihren Umgang mit Ihrer Physis und Ihrer Seele angeht. Mein Bedürfnis nach einem auf verschiedenen Sektoren entfalteten Leben war besonders groß, und deshalb kann ich das auch legitimerweise fordern für Menschen, die in den Betrieben sind, weil ich weiß, es geht und ist in meinem Sinne erfolgreich. Wir sind nun dabei, den Zeitrhythmus aufzulockern mit Flexibili-

Die Folgen sind oft Magengeschwüre, Leberschäden oder ein Herzinfarkt. Jede Leistung braucht emotionale Nahrung, und eine gute Partnerschaft ist eine ideale Grundlage für dieses Potential.

sierung von Arbeitszeiten, auch mit einer besseren Kommunika-
tionskultur in den Firmen, so daß man nicht eingeschmiedet ist in
ein einziges Team und nichts draußen sieht, mit mehr Beteiligung
am Firmenwissen und an den Firmenzielen. Dann mit sportlichen
Aktivitäten, die zum Teil von den Firmen so gefördert werden, daß
man das Gefühl hat: Das ist ein Stück von meinem Berufsalltag.
Ich darf das nicht nur, ich soll das sogar machen. Und nehmen
Sie die Kantinen, wo durchdacht wird, was man den Menschen
zu essen gibt. Aber die Kernfrage bleibt, ob sie einen Arbeitsalltag haben, der ihnen so viele Stunden wegfrißt, daß sie zu einem
inneren Souveränitätstraining überhaupt nicht mehr kommen.
Ich kann als unabhängig unternehmerisch tätiger Mensch ja
auch bei einer sehr hohen Stundenzahl immer wissen, das sind
selbstgemachte Terminpläne. Und wenn ich das nicht mehr will,
dann steige ich einmal aus. Ich tue es zwar nicht, aber ich könnte
es tun. Ich behaupte immer, eine der größten Stimulantien für ein
geglücktes Leben ist das Potentielle, Spielräume, die ich hätte,
auch wenn ich sie nie benutze. Es gibt so viele Menschen, die
haben bei dieser Stelle ein großes Vakuum.
Mein positives Verhältnis zur Lebensfülle stammt aus meiner
Kindheit und auch aus meinen Begabungen. Ich habe immer
gern Sport getrieben, ich habe gemalt, ich habe musiziert, ich
habe Gedichte geschrieben, und ich hatte immer das Gefühl,
man müßte alles machen können.
Für mich sind die persönlichen Ziele sehr stark deckungsgleich
mit den Arbeitszielen. Das hängt damit zusammen, daß ich nicht
irgendwo ein riesiges Defizit habe, zum Beispiel im Kontakt mit
der Natur. Ich kann Bäume unterscheiden, Blumen unterscheiden, Sträucher unterscheiden. Ich weiß sehr viel von der Land-
wirtschaft, ich bin Reiter und habe ein Pferd. Ich weiß von der
Natur so viel, daß ich ständig das Gefühl einer Absicherung habe,
die mich völlig unbesiegbar macht. Das ist ein sehr starkes
Gefühl von Vollständigkeit, das ich immer habe, und das ist für

mich eine Ressource allererfsten Ranges. Wenn ich nicht wüßte, wie, sagen wir mal, ein Pferd auf losen Steinen geht und was ich machen muß, damit es nicht stolpert, wenn ich nicht wüßte, wie ich mit bestimmten Blumen umgehen muß, dann hätte ich das Gefühl, ich habe in meinem Leben etwas versäumt.

Das ist für mich eine ganz starke Kraftquelle, und ich würde sagen, wer das noch nicht hat, der muß es sich als Vision vor Augen stellen, weil es eine Sinnquelle ist. Sinn bedeutet eine über allen Nutzen und alle Zwecke hinausgehende Erfüllung. Da müssen Sie nicht eine Religion zitieren. Viele Leute haben Probleme mit den Zielen, die die Religionen ihnen zeigen. Aber es ist dieses über Kaufen und Verkaufen und über rechenbaren Nutzen hinausgehende Vollständigsein.

Das langfristige Ziel ist der eigene ganz persönliche Lebensentwurf. Die Fragen sind: Was will ich in meinem Leben? Was macht mich zufrieden – kurzfristig und langfristig? Ein bestimmtes Karriereziel ist dann eine Bereicherung und keine Sackgasse, wenn es eingebettet ist in die Ziele der anderen Bereiche.

Was sind Ihre Ziele in den verschiedenen Bereichen? Beschäftigen Sie sich mit der für Sie richtigen Balance.

Blick in die Zukunft

Entscheiden Sie sich dafür, ein Stück in die Zukunft zu gehen, vielleicht drei, fünf oder zehn Jahre oder mehr.

Ich blicke . . . Jahre in die Zukunft.

Was sind die Ziele, die ich im Bereich Leistung und Karriere erreicht habe?

_____

_____

Auch Frau Höhler betont die Wichtigkeit der besseren Kommunikation in Firmen, die dortige Förderung sportlicher Aktivitäten und ein ausgewogenes Kantinenessen. Dies machen einige Firmen.

_____

_____

_____

Wie sind meine Gesundheit und mein körperlicher Zustand?

_____

_____

_____

_____

Wie sehen meine Kontakte mit anderen Menschen aus? Am Arbeitsplatz, im Freundeskreis, in der Partnerschaft und in der Familie?

_____

_____

_____

_____

Worin finde ich Sinn? Wie lebe ich meine Werte?

_____

_____

_____

_____

_____

Erfolg ist, was erfolgt,
wenn man sich selbst folgt

Herr Schor ist ein erfolgreicher Bauunternehmer, der jährlich mehrere Millionen Umsatz macht. Sein Vater hatte einen kleinen Handwerksbetrieb, den Schor damals übernommen hatte. Schon als Junge auf dem Gymnasium bereiteten ihn seine Eltern immer wieder darauf vor, daß er einmal in den Betrieb seines Vaters einsteigen sollte.

Schor war sehr gut in Mathematik. Nebenbei war er noch sehr engagiert in der örtlichen Jugendgruppe, wobei er feststellte, daß es ihm großen Spaß machte, mit Kindern umzugehen. Mit siebzehn stellte er sich vor, daß er eigentlich gerne Lehrer werden würde. Als er das einmal zu Hause andeutete, redeten ihm seine Eltern gut zu: »Das kannst du uns doch nicht antun, wo wir doch alles nur für dich aufgebaut haben. Du mußt das fortführen! « Schor fügte sich und trat in den Betrieb seines Vaters ein.

In diesem Abschnitt geht es darum, ob es noch zusätzliche Aspekte gibt, die Ihre heutigen Ziele erweitern und bereichern können. Spannend wird es, Mentales Training anzuwenden, um sich damit auf die Suche, nach dem eigenen Potential zu machen. Damit löst man sich immer mehr von vorgesetzten Normen und sucht danach, was das eigene individuelle Ziel ist. Eigene Ziele erwachsen aus uns selbst. Sie machen Freude. Erst dann wird einen ein Ziel befriedigen und die Erfüllung geben, die man sich wünscht.

Manch einer ist wie zugeschüttet mit Zielen, die andere für erstrebenswert halten. Jedem Kind wird immer wieder gesagt, für welche Ziele es sich anstrengen soll. Wenn die Sportmutti der kleinen Eislaufballerina, die lieber Klavier spielen und musizieren möchte, immer wieder vorsagt: »Du mußt trainieren. Du wirst einmal Olympiasiegerin«, dann wird dieses Kind

Mentales Training gibt einem die Möglichkeit, sich auf die Suche nach dem eigenen Potential zu machen.

Nur dies macht wirklich Freude, da jeder Mensch in gewissen Abschnitten fremdbestimmt handelt.

wahrscheinlich irgendwann einmal »Olympiasiegerin« als eigenes Ziel empfinden. Das setzt sich fort in der Schule, wenn die Lehrer die Wichtigkeit betonen, den Lehrstoff zu beherrschen. Und auch im Berufsalltag ist »Motivation« häufig nichts anderes, als die Ziele anderer zu übernehmen. So scheint jeder zu wissen, was für den anderen gut ist (oder ihm guttun sollte!).

Wie sind Sie zu Ihren Zielen gekommen? Wenn wir uns Zeit zum Nachdenken nehmen, dann erkennen wir, daß sehr viele Ziele einfach aus dem stammen, was unsere Umwelt, unsere Eltern, unsere Freunde, unsere Partner und unsere Unternehmen uns beigebracht haben.

Die Wurzeln unserer Ziele

Welches ist die Geschichte Ihrer Ziele? Wie sind Sie zu Ihren Zielen gekommen?

Wenn Sie nach den Wurzeln und Ursprüngen Ihrer Zielvorstellungen suchen, welche Erinnerungen fallen Ihnen dazu ein?

_____

_____

_____

_____

_____

_____

_____

Diese Überlegungen dienen dazu, einen Schritt zurückzutreten, um Abstand zu den eigenen Zielprogrammen zu erhalten. Aus dieser Distanz kann ich klarer erkennen, in welche Richtung ich mein Leben weiterführen möchte.

Das Zielbild zum Leben erwecken

Ein weiterer Schritt zu einer vollständigen Bilanz geht dahin, sich an die Ziele zu erinnern, die wir irgendwann einmal hatten. Denn wenn jemand aufgegeben hat, sich überhaupt Ziele zu setzen, kann der Grund sein: Er hat resigniert, weil er erkannt hat, daß er seine ursprünglichen Vorstellungen nicht verwirklichen kann. Auch wenn jemand Ziele hat, die ihm nicht »ideal« und erfüllend erscheinen, liegt das daran, daß er seine eigentlichen Ziele irgendwann einmal aufgegeben hat. Jedes dieser ursprünglichen Ziele enthielt aber Werte für uns, äußere und innere. Manchmal geraten solche Werte wieder in Vergessenheit, und es ist gut, sich daran zu erinnern.

Gehen Sie bei dieser Übung so weit in die Vergangenheit zurück, wie Ihre Erinnerung reicht. Selbst der Kindertraum »Lokomotivführer« kann Ihnen zu neuen Einsichten verhelfen.

Gehen Sie in Ihren Gedanken zurück zum Ursprung Ihrer Gefühle. Welche Erinnerungen haben Sie? Wer aufgibt, sich Ziele zu setzen, hat resigniert. Gehen Sie in Ihrer Erinnerung in die Kindheit zurück.

Ziele der Vergangenheit

Welches sind Ziele, die Sie früher einmal hatten?

① _____

② _____

③ _____

④ _____

Welche Werte haben Sie damals mit diesen Zielen verbunden?

① _____
_____

② _____
_____

③ _____
_____

④ _____
_____

Von den Kinderträumen ist es nur ein kleiner Schritt zu den versteckten Träumen des Erwachsenen. Welche Ziele haben Sie als unerreichbar abgeschrieben? Was wäre ein solches absolut unerreichbares Ziel? Was ist ein Ziel, das Sie absolut, ganz und gar, erfüllen könnte? Das ideale Ziel sozusagen! Auch in diesen Träumen stecken Werte, nach denen wir streben. Der Griff nach den Sternen in unserer Phantasie enthält Lehren über unseren Alltag. Es sind Gedankenspielereien, denen ich, ohne Konsequenzen ziehen zu müssen, nachhängen kann, die mir aber wichtige Hinweise geben können.

Lehnen Sie sich zurück, schließen Sie die Augen, und fangen Sie an zu phantasieren. Es kann sein, daß Ihnen das Ziel auf der Zunge liegt und Sie es sofort nennen können. Es ist der Wunschtraum, den Sie schon lange hegen. Oder es ist ein Traum, den Sie sich schon lange aus dem Kopf geschlagen haben. Dann werden immer wieder Gedanken stören wie: »Das ist doch absurd!« Manchmal verbietet eine innere Sperre zu phantasieren, so als ob ein Dammbruch stattfinden könnte, wenn Sie das Träumen anfangen.

In diesen Einwänden spiegeln sich wichtige Erfahrungen, die wir in der Kindheit und Jugend gemacht haben. Immer gab es die »vernünftigen« Erwachsenen, die glaubten zu wissen, was möglich und was unmöglich ist. Die Werte, die aus ihren Ermahnungen (»Bleib auf dem Boden!« – »Sei vernünftig!«) sprechen, sind Anpassung und Zufriedenheit in der Beschränkung. Das ist der Nährboden für Selbstzweifel, die jemand dann sein Leben lang als überflüssiges Gepäck mit sich herumträgt! Diese Zweifel sind feste Programme, die sich wie von selbst abspulen, wenn auf den passenden Knopf gedrückt wird »Ich kann doch nicht...« – »Ich sollte lieber...« Die inneren Einwände sind Gitterstäbe eines Käfigs, der uns gefangenhält.

Sich mit Gewalt gegen die eigenen Zweifel und Widerstände zu sträuben ist nicht sehr erfolgreich. Besser ist es, sie zu respektieren, sich aber nicht von ihnen gängeln zu lassen. Deshalb: Wenn ein Gedanke auftaucht wie: »Das geht doch gar nicht – das ist ja verrückt«, dann nehmen Sie den Gedanken ernst, und sagen Sie sich selbst: »Nein, nein, keine Sorge! Ich drehe nicht durch. Es ist ein Spiel, das ich gerade spiele. Zum Spaß und ohne Verpflichtungen.«

Probieren Sie einfach aus, und notieren Sie jeden Einfall! Wenn Sie bei einer Vorstellung hängenbleiben, die nicht attraktiv genug ist, probieren Sie weiter, und entwickeln Sie Alternativen, unmögliche und verrückte. Denn je vielfältiger und je un-

Von den Kinderträumen ist es oft nicht weit zu den Erwachsenenträumen. Phantasieren Sie, und durchbrechen Sie die innere Sperre. Nehmen Sie Ihre eigenen Zweifel jedoch an. Jonglieren Sie mit Ihren Träumen.

terschiedlicher Ihre Ideen sind, desto besser spielen Sie dieses Spiel. Wie gestalten Sie Ihr Privatleben? Wie ist Ihre Familie, wie Ihre Partnerschaft? Wie geht es Ihnen dabei? Entdecken Sie die kühnsten Vorstellungen und die wildesten Träume. Wie sieht Ihr Partner dabei aus? Tauschen Sie einmal gedanklich Ihren Partner gegen Ihren Traumpartner aus. Ohne schlechtes Gewissen! Probieren Sie einfach aus.

Das ideale Ziel
Was sind Ziele, die Sie absolut, ganz und gar, erfüllen könnten?

Welche Werte verbinden Sie mit diesen Zielen?

Wenn Sie die Vorstellungen, die Sie jetzt entwickeln, plastisch und farbig machen, dann können Sie spüren, wie diese Bilder ihre eigene Kraft entwickeln und Sie anziehen. Es ist deshalb sinnvoll, die bisher entdeckten Werte in die bereits vorhandenen Ziele zu integrieren.

Dabei gibt es drei Möglichkeiten:

- Alle gefundenen Werte leben bereits in Ihren Zielen. Dann können Sie sich über Ihre vollständige Zielbeschreibung freuen.
- Ein neues zusätzliches oder alternatives Ziel entwickelt sich in Ihrem Inneren. Dann arbeiten Sie im folgenden weiter mit diesem Ziel.
- Die erträumten Ziele sind nicht realistisch. Aber Sie erkennen, daß die Werte, die Sie mit diesen Zielen verknüpfen, wenig oder gar nicht in Ihrer früheren Zielbeschreibung vorkommen.

In diesem letzten Fall entspannen Sie sich und lassen Ihre kreative Seite Bilder und Ideen zu der nächsten Frage entwickeln. Schauen Sie zunächst noch einmal die Liste der Werte an, die Sie bei den letzten beiden Übungen zu den alten und neuen Träumen gefunden haben.

Die eigenen Werte mehr leben

Wie können Sie diese Werte mehr in Ihrem Alltag zum Leben erwecken?

Wert _____

Neue Möglichkeiten _____

_____

Wert _____

Neue Möglichkeiten _____

_____

Wert _____

Neue Möglichkeiten _____

_____

Um die Zielbeschreibung noch mehr zu vervollständigen, dienen auch die folgenden Übungen. Jede Überlegung und jede neue Antwort stärken Ihre Vorstellungen und geben Ihren Zielen neue Substanz. Zunächst geht es darum, eine Bilanz zu ziehen, wie Sie Ihre Energie und Zuneigung verteilen.[3]

Bilanz von Energie und Zuneigung

Stellen Sie sich vor, der nachfolgende Kreis enthält Ihre ganze Energie. Teilen Sie diesen Kreis nach den genauen Proportionen auf, auf welche Tätigkeiten (beruflich und privat) Sie Ihre Energie verteilen. Seien Sie dabei so konkret, wie es nur irgend geht.

Stellen Sie sich vor, der nachfolgende Kreis enthält Ihre ganze Zuneigung und Liebe. Teilen Sie diesen Kreis nach den genauen Proportionen auf, auf welche Tätigkeiten Sie Ihre Zuneigung verteilen. Seien Sie dabei so konkret, wie es nur irgend geht.

Vergleichen Sie nun beide Kreise, und achten Sie insbesondere auf die Unterschiede. Was fällt Ihnen dabei auf?

_____

_____

_____

Welche Möglichkeiten können Sie finden, Energie und Zuneigung stärker zusammenzubringen? Ziel ist, daß Sie das, was Sie tun, immer mehr mögen und immer mehr das tun, was Sie mögen.

_____

_____

_____

_____

Die nächste Technik spielt mit verschiedenen Zeitperspektiven. Jeder von uns lebt bei seinen Zielvorstellungen in seinem eigenen Zeituniversum. Im Extremfall lebt der eine nur ganz spontan im Moment, während der andere einen genauen Ziel- und Zeitplan für die nächsten dreißig Jahre vorlegen kann.
Mit den unterschiedlichen Perspektiven zu spielen ist sehr reizvoll, um sich darüber klarzuwerden, was man wirklich will.
Aber zuvor eine Warnung! Wenn Sie die nächste Übung ernsthaft ausführen, dann geht die Durchführung und das Resultat an Ihre Substanz. Lassen Sie die Übung lieber sein, als sie nur halb und oberflächlich auszuführen! Registrieren Sie, wie unangenehm Ihnen manche Gedanken sind, die bei der Übung auftauchen.

Veränderte Zeit- und Zielperspektive
Angenommen, Sie wüßten sicher, daß Sie nur noch eine Woche zu leben hätten – wie verbringen Sie die letzte Woche Ihres Lebens?

_____

_____

_____

_____

Angenommen, Sie wüßten sicher, daß Sie nur noch ein Jahr zu leben hätten – wie verbringen Sie das letzte Jahr Ihres Lebens?

_____

_____

_____

_____

Angenommen, Sie wüßten sicher, daß Sie noch zweihundert Jahre zu leben hätten – wie verbringen Sie diese zweihundert Jahre?

_____

_____

_____

_____

Wenn Sie sich die unterschiedliche Art der Gestaltung dieser verschiedenen Zeiträume ansehen – welche neuen Werte und Qualitäten tauchen hier auf?

_____

_____

_____

_____

Die Übung lebt davon, daß wir unser Leben bis zu einem Endpunkt durchdenken. Dabei ist unser Tod das einzige Ereignis in der Zukunft, dessen wir sicher sein können. Daß dieser Endpunkt auch heute oder morgen sein könnte, diese Gedanken lassen wir erst gar nicht aufkommen. Jeder plötzliche Todesfall in unserem Bekanntenkreis ist ein kurzer Schock, der uns daran erinnert. Aber da wir ja überlebt haben, schaffen wir es meist, mögliche Konsequenzen für unser eigenes Leben zu verdrängen.

Nutzen wir die Perspektive von Endlichkeit für eine weitere Frage.

Bilanz des Lebens

Wenn heute Ihr Todestag wäre – was ist die Bilanz Ihres Lebens? Was erscheint Ihnen im Rückblick als das Wertvolle und Wesentliche?

_____

_____

_____

_____

_____

_____

Wie können Sie die Werte, die Sie durch die Veränderung der Zeitperspektive entdeckt haben, mehr in Ihrem Alltag zum Leben erwecken?

_____

_____

_____

_____

_____

_____

Das Zielbild zum Leben erwecken

Herr Schuhmann ist seit zehn Jahren angestellter Trainer in einer großen Unternehmensberatung. Schon bei der Einstellung hatte Schuhmann den Vorsatz, sich nach ein paar Jahren selbständig zu machen.

Aber irgendwie schafft er es nicht. Jedes Jahr an Silvester nimmt er sich vor, dieses Jahr den Absprung zu packen. »Es müßte doch unheimlich schön sein, die eigene kleine Beratungsfirma zu leiten«, träumt er. Leider findet er nie die Zeit, ernsthaft an die Umsetzung dieser Träume zu gehen. »Schade«, denkt er sich ab und zu. »Ich würde so gern dieses Ziel erreichen! Aber es klappt einfach nicht.« Wenn er dann einmal wieder unzufrieden mit der Organisation in seinem Unternehmen ist, schimpft er sich selbst aus: »Du bist doch ein Versager. So lange willst du schon selbständig sein und packst es nicht. Schau dir doch die anderen an, die es geschafft haben. Streng dich mehr an! Reiß dich zusammen!«

Im Mentalen Training gewinnen wir die meiste Kraft für und durch unsere Ziele, wenn wir in unsere Zielvorstellungen hineinschlüpfen. Je näher, lebendiger und farbiger Bilder vor das innere Auge treten, desto schneller verwandeln sich nüchterne Worte in eine anziehende Vision. Dagegen haben Ziele, die nur aus abstrakten Begriffen ohne Fleisch und Blut bestehen, oder Ziele, die vor dem inneren Auge ein weites Stück in der Ferne liegen, keine oder nur geringe Wirkung auf den Alltag.

Die Wirkung durch intensive Zielbilder ist verblüffend. Unser Gehirn kann bei intensiven inneren Bildern nicht unterscheiden, ob es eine Realität aus der Vergangenheit oder ein Zukunftsbild ist. Wenn wir in das Bild hineinschlüpfen, wird es für unser Erleben wahr. Dadurch erreichen wir einen doppelten Gewinn:

Wie wir bisher gesehen haben, gewinnen wir die meiste Kraft für unsere Ziele, wenn wir in unsere Zielvorstellungen schlüpfen, uns in lebendige, farbige Bilder hineinprojizieren. So wird das Bild zur Realität.

- Wir gewinnen Kraft für die Gegenwart. Durch unser Zielbild setzen wir die Kette Wort–Bild–Gefühl–Kraft in Gang. Damit finden wir in einem zukünftigen Ereignis genauso viele Ressourcen wie in der Erinnerung an einen vergangenen Erfolg. Jede Vorstellung von unserem Zielbild tut uns gut und stärkt uns.
- Wir nutzen die Anziehungskraft der inneren Bilder und erhalten eine intensive Vorstellung von der Richtung, in die wir uns bewegen wollen. Das Zielbild wird wie eine Art Fixstern, der uns in Zukunft vor Augen steht und uns die Richtung gibt. Bei aktuellen Entscheidungen können wir immer das Zielbild zu Rate ziehen, in welche Richtung wir uns weiterbewegen wollen.

Dies ist anders als der herkömmliche Weg, wo häufig jemand mit Gewalt versucht, seine Ziele zu erreichen. Die Betreffenden versuchen genügend Druck auf sich auszuüben, um zu ihren Zielen zu gelangen. Es wird anstrengender und anstrengender. Mit den anziehenden Zielbildern beenden wir den inneren Zwang. Statt daß wir uns stoßen und drücken müssen, um den Weg zu unserem Ziel zu gehen, zieht uns das Ziel von ganz allein zu sich hin.

Bisher haben wir viele Techniken und Übungen eingesetzt, um eine umfassende Vorstellung von der Zukunft, die sie anstreben, zu erhalten. Jetzt ist es Zeit, die Ziele konkret, farbig und plastisch auszumalen. Der entscheidende Schritt dabei ist, die gewünschte Zeit in die Zukunft zu gehen und ganz und gar in das Zielbild einzusteigen. Dabei tun Sie so, als ob Sie das Ziel bereits erreicht hätten. Sie sehen den Ort, an dem Sie sich befinden, begegnen den Menschen dort. Sie hören die Gespräche und Ihr eigenes inneres Selbstgespräch. Sie spüren, wie es Ihnen geht, und können von innen her überprüfen, ob alles genau stimmt. Sie füllen alle noch vorhandenen Lücken mit

Jedes Ziel hat seinen Preis

Ihrer Phantasie aus und verbessern diese Vorstellungen immer mehr, genau nach Ihren Wünschen.

Gestalten Sie sich selbst mutig einen Tag in der Zukunft, an dem alle Ihre Ziele verwirklicht sind.

Wo leben und arbeiten Sie? Sitzen Sie von morgens 7 Uhr bis nachts um 22 Uhr an Ihrem Arbeitsplatz? Oder wie lange genau? Wie sieht Ihr Büro aus? Mit Pflanzen und hellen Fenstern? Und wie groß ist Ihr Schreibtisch? Ist er leer oder voll? Mit welchen Leuten haben Sie zu tun (Mitarbeiterinnen und Mitarbeiter, Kolleginnen und Kollegen, Kunden und Konkurrenten)?

Wie geht es Ihnen bei Ihrer Arbeit? Fühlen Sie sich voller Energie und Spannkraft oder voller Gelassenheit und Souveränität? Oder fühlen Sie beides zugleich? Können Sie sich vorstellen, wie Sie die Gefühle von Stolz und Zufriedenheit spüren?

Was sagen Sie dann zu sich selbst? Welches sind die Sätze, die Sie am meisten freuen, Ihnen die meiste Kraft geben?

Mit angenehmen Zielbildern beenden wir den Druck, den manche Ziele auf uns ausüben. Malen wir uns dann aus, wir hätten das Ziel bereits erreicht, wie sieht unsere Umgebung dann aus?

195

Wie geht es Ihnen körperlich? Was tun Sie für Ihre Gesundheit?
Wie sieht Ihr optimales Privatleben (Freundschaften, Beziehungen, Familie) aus?
Erleben Sie ein paar Stationen Ihres Tagesablaufs.

Schritt in die Zukunft
Ich bin . . . Jahre weiter.

① Station

Wo sind Sie? Was und wen sehen Sie um sich herum? Beschreiben Sie genau!

_____

_____

_____

_____

Was hören Sie?

_____

_____

Was sagen Sie sich selbst?

_____

_____

Wie fühlen Sie sich?

_____

_____

② Station

Wo sind Sie? Was und wen sehen Sie um sich herum?
Beschreiben Sie genau!

_____

_____

_____

_____

Was hören Sie?

_____

_____

Was sagen Sie sich selbst?

_____

_____

Wie fühlen Sie sich?

_____

_____

③ Station

Wo sind Sie? Was und wen sehen Sie um sich herum?
Beschreiben Sie genau!

_____

_____

Was hören Sie?

_____

_____

Was sagen Sie sich selbst?

_____

_____

Wie fühlen Sie sich?

_____

_____

④ Station

Wo sind Sie? Was und wen sehen Sie um sich herum?
Beschreiben Sie genau!

_____

_____

_____

_____

Was hören Sie?

_____

_____

Was sagen Sie sich selbst?

_____

_____

Wie fühlen Sie sich?

_____

_____

Hilfreich ist es, auch diese Zielvorstellung auf eine Kassette zu besprechen. Lernen Sie zunächst mit der Entspannungskassette, sich zu entspannen. Dann nutzen Sie die Zielkassette zum täglichen Üben.

Herr Schuhmann, dessen Ziel es ist, als Unternehmensberater und Trainer selbständig zu werden, hat sich eine Kassette besprochen mit Zielvorstellungen, die drei Jahre weiter liegen:

Ich bin drei Jahre weiter, im Jahr . . .

Ich frühstücke zu Hause gemütlich und ohne Zeitdruck mit Frau und Kindern. Ich weiß, daß meine Sekretärin alles erledigt, was in der Zwischenzeit an Anrufen von Kunden eingeht. Ich sage mir voll Freude: »Du kannst dir Zeit lassen, du bist dein eigener Herr.«

Ich komme in meinem Büro an und schaue mir den freundlichen hellen Raum mit den zwei großen Grünpflanzen mit Genugtuung an. Voller Energie setze ich mich hinter meinen Schreibtisch, auf dem wohlgeordnet alles Wichtige vorbereitet ist. Ich führe mein erstes Telefongespräch mit meinem wichtigsten Geschäftspartner und melde mich ruhig und sicher mit Unternehmensberatung Schuhmann.

Ich plane meine wichtigsten neuen Aktivitäten und bin froh, daß ich ganz allein dafür verantwortlich bin und alle meine Ideen umsetzen kann.

Um 16 Uhr gehe ich wie täglich eine halbe Stunde zum Waldlauf und genieße hinterher die heiße und kalte Dusche. Abends bin ich eingeladen, um einen Vortrag vor dem Unternehmerverband zu halten. Voller Selbstvertrauen steige ich aufs Podium und

Sprechen Sie auch diese Testerfahrung auf eine Kassette, und nutzen Sie sie zum täglichen Üben. Herr Schuhmann hat sich eine Kassette besprochen und seine Ziele drei Jahre in die Zukunft versetzt.

berichte über neue Möglichkeiten, Betriebskosten zu senken. Anschließend freue ich mich über den Beifall, der mir entgegenschlägt. »Gut gemacht«, sage ich mir. Ich bleibe hinterher noch eine halbe Stunde und knüpfe zwei wichtige neue Kontakte. Dann habe ich meinen letzten angenehmsten Termin am Abend: Ich trinke noch ein Gläschen Wein mit meiner Frau, und wir erzählen uns gegenseitig, was wir heute erlebt haben. Für das Besprechen der Zielkassette ist hilfreich:

- Sprechen Sie eine kurze Anregung zur Entspannung am Anfang.
- Beschreiben Sie genau eine oder mehrere Situationen, wenn das Ziel erreicht ist. Was sehen Sie? Was hören Sie? Was spüren Sie?
- Machen Sie die Bilder so präzise wie möglich.

Außerdem:

- Erinnern Sie sich tagsüber immer wieder an Ihr Ziel.
- Suchen Sie nach Gegenständen und (äußeren) Bildern, die für Sie Ihr Ziel verkörpern. Finden Sie dafür einen guten Platz in Ihrer Umgebung, zum Beispiel auf dem Schreibtisch. Schauen Sie bewußt immer nach diesen Zielerinnerungen.

Jedes Ziel hat seinen Preis

Von Zielen zu träumen ist schön. Jede dieser Visionen vom erreichten Ziel zeigen uns Glück und Zufriedenheit, die auf uns warten.

Was wir dabei allerdings nicht sehen, ist das, was wir für unser Ziel aufgeben müssen. Denn jedes Ziel hat seinen Preis. Ein Ziel muß uns so wichtig sein, daß wir gern (oder ungern) den Preis dafür bezahlen. Der Preis besteht darin, daß wir Vorteile unserer gegenwärtigen Situation aufgeben müssen oder sie zumindest riskieren.

Die Wurzeln unserer Ziele

Ganz gleich, wie sehr jemand auf seine aktuelle Situation schimpft, wie sehr er manchmal über sein Leben klagt, er zieht gleichzeitig irgendwelche Vorteile aus der gegenwärtigen Situation. Diese Vorteile übersieht der einzelne und nimmt sie als selbstverständlich. Und wenn es nur (!) die Sicherheit ist, die der jetzige Zustand bietet. Manchmal ist es schlicht Faulheit, gemütlich im warmen, wenn auch etwas zu engen Nest zu hokken, anstatt sich draußen die kalte Luft um die Nase blasen zu lassen. Lieber das bekannte Unglück als die Risiken auf einem Weg zu einem (möglichen) unbekannten, ersehnten Glück!

Vor vielen Jahren bin ich einmal als Tramper in dem Mercedes eines erfolgreichen, aber gestreßten Rechtsanwalts mitgefahren. Er erzählte mir seinen Traum: Sich zurückziehen nach Griechenland und dort Gurken züchten. Verzückt beschrieb er

Jede Vision von einem erreichten Ziel bringt uns Glück und Zufriedenheit. Da jedes Ziel seinen Preis hat, müssen wir es riskieren, einige Vorteile aufzugeben. Jede Situation hat ihre Vorteile, man muß sie nur sehen.

das Leben dort: In der warmen Sonne auf der Veranda sitzen, genießen, entspannen, und an der Hauswand ranken sich die Stauden mit dicken Gurken hoch, wachsen dort ganz von allein.

Aber wie mir als Beifahrer schien: ein Traum, den er nie verwirklichen wird. Dabei hat er soviel Sehnsucht nach dem anderen Leben. Aussteigen! Gurken züchten in Griechenland oder Fischer sein in der Karibik, das ganz einfache Leben – ja, das wäre es! Aus den ganzen Zwängen einfach ausbrechen, frei sein! In die Unsicherheit, ins Abenteuer, ins richtige Leben!

Denn was bei sehnsüchtigem Blick in die Ferne gern übersehen wird, das sind die Vorteile, die das aktuelle, wenn auch stressige Leben bietet. Da ist Sicherheit, Geld und das gesellschaftliche Ansehen. Das wiegt schwer in der Waagschale, wenn Sie beginnen, Aufwand und Nutzen abzuwägen. Was wäre der Aufwand für Ihr Ziel? Was müssen Sie aufgeben, um dahin zu gelangen? Was ist der Preis, und welches sind die Risiken?

Sie müssen sich über die Nachteile Ihres Ziels klarsein, um entscheiden zu können, ob sich das Ganze lohnt. Schauen Sie sich die Nachteile auf dem Weg genau und plastisch an. Wer mit vierzig immer noch davon träumt, einmal als Arzt und »Halbgott in Weiß« Patienten zu heilen, dabei aber noch nicht einmal das Abitur in der Tasche hat, für den ist es sinnvoll, die Bilanz von Aufwand und Nutzen zu ziehen. Aber nicht nur für einen solchen Extremfall ist der scharfe Blick notwendig.

Kosten-Nutzen-Bilanz
Was sind die Vorteile Ihres gegenwärtigen Zustands?

_____

_____

_____

_____

Was ist der Aufwand, um Ihr Ziel zu erreichen?
Welche Vorteile müssen Sie aufgeben oder riskieren?

_____

_____

_____

_____

_____

Sind Sie bereit, die Vorteile aufzugeben oder zu riskieren?

Wenn JA, lesen Sie weiter!

Wenn NEIN, beantworten Sie die nächste Frage!

Welche Möglichkeiten gibt es, Ihr Ziel so zu ändern, daß Sie die
für Sie wichtigen Vorteile Ihres gegenwärtigen Zustands beibehalten?

_____

_____

_____

_____

_____

Sind Sie bereit, den Preis für Ihr verändertes Ziel zu bezahlen
und Vorteile aufzugeben oder zu riskieren?

Wenn JA, lesen Sie weiter!

Wenn NEIN, geben Sie Ihr Ziel auf!

Viele Menschen, die einen verantwortungs-vollen Beruf haben, wünschen sich nichts sehnlicher als auszusteigen. Dabei übersehen sie, daß auch das stressige Leben viele Vorteile bietet.

Durch diese Bilanz erfahren Sie, wie wichtig Ihnen das Ziel ist. Die entscheidende Frage war: Lohnt sich das Ganze? Bin ich bereit, die Vorteile des bisherigen Lebens aufzugeben oder zu riskieren? Ja oder nein?

Wenn ja, dann gehen Sie Ihren Weg zu Ihrem Ziel. Durch die folgenden Übungen werden Sie noch mehr Kraft und Zielstrebigkeit bekommen, um die nächsten Schritte zu tun.

Wenn nein, geben Sie dieses Ziel auf. Verabschieden Sie sich von dem bisherigen Traum. Einer der wichtigsten Schritte, um sein Leben in die Hand zu nehmen, ist der Abschied von illusorischen Träumen. Illusorische Träume sind die Träume, die ich nie erreichen möchte, weil mir der Preis zu hoch ist. Denn mancher träumt nur deshalb so gern den unmöglichen Traum, weil er zu weit weg ist. Damit hat er die beste Entschuldigung, nichts zu verändern. Er ist geschützt vor den kleinen Veränderungen und ihren Risiken. Das Alles-oder-nichts-Prinzip klingt so heroisch – und ist doch so preiswert, wenn jemand sich für das »Nichts« entscheidet. Damit darf er sich als Opfer einer Situation fühlen, für die er nicht verantwortlich ist. Denn »eigentlich« möchte er ja etwas ganz anderes.

Mit dem Entschluß, alte Träume gehen zu lassen, wird Kraft frei, die lange gebunden war. Es ist Kraft für neue Träume und Visionen, die fern, aber doch erreichbar sind. Suchen Sie sich neue Ziele!

Die Stationen auf dem Weg zum Ziel

Ganz gleich, wie nahe oder entfernt die Ziele für Sie sind, interessant ist es, sich den möglichen Weg dahin einmal vorzustellen. Wie könnte ein Weg zu diesem Ziel hin aussehen?

Wer eine Urlaubsfahrt mit dem Auto durch Afrika vorbereitet, der sucht zunächst nach den Stationen und Teilzielen der Reise. Er plant genau, was er alles an Ausrüstung mitnehmen muß. Dann überlegt er sich, an welchen Stellen er Benzin und Proviant erhalten kann. Besonders setzt er sich mit Schwierigkeiten und Hindernissen auseinander und überlegt sich, wie er sie bewältigen kann.

Mentales Training nutzt für die Planung auf dem Weg zum Ziel die geistige Kapazität auf eine besondere Weise. Wir stellen uns vor, das Ziel erreicht zu haben. Von hier aus schauen wir zurück und sehen alles im (vorgestellten) Rückblick. Wir erkennen genau Teilstrecken, Hindernisse und ihre Bewältigung.

Als Illustration, wie diese Methode in einem Unternehmen durchgeführt wird, soll der ausführliche Bericht von John Sculley, dem Topmanager bei Apple, in seinem Buch *Meine Karriere bei PepsiCola und Apple* dienen. Er beschreibt die Zukunftsplanung, wie sie 1987 durchgeführt wurde:

Die meisten Unternehmen planen für die unmittelbare Zukunft. Die Unternehmensplaner und der Leiter des Unternehmens entscheiden, welche Richtung im nächsten Jahr oder in den nächsten zwei Jahren eingeschlagen werden soll, indem sie sich an der Vergangenheit ausrichten und ihre Erfahrungen in die Zukunft extrapolieren. Auf diese Weise kann man gleich sagen, daß man eine große Zukunft bereits hinter sich hat.

Unsere Art der Planung ist ganz anders und recht simpel: Wir trennen die kurzfristige Planung für die kommenden 24 Monate von der langfristigen Planung über die Richtung Apples in den

Stellen Sie sich die Frage nach dem Aufwand, um Ihr Ziel zu erreichen. Welche Vorteile müssen Sie aufgeben? Durch diese Bilanz werden Sie feststellen, ob Ihnen dieses Ziel wichtig genug ist.

205

neunziger Jahren. Für die letztere versetzen wir uns weit in die Zukunft und arbeiten uns dann in kleinen Zeitabschnitten zurück. Wir fragen uns: Wie wird das Jahr 1992 aussehen? In unserer Vorstellung schaffen wir uns ein anschauliches Bild davon, wie die gesamte Wirtschaft, unser Industriezweig und unser Unternehmen aussehen wird. Dann kehren wir in die Gegenwart zurück und überlegen uns, was wir im einzelnen Schritt für Schritt unternehmen müssen, um der Zukunft gewachsen zu sein. Was müssen wir zum Beispiel 1989 tun, um unsere Vision für 1992 realisieren zu können? Wir nennen diese Art der Planung: »Eine Planung zurück in die Zukunft.«

Als wir mitten in der Krise steckten, half uns diese Art zu planen erkennen, daß wir trotzdem zuversichtlich sein konnten, denn wir sahen eine Computerindustrie, die sich auf graphische Leistungsfähigkeit und bessere Interfaces für den Benutzer konzentriert. Glücklicherweise waren das unsere Stärken und IBMs wundester Punkt. Wir schätzten, einen 18- bis 24monatigen technologischen Vorsprung vor IBM zu haben. Unser Blick in die Zukunft überzeugte uns jedoch auch davon, daß wir auf beiden Gebieten mit Pionierleistungen weiterhin aufwarten mußten.

Dieser Ansatz war auch für Bill McGowan, den Chairman von MCI Corp., hilfreich. Er stellt sich vor, mit seinem Unternehmen bereits ein oder zwei Jahre weiter in der Zukunft zu stehen. Deshalb führt die Planung bei MCI dazu, daß man glaubt, sich schon im Jahr 1989 zu befinden. Aus dieser in die Zukunft verschobenen Perspektive blickt McGowan in die Gegenwart zurück und stellt sich die Frage: »Was hätte ich vielleicht 1987 anders entschieden, wenn ich gewußt hätte, was ich 1989 weiß?«

Der Präsident der Stanford University, Donald Kennedy, folgt ebenfalls dieser Methode. Nachdem er sich in das Jahr 2020 versetzt hat, um sich vorzustellen, wie die Hochschulerziehung in der Zukunft aussehen wird, blickt er zurück und fragt sich, was Stanford in den Jahren 1987 bis 2019 tun muß, um sicherzustellen, daß sich die Vision der Universität im Jahr 2020 auch realisieren läßt.

Diese Planungsmethode erweitert die zeitlichen Grenzen des Denkens, und sie liefert zwei überaus wertvolle Zutaten für eine effektive Planungsarbeit: neue Perspektiven und sinnvolle Fragen. Wir versuchen, die richtigen Fragen zu stellen und uns nicht zu sehr an den Antworten festzuklammern. Unser Navigationssextant für die Reise in die Zukunft ist die Bestimmung unserer Identität sowie die Festlegung unserer Zielrichtung und unserer Wertmaßstäbe, bei der uns Professor Steven C. Wheelright und die Stanford Business School halfen. Sie lieferten den Rahmen, innerhalb dessen Apple sich halten muß, um seine große Vision von der Veränderung der Welt zu realisieren. Einige Tage lang diskutierten rund 150 unserer Mitarbeiter aus dem mittleren Management unter Anleitung der Stanford Business School darüber, wie diese Rahmenbedingungen aussehen und was sie für Folgen haben sollten. Anschließend versuchte die Geschäftsleitung von Apple, ihre Vorstellung darüber zu formulieren, wie Apple im Jahre 1992 aussehen sollte. Dabei beachteten wir selbst kleinste Details und diskutierten jeden Funktionsbereich des Unternehmens, noch bevor wir uns über die Realisierung der einzelnen praktischen Schritte im klaren waren. In jedem Einzelfall versuchten wir, von der Perspektive des Jahres 1992 auf das Jahr 1987 zu blicken und uns zu fragen, welche Änderungen schon im Jahre 1988 durchgeführt werden müßten, um auch wirklich das Unternehmen Apple aufzubauen, das uns vorschwebte. Natürlich zeigten sich auf diese Weise ganz andere Prioritäten als bei einem normalen Unternehmensplanungsprozeß. Danach versetzten wir uns immer noch weiter in die Zukunft. Indem wir uns mindestens die nächsten fünf oder zehn Jahre bildhaft vorstellen, begreifen wir, daß es einen kulturellen Bruch darstellt, über einen Dreijahresplan hinauszugehen, aber wir sind interessiert daran zu erfahren, wann sich unsere Träume schließlich erfüllen werden.

Mentales Training hilft dabei, sich das visualisierte Ziel in die Gegenwart zu holen. John Sculley, der Topmanager von Apple, beschreibt dies sehr eindrucksvoll. Apple nennt es »Eine Planung zurück in die Zukunft«.

207

Wie sicher können wir sein, daß unsere Art Planung auch nur die geringste Zuverlässigkeit bietet? Wir wissen, daß wir eine Vision vom Einsatz des Personalcomputers haben, die mit der Zeit immer bedeutender werden wird. Wir wissen auch, daß die Zukunftstechnologien, die heute in den Laboratorien der besten Universitäten entwickelt werden, noch mindestens zehn bis fünfzehn Jahre benötigen, bis sie ausgereift genug sind, um kommerzialisiert werden zu können. Diese Technologien spüren wir auf, indem wir im Rahmen unserer Vision die Zukunft unseres Unternehmens und der ganzen Industrie mit unseren Ideen zu gestalten versuchen.

Wir fragen uns auch, was unsere Konkurrenten in der Zukunft auf die Beine stellen werden, denn wir streben ständig nach bedeutenden Unterschieden, die sich lange aufrechterhalten lassen. In der Hochtechnologie wird die Zeit komprimiert, und Vorsprünge lassen sich nicht lange halten. Wenn man versucht, sie an ein einziges Produkt oder an eine einzige Lösung zu binden, kann man einen schwerwiegenden Fehler begehen. Planung muß ein flexibler, oft auch intuitiver Navigationsprozeß werden, sie darf keine starre geregelte Prozedur bleiben, die sich nur nach Trends und Projektionen ausrichtet.

So gehen wir auch ganz anders an die Produktplanung heran. Bei Apple beginnt sie mit ungehinderten Träumereien. Wir limitieren die Ideenschöpfung am Anfang nicht durch eine Ausrichtung auf das Praktische – das kann die Möglichkeiten nur einschränken. Die grenzenlosen Träume werden erst später in pragmatische verwandelt. Als Einstein versuchte, sich seine Relativitätstheorie vorzustellen, sah er sich in der Phantasie auf einem Photon im Weltall sitzen, das sich mit 300 Kilometern pro Sekunde vorwärts bewegte.

Larry Tesler, unser Vizepräsident für wissenschaftliche Entwicklungsverfahren, reitet auch auf einem Photon. Er sucht nach neuen Technologien für Apple-Produkte. Sein Team erfindet keine

Produkte, sondern technologische Objekte, die dazu beitragen, die wildesten Träume, die man sich vorstellen kann, in Realität zu verwandeln. Er sagt zum Beispiel: Wie Science-fiction-Schriftsteller denken wir an die verrücktesten, total unnützen Dinge. Wir sagen: »Wäre es nicht wundervoll, wenn man zur Decke hinaufschauen und den Namen einer Person sagen könnte, die dann sofort hierherkäme?« Oder: »Wäre es nicht nett, wenn man in diese Graphik an der Wand hineinfassen und diesen Silberball drehen könnte?« Wir denken wie die Menschen, die sich Science-fiction-Filme oder -Bücher ausdenken. Und genau diese Leute stellen wir auch ein.

Dann fangen wir an, die Idee von allen Seiten her abzuklopfen. Irgendeiner sagt vielleicht: »Das ist verrückt. Dafür gibt es keine praktische Verwendbarkeit. Warum sollte irgend jemand etwas kaufen, das es ihm ermöglicht, in eine Graphik hineinzufassen und einen Ball zu drehen?« Nun, vielleicht würde er es nicht. Aber was ist mit einem Architekten in einem Unternehmen, der auf eine dreidimensionale Darstellung eines ganzen Gebäudes blickt und versucht, sich vorzustellen, wie er das Gebäude einrichtet? Wenn er in diese Darstellung hineinfassen und die Möbel und Trennwände anfassen und sie hin und her schieben könnte, würde das seinen Job sehr viel einfacher machen. Und was ist, wenn er auf die Wand zeigen könnte, mit einer Maus klickt und sehen kann, wo die Wasser- und Elektroleitungen verlaufen?

Man fängt an, sich vorzustellen, was man mit einer Idee wirklich erreichen kann. Dann vergleicht man die vorhandene Technologie mit den Möglichkeiten, ein solches Ding zu entwerfen. Wir nehmen unsere Phantasien und vergleichen sie mit dem, was die Menschen wirklich brauchen und nähern uns schrittweise einem praktischeren Ding. Manche der völlig abwegigen Dinge werden verworfen. Schließlich wird daraus ein Projekt mit einem eigenen Leben. Dann ist es keine Vision mehr. Der Rest ist klug angewandtes Ingenieurwissen.

Wichtig ist hierbei auch die Frage nach den Zukunftsvisionen der Konkurrenten. Die Produktplanung bei Apple beginnt mit Träumereien. Erst in einem zweiten Schritt werden die Träume umgesetzt.

209

Nicht weniger entscheidend ist es, daß diese Planungsarbeit ein Teil der geistigen Haltung innerhalb des Unternehmens sein muß. Unsere Leute denken die ganze Zeit an diese Dinge. Sie veranstalten keine alljährliche Konferenz, um sich einmal im Jahr Methoden zur Planung für die Zukunft auszudenken. Sie gehört zur Identität, den Wertvorstellungen und der Vision des Unternehmens und kann von jedem Apple-Angestellten rund um die Welt auswendig aufgesagt werden.

Hier handelt es sich um den Typus des weitreichenden Denkens, das die Organisation durchdringt und nichts mit dem jährlichen Abwickeln des Geschäftsplans zu tun hat. (Wie übertragen wir strategische Fragen und Prioritäten in den Geschäftsplan der nächsten zwei Jahre; welche Projekte werden wir auf den Markt bringen; wie werden wir sie durchsetzen; und welche Mittel werden wir dafür aufwenden?) Der Unterschied besteht darin, der Norm einen Rahmen der langfristigen Zukunftsplanung gegenüberzustellen.

In vielen Fällen läuft die Planung eines langfristigen Kurses im amerikanischen, Geschäftsleben – das normalerweise mit Quartalserfolgen beschäftigt ist – auf einen Bruch mit der Tradition hinaus. Dennoch müssen wir, wenn wir besser für die Zukunft planen wollen, viele unserer eingefleischten Gewohnheiten ablegen.

Hören wir auf, das Geschäft und die Planung seiner Zukunft strikt nach der Bilanz zu beurteilen. Unser Blick auf das Geschäft ist gegenwärtig in jeder Hinsicht auf die Finanzen konzentriert. Laßt uns statt dessen den Kreativwert eines Unternehmens betrachten: Wieviel unserer Einnahmen stammt von Produkten, die wir nicht im vergangenen Jahr herstellten? Das könnte man nicht machen, wenn man keine kreative Organisation ist. Dieser Maßstab der Kreativität ist wesentlich für die Planung unserer Zukunft. Wir fragen uns beständig, wie wir es schaffen können, diesen Prozentsatz aufrechtzuerhalten.

Einige andere Unternehmen richten sich nach ähnlichen Maßstäben. Ford veränderte kürzlich seine gesamte Produktionslinie. IBM hat einen kühnen Schritt unternommen und die gesamte Personalcomputerlinie völlig verändert. Wenn sie in der Wahl ihrer Produkte sorgfältig vorgehen, werden bis zu 50 Prozent ihrer Einnahmen von Produkten herrühren, die sie im vergangenen Jahr noch nicht herstellten.

Man kann ebenfalls einen Kreativitätsindex für Länder errechnen, der sich darauf konzentriert, was diese Länder in der Zukunft tun werden und nicht, was sie in der Vergangenheit taten. Und dann würde man gerade jetzt sehen, daß Japan vielleicht in mehr Schwierigkeiten steckt, als uns bewußt ist.

Planen für die Zukunft heißt bei Apple genau das. Mehr als alles andere glauben wir, daß die beste Methode, die Zukunft vorauszusagen, darin besteht, sie zu erfinden. Wir besitzen das Selbstvertrauen, unser Schicksal selbst zu formen.«[4]

Nutzen Sie diese Technik jetzt für Ihre persönliche Zukunftsplanung.

Blick aus der Zukunft in die Vergangenheit
Gehen Sie den Schritt in Ihre vorgestellte Zukunft. Schlüpfen Sie in Ihr Zielbild hinein. Genießen Sie einen Moment lang den guten Zustand, und beantworten Sie dann folgende Fragen.

Ich bin . . . Jahre weiter.

Blicken Sie von diesem Zeitpunkt zurück in die Vergangenheit, und schauen Sie sich genau den Weg zu Ihrem Ziel an.

Diese Art der Planung muß Teil der geistigen Haltung des Unternehmens sein. Kreativität ist dabei ein wesentlicher Bestandteil. Die beste Methode, die Zukunft vorauszusagen, ist, sie zu erfinden.

Was waren wichtige Stationen auf diesem Weg?

① _____

② _____

③ _____

④ _____

Was waren die schwierigsten Hindernisse, sowohl von der Sache wie auch von Ihrer Person her?
Wie haben Sie diese Hindernisse bewältigt?

① Hindernis

_____

Bewältigung

_____

_____

_____

② Hindernis

_____

Bewältigung

_____

_____

_____

③ Hindernis

_____

212

Bewältigung

_____

_____

_____

④ Hindernis

_____

Bewältigung

_____

_____

_____

Welche Hilfsmittel haben Sie auf diesem Weg genutzt?

_____

_____

_____

Welche persönliche Eigenschaften und Qualitäten haben Sie wie auf diesem Weg eingesetzt und neu hinzugewonnen?

_____

_____

_____

Diese Technik ist ebenfalls hervorragend geeignet, um Lösungen in Situationen des beruflichen Alltags zu finden, bei denen Sie nicht weiterwissen.

Hauptabteilungsleiter Schneider muß eine Reihe von organisa-
torischen Änderungen und Umbesetzungen in seinen Abteilun-
gen vornehmen. Er hat schon mehrfach mit den Betroffenen
gesprochen, aber es zeichnet sich keine Lösung ab, sondern die
Diskussionen werden immer heftiger. Die Gerüchteküche kocht.
Als Herr Schneider langsam den Überblick verliert, beschließt er
die Technik vom Blick aus der Zukunft in die Vergangenheit anzu-
wenden.
Er stellt sich vor, drei Monate weiter zu sein. Zu diesem Zeitpunkt
sitzt er zufrieden in seinem Büro, freut sich, wie er damals vor drei
Monaten die verfahrene Situation gelöst hat, so daß inzwischen
jeder Beteiligte zufrieden ist. Im Rückblick schaut er sich noch
einmal den Weg an, den er damals gefunden hat, wie dieser die
organisatorischen Notwendigkeiten und die persönlichen
Bedürfnisse zusammengebracht hat. Als er wieder in die Gegen-
wart zurückkommt, hat er neue Einsichten gewonnen. Plötzlich
sieht er deutlich nächsten Schritt und die nächsten Gespräche,
die er führen muß, um das zukünftige Ziel in drei Monaten zu
erreichen.
Und tatsächlich: Drei Monate später sitzt er zufrieden in seinem
Büro und freut sich darüber, wie er damals die verfahrene Situa-
tion gelöst hat.

In dem Moment, in dem Sie in die Zukunft schauen und sich
vorstellen, das Problem gelöst zu haben, werden alle Ressour-
cen in Ihnen wach. Dabei ist es wichtig, daß es nicht lediglich
eine intellektuelle Vorstellung ist, daß ich mir nur vorsage, das
Problem gelöst zu haben. Entscheidend ist das ganzheitliche
Erleben, das Hineinschlüpfen in das Zielbild mit all den guten
Gefühlen. Dann werden Sie in der Retrospektive die optimale
Lösung erkennen.
Probieren Sie die Technik gleich aus für ein aktuelles Problem,
für das Sie noch keine Lösung wissen.

Blick aus der Zukunft auf die Problemlösung

Entscheiden Sie sich für den Zeitpunkt, wie weit Sie in die Zukunft gehen, so daß das Problem bereits gelöst ist.

Ich bin . . . Tage/Wochen/Monate weiter.

Ich stelle mir vor, wie es mir gutgeht und wie ich mich freue, dieses Problem gelöst zu haben. Ich genieße den Zustand eine kurze Zeit.
Jetzt blicke ich aus der Zukunft zurück in die Vergangenheit und betrachte genau den Weg, wie ich das Problem gelöst habe. Was habe ich als Schritte unternommen?

_____

_____

_____

_____

_____

_____

_____

_____

_____

_____

_____

_____

_____

Wenn Sie sich vorstellen, ein Problem bereits gelöst zu haben, werden alle Energien in Ihnen wach. Entscheidend ist jedoch das Hineinschlüpfen in das Zielbild, mit allen guten Gefühlen.

Jede kleine Entscheidung
des Alltags ist ein Schritt

Tag für Tag gibt es immer wieder kleine Entscheidungen zu fällen. Stehe ich gleich nach dem Weckton auf und frühstücke in Ruhe, oder drehe ich mich noch einmal um und döse ein Viertelstündchen weiter? Fahre ich mit dem Fahrstuhl zum Büro im vierten Stock, oder benutze ich die Treppe? Nehme ich den Termin mit Herrn Maier als ersten oder das Gespräch mit Frau Schulz? Habe ich am Ende des Arbeitstages noch zehn Minuten Zeit für die Planung des nächsten Tages, oder fahre ich gleich nach Hause? Nehme ich Arbeit mit, oder lasse ich sie im Büro?

Sie haben im letzten Abschnitt eine Grobplanung für den Weg zu Ihrem Ziel hin vorgenommen. Die nächsten Schritte geben Ihnen die nötige Entscheidungshilfe und Motivation, die für Ihr Ziel jeweils richtigen kleinen Entscheidungen zu treffen.

So schön es ist, positive Vorstellungen zu entwickeln, so nützlich mag es sein, einmal in die entgegengesetzte Richtung zu schauen. Es ist reizvoll, auch diese Überlegungen auszuspinnen. Was wäre Ihre schlimmste Aussicht der Zukunft? Werfen Sie einen pessimistischen Blick auf Ihre Weiterentwicklung in Berufs- und Privatleben, wenn alle negativen Tendenzen so weitergehen wie bisher oder schlimmer werden.

Greifen Sie auch jetzt wieder zu der richtigen Mischung aus phantasievoll und realistisch! Es geht hier nicht um das Ausmalen der schlimmstmöglichen Katastrophe, sondern eher um die Vorstellung, daß Sie sich einfach nur hängen und treiben lassen. Bei Entscheidungen treffen Sie immer die im Augenblick bequemste. Probleme schieben Sie grundsätzlich vor sich her und sitzen sie beharrlich aus. Sie gehen den Weg des geringsten Widerstandes

Malen Sie sich dieses Bild plastisch aus, und gehen Sie den Schritt in die Zukunft.

Die schlimmste Zukunft

Gehen Sie den Schritt in Ihre vorgestellte negative Zukunft.

Ich bin . . . Jahre weiter.

Wo stehen Sie beruflich?

_____

_____

_____

_____

Wie steht es um Ihre Gesundheit und Ihren körperlichen Zustand?

_____

_____

Wie sind Ihre Kontakte am Arbeitsplatz, zu Freunden, zum Partner und zur Familie?

_____

_____

_____

_____

_____

Schlüpfen Sie – nur einen Moment lang! – in ein Zielbild hinein – spüren Sie den Zustand, in dem Sie sich jetzt befinden. Blicken Sie von diesem Zeitpunkt zurück in die Vergangenheit, und schauen Sie sich genau den Weg zu Ihrem Ziel an.

Anstatt sich positive Entwürfe der Zukunft zu machen, können Sie sich ebenso die schlimmsten Aussichten vorstellen. Wie wäre es, wenn Sie sich treiben ließen und immer die bequemste Entscheidung träfen?

Was waren wichtige Stationen auf diesem Weg?

① _____

② _____

③ _____

④ _____

Täglich fällen wir viele kleine Entscheidungen. Jede dieser Entscheidungen ist ein Schritt auf unsere Zukunft hin. Setze ich mich am Feierabend vor den Fernseher, oder jogge ich noch eine Runde? Wir sind uns oft nicht klar, daß wir uns damit die ganze Zeit auf unsere erwünschte oder unerwünschte Zukunft, auf unsere positive oder negative Zukunft hinbewegen.

Denn auch der längste Weg setzt sich aus einzelnen Schritten zusammen. Wir übersehen aber oft die Richtung, in die uns ein Schritt führt, weil wir den Blick nur bis zu unserer Nasenspitze gehen lassen und nicht bis zum Horizont. Der Schritt erscheint uns zu klein. Kein Wunder, wenn jemand dann im Kreis läuft.

Mit der nächsten Technik erhalten Sie eine Entscheidungshilfe für alle zukünftigen Entscheidungen im Alltag.

Entscheidungshilfe positive/negative Zukunft

Nehmen Sie ein Bild Ihrer erwünschten positiven Zukunft,und finden Sie einen gedachten Ort im Raum, einige Meter vor Ihnen. Stellen Sie sich eine Linie vor, die bis zu diesem Bild führt, auf der sich auch die Stationen auf dem Weg zum Ziel finden.

Nun nehmen Sie ein Bild der unerwünschten negativen Zukunft, und finden Sie einen gedachten Ort im Raum, einige Meter vor Ihnen. Dieser Ort ist links oder rechts neben (möglicherweise auch oberhalb oder unterhalb) dem Bild der positiven Zukunft, ein Stück davon entfernt. Stellen Sie sich ebenfalls eine Linie bis zu diesem Bild vor, auf der sich auch die Stationen auf dem Weg zum Ziel finden.

Wenn Sie eine Entscheidung zu fällen haben, schauen Sie zu den beiden Bildern und dem Weg, der dahinführt. Sie werden leicht erkennen, auf welcher Linie die Ergebnisse der Entscheidung sich befinden, in welche Richtung die Entscheidung Sie führt. Entscheiden Sie sich dann für einen Weg.

Nehmen Sie dieses Entscheidungskriterium, um kleine Entscheidungen der jüngsten Vergangenheit zu überprüfen.

Denken Sie an drei kleine Entscheidungen, die Sie gestern und heute gefällt haben.

① Entscheidung

_____

Ging die Richtung in die positive oder negative Zukunft?

_____

② Entscheidung

_____

Ging die Richtung in die positive oder negative Zukunft?

_____

③ Entscheidung

_____

Ging die Richtung in die positive oder negative Zukunft?

_____

Projizieren Sie ein Bild Ihrer erwünschten Zukunft einige Meter vor sich. Ziehen Sie eine imaginäre Linie bis dorthin. Tun Sie das gleiche für eine negative Zukunft. Sehen Sie sich den Weg an.

Es gibt keine neutralen Schritte und Entscheidungen. Stillstand existiert nicht. Wir bewegen uns immer weiter voran und schlagen dabei eine bestimmte Richtung ein.

Diese Technik werden Sie auf Dauer gern benutzen, wenn kein Druck für Sie damit verbunden ist. Es ist auch nicht faul, feige oder unmoralisch, sich in die negative Richtung zu bewegen. Das zeigt nur, daß auf diesem Weg noch Vorteile, Qualitäten und Werte für Sie verborgen sind, die Sie nicht genügend in einem vollständigen Ziel berücksichtigt haben. Sie können sich jedesmal neu entscheiden, in welche Richtung Sie gehen. Es ist Ihr Leben und Ihre Entscheidung! Wichtig ist allein, daß Sie sich nichts vormachen und den Schritt bewußt gehen.

Grenzen von Zielen

Menschen setzen sich immer wieder neue Ziele, weil jeder die Herausforderung liebt, die darin liegt, seine eigenen Grenzen zu erweitern und zu überschreiten. Mit Zielen dringen wir in Neuland vor. Dafür mobilisieren wir alle unsere Reserven. Welche Anstrengungen entfesselte der Traum vom ersten Menschen, der seinen Fuß auf den Boden des Mondes setzt! Diese Ziele sind eine Erweiterung, eine Bereicherung, ein Lernen über das Alte hinaus.

Gleichzeitig haben Ziele immanente Grenzen. Denn das Material, aus dem wir zukünftige Ziele konstruieren, bilden die Erfahrungen, die Bilder und Begriffe der Vergangenheit und Gegenwart. Selbst die kühnsten Vordenker der Zukunft brauchen dieses Material, das sie dann verändern und erweitern, um die im Augenblick optimal erscheinende Zukunft zu konstruieren.

Aber das Leben bietet mehr an Erfahrungen und Weisheit, als wir uns zu einem bestimmten Zeitpunkt vorstellen können. Hätten Sie sich als Jugendlicher träumen lassen, welche Erfahrungen Sie in den letzten zehn oder zwanzig Jahren gemacht haben? Hätten Sie sich deutliche Bilder und Vorstellungen davon machen können? Wahrscheinlich nicht. Deshalb ist wichtig, was Frau Professor Höhler von sich selbst sagt:

Wissen Sie, was merkwürdig ist? Ich war nie mit einer Zielvorstellung für mein Leben unterwegs. Ich möchte natürlich, daß viel von dem, was ich vorschlage, noch Realität wird, solange ich lebe, und daß es genug begeisterte Leute gibt, die das weitermachen. Aber daran habe ich zugleich keinen Zweifel, weil ich einen objektiven Bedarf sehe.

Meine Grundlage war: Ich habe mir ein Leben gewünscht, in dem man möglichst vielerlei machen und möglichst vollständig existieren kann. Das habe ich sehr früh vor Augen gehabt. Aber es jetzt auf einen Bereich anzuwenden, auf den karriere- und erfolgsbesessensten Bereich, den wir überhaupt haben, im Bereich der Wirtschaft, wo gleichzeitig unser Wohlstand gesichert wird und unser Sozialsystem seine Grundlage hat, also die Schlüsselmacht dieses Jahrhunderts, das ist später erst gekommen. Als ich mit meiner Neugierde immer mehr geschrieben habe, was diese Leute interessiert hat, haben sie mir diesen Bereich immer deutlicher gezeigt. Die Wirtschaft hat sich in Reaktion auf meine Bücher als mein Gesprächspartner gemeldet. Ich habe nicht gesagt: Ich will jetzt in der Wirtschaft arbeiten, sondern der Wechsel ist durch die Nachfrage entstanden. Das ist die harmonischste Art. Ein sinnvolles Ziel ist es, offener und neugieriger auf alle neuen Erfahrungen zu sein, die das Leben zu geben hat. Jede neue Erfahrung wird die Perspektive verändern und erweitern. Wenn Sie dann in einem Jahr mehr wissen, werden sich auch Ihre Ziele erweitern. Das bedeutet nicht, daß es nicht sinnvoll ist, Ziele konsequent zu verfolgen. Aber es ist genauso wichtig, flexibel zu bleiben und immer wieder von neuem den Blick in die erwünschte Zukunft zu tun.

Natürlich sind die Basis aller Zukunftsvisionen die bisher gemachten Erfahrungen, Bilder und Begriffe der Vergangenheit und der Gegenwart. Für Frau Höhler ist es wichtig, sich offen auf Erfahrungen einzulassen.

Zum Vertiefen.

- Ein hervorragendes Buch, das auf witzige Weise die Bedeutung des Einsatzes für Familie und Partnerschaft bei Führungskräften hervorhebt, ist Günter F. Gross' *Beruflich Profi, privat Amateur*?

- Auf lebendige und anschauliche Weise zeigt das Buch *Fitness für Manager* des ehemaligen Weltrekordlers Kurt Bendlin die Bedeutung von Sport und Bewegung für ein erfüllteres Leben.

- Manche ergänzende Übungen auf dem Weg, Ziele zu bestimmen und zu erreichen, finden Sie in dem interessanten Buch *Ihr persönliches Erfolgsprogramm*, von Wolf W. Lasko, Dietrich Buchner und Hans-Jürgen Grundmann.

Kernsätze des Kapitels

- Bei jedem äußeren Ziel geht das eigentliche Streben danach, das innere Ziel zu erreichen.

- Unsere Gefühle führen ihr Eigenleben. Sie lassen sich nicht durch Äußerlichkeiten zwingen.

- Dabei ist die Erkenntnis wichtig, daß es keine automatischen Verknüpfungen zwischen den Zielen gibt. Ich kann mein inneres Ziel erreichen, ohne den ursprünglich vorgestellten Rahmen zu verwirklichen, genauso wie ich mein äußeres Ziel erreichen kann und das innere verfehlen.

- Es kann doch wohl nicht der einzige Sinn eines vierzig Jahre langen intensiven beruflichen Engagements gewesen sein, auf dem hartumkämpften Waschmittel- oder Colamarkt den Umsatz der eigenen Marke um 5 Prozent gesteigert zu haben.

- Einer der wichtigsten Schritte, um sein Leben in die Hand zu nehmen, ist der Abschied von illusorischen Träumen.

7 Mit sich selbst besser umgehen

In diesem Kapitel gehen wir ein Stück tiefer an die Ursachen, warum manche Menschen entspannt und mit sich zufrieden sind und andere ständig angespannt, unzufrieden und im Streß sind. Die Wurzeln liegen in der Art des Umgangs mit sich selbst.

Umgang mit mir selbst: Herr und Sklave

Schauen wir Frau Neubert an, die uns als Verantwortliche für die neuen Marketingkonzeptionen in einem mittelständischen Unternehmen bereits sehr gestreßt begegnet ist.
Frau Neubert hat einen bestimmten Umgangston mit sich selbst entwickelt. Die Sätze, die sie sich an den Kopf wirft, sind vorwurfsvoll, beschimpfend und drohend. Man stelle sich vor, sie würde so mit einem Mitarbeiter umgehen. Nach kurzer Zeit würde dieser kündigen. Das Pech für Frau Neubert: Leider kann sie sich nicht selber kündigen . . .
Wir erkennen in dem Beispiel Verhaltensweisen wieder, über die die meisten von uns nie nachdenken. Es wird viel von Unternehmenskultur geredet und von dem guten Stil im Umgang mit Kollegen und Mitarbeitern. Eine Menge Schulungen und Trainings werden durchgeführt, damit wir konstruktiver miteinander umgehen. Niemand stellt sich die Frage, und niemand stellt sich der Frage: Wie gehe ich mit mir selbst um?

Eine andere wichtige Streßgrundlage ist der Umgang mit sich selbst. Frau Neubert aus unserem vorherigen Beispiel geht mit sich selbst immer sehr hart ins Gericht. Sie tadelt und beschimpft sich.

Wie ist Ihr Stil im Umgang mit sich selbst
bei Problemen, Schwierigkeiten und Fehlern?

Kreuzen Sie auf jeder Zeile jeweils einen Wert
zwischen den zwei Polen an.

Mein Stil im Umgang mit mir selbst ist

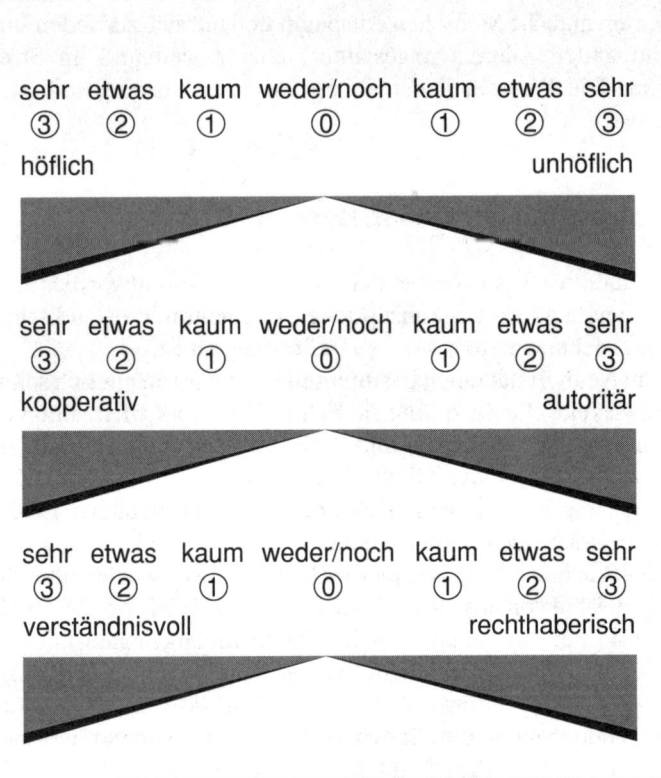

sehr	etwas	kaum	weder/noch	kaum	etwas	sehr
③	②	①	⓪	①	②	③

höflich   unhöflich

sehr	etwas	kaum	weder/noch	kaum	etwas	sehr
③	②	①	⓪	①	②	③

kooperativ   autoritär

sehr	etwas	kaum	weder/noch	kaum	etwas	sehr
③	②	①	⓪	①	②	③

verständnisvoll   rechthaberisch

Mit sich selbst besser umgehen

Überlegen Sie sich in der nebenstehenden Frage, wie Sie mit sich selbst umgehen.

Ich möchte aus dem Buch von James Loehr über Mentaltraining für Spitzenleistungen im Sport zitieren:

Den Kampf mit sich selbst gewinnen bedeutet harte Arbeit und stellt die höchste Herausforderung dar. Man muß sich jedoch im klaren sein, daß einem dieser Sieg jeden Tag gelingen kann. Auf diese Weise schafft man das, was einen wohl von allem am meisten befriedigt und erfüllt, den Erfolg – und den Sieg über das eigene Ich.[1]

Einige Zeilen weiter zitiert Loehr den Text, den ein Wettläufer geschrieben hat als Antwort auf die Frage: »Wieso laufen Sie?« Einige Sätze aus diesem krassen – und doch alltäglichen – Beispiel:

Wieso ich laufe?
Jene, die es nicht tun, können es nicht verstehen.
Der Schmerz ist jeden Tag da.
Ist es jetzt leichter? Nicht wirklich –
Es ist der gleiche Schmerz,
den ich am ersten Tag verspürte,
als ich begann.
Es ist nur leichter geworden,
größere Entfernungen
in kürzeren Zeitabschnitten zu schaffen.
Der Schmerz ist der gleiche,
und ich glaube, daß es immer so sein wird.
Ich fürchte ihn,
und in gewissem Sinn sehne ich mich nach ihm.
Wieso ich laufe?
Um in Form zu bleiben,
meine Gesundheit aufrechtzuerhalten,
um mich besser zu fühlen –
alles untergeordnete Gründe, nehme ich an.
Der wirkliche Grund ist die Bestätigung –
die Bestätigung, daß ich mich selbst kontrollieren kann.
Jeden Tag muß ich eine Wahl treffen –
Eine Wahl, Schmerz zu erfahren und Unbehagen,
um so ein höheres Ziel zu erreichen
oder dem Drängen des Körpers nachzugeben,
etwas zu tun, das ermutigender und wohltuender ist.
Wer hat die Kontrolle? Mein Körper oder ich?
Jedesmal, wenn ich laufe, bestätige ich mir,
daß ich der Lenkende bin
und daß ich Herr meines eigenen Schicksals bin ...
In einer Welt, in der ich mich häufig hilflos fühle,
betrogen und beherrscht,
hilft das Laufen,

Gefühle der Hoffnung, Kraft und Überzeugung
wieder ins Leben zu rufen ...
Wieso ich laufe?
Ich laufe, um Erfolg zu haben,
Erfolg in dem entscheidenden Kampf,
Dem Kampf gegen mich selbst.

In diesem Text finden sich ähnliche Sätze, wie wir sie oft auch im Alltag verwenden wie: »Ich habe mich in der Hand.« – »Ich habe mich voll unter Kontrolle.« – »Ich beherrsche mich.» – »Ich setze mir Ziele.« Dieser Sprachgebrauch ist uns so vertraut, daß wir gar nicht mehr genau hinhören, welchen seltsamen Inhalt diese Sätze haben.

Denn, wie obiger Text ganz deutlich formuliert, gibt es da offensichtlich zwei verschiedene Ichs in uns, von denen das eine das andere beherrschen, besiegen oder zumindest bestimmen will. Das eine Ich scheint mehr im Kopf zu sein, das andere mehr im Körper. Die Kraft, mit der das eine Ich das andere unterdrückt, ist der Wille. Das andere Ich ist nicht so greifbar. In jedem Fall scheint es diese Beherrschung zu brauchen. Ansonsten würde es vielleicht sein Leben lang nur schlaff dahinvegetieren.

Wären die zwei Ichs verschiedene Personen, dann würde die Beschreibung an einen Südstaatenroman über die Beziehung zwischen Herr und Sklave erinnern. Würden zwei verschiedene Personen so miteinander umgehen, würden wir die Art des dominierenden Ichs als sadistisch, brutal und unmenschlich brandmarken. Aber im Umgang mit uns selbst scheint uns dieser Stil vorbildlich und nachahmenswürdig.

Es ist verblüffend: Wer andere quält, wird verachtet. Wer sich selbst quält, wird bewundert.

Diese Art des Umgangs mit sich selbst ist sehr spannungsgeladen. Ein innerer Konflikt scheint vorhanden zu sein. Innere Konflikte sind der Auslöser für Unzufriedenheit. Sie sind ein

Jeder Mensch hat in seinem Inneren mindestens zwei Ichs: Das eine ruht im Kopf, das andere im Körper.

Eine Versinnbildlichung wären Herr und Sklave. Wer andere quält, wird verachtet, wer sich quält, nicht.

227

Hinweis darauf, daß wir nicht mit uns in Einklang sind, sondern innerlich zerrissen. Die eigenen Energien sind gespalten und bekämpfen sich gegeneinander. Das blockiert eine enorme Menge der eigenen Kraft, die sonst für den beruflichen oder privaten Erfolg eingesetzt werden könnte.

Probieren Sie folgende kleine Übung.

Sich selbst blockieren

Bringen Sie Ihre Hände vor der Brust zusammmen, Handfläche an Handfläche.

Jetzt stellen Sie sich vor, daß die linke Hand nach rechts will und die rechte nach links. Geben Sie Ihre ganze Kraft hinein, damit jede Hand ihr Ziel erreicht! (Wenn Sie die Übung sieben Sekunden lang durchführen, ist das gleichzeitig ein gutes isometrisches Muskeltraining.)

Dann bringen Sie beide Hände mit Schwung nach vorne und spüren die Kraft, die nach vorne frei wird.

Sie erleben, wie blockiert Sie sind, wenn zwei Seiten von Ihnen in verschiedene Richtungen wollen. Enorme Kraft kann eingesetzt werden, aber ohne jegliches äußeres Ergebnis, weil die beiden Tendenzen sich gegenseitig lahmlegen.

Bei den inneren Konflikten gibt es zwei Richtungen, die sich auf den ersten Blick stark unterscheiden und in den nächsten beiden Abschnitten behandelt werden:

- Zwei Wünsche oder Ziele sind gleichzeitig da. Das eine Ziel läßt sich nur auf Kosten des anderen Zieles durchsetzen. Da beide gleich stark sind, kommt es zu einer inneren Blockade.
- Der Wunsch (oder das Ziel) ist klar. Aber es scheint eine geheime Gegenkraft zu existieren, die verhindern will, daß das Ziel erreicht wird. Diese Kraft sabotiert immer wieder die

Bemühungen, das Ziel durchzusetzen. Um diese Gegenkraft zu unterdrücken (so das Beispiel des Läufers), benötigen wir viel Anstrengung und Willenskraft. Aber wehe, ein schwacher Moment überfällt uns, dann setzt dieser »innere Schweinehund« sich wieder durch.

Dies schafft ein sehr spannungsgeladenes Verhältnis in uns, das zu Konflikten führt. Wir sind innerlich gespalten, zerrissen, und die Energien bekämpfen sich gegeneinander. Die Übung verdeutlicht das.

Innere Konflikte:
Wenn zwei Ziele gleichzeitig da sind

Herr Roth ist beruflich sehr engagiert. Er hat einen verantwortli-chen Posten und ist voller Begeisterung bei seiner Arbeit. Seit fünf Jahren ist er verheiratet, und das junge Paar hat zu seiner großen Freude ein zweijähriges Töchterchen.
Fast jedes Wochenende taucht für Roth das gleiche Problem auf. Weil er an seinem hektischen Arbeitsplatz immer wieder gestört wird, hat er oft am Samstagnachmittag den Wunsch, noch ein Stück weiter an seinen neuen Projekten zu arbeiten. Gleichzeitig ist die Sehnsucht da, etwas gemeinsam mit der Familie zu unter-nehmen und sein Familienleben zu genießen. Herr Roth möchte auch den Kontakt mit dem Töchterchen pflegen und die Partnerin nicht verletzen. Meist kann er den Konflikt nicht lösen, sondern wird zu seinem Opfer. Roth gelingt nichts richtig. Entweder, er sitzt mit schlechtem Gewissen an seinem Schreibtisch und arbeitet ohne großen Erfolg an den Projekten, oder er widmet die Zeit halbherzig der Familie, und ständig gehen ihm Ideen zu sei-nen Projekten durch den Kopf.

Jeder von uns kennt solche zunächst scheinbar unlösbaren Kon-flikte im Spannungsfeld zwischen Beruf und Familie, zwischen Karriere und Selbstverwirklichung oder einfach zwischen zwei gleichstarken Wünschen.
Die Konflikte entstehen dadurch, daß die unterschiedlichen Wünsche sich gegenseitig ausschließen. Normalerweise lösen wir den Konflikt nicht, sondern reiben uns in ihm auf. Hin und her gerissen zwischen den verschiedenen Wünschen, tun wir weder das eine noch das andere richtig. Vielleicht flüchten wir uns dann vor den Fernseher, ins Illustriertenstudium oder in den Alkohol. Jeder hat da seine Lieblingstechnik. Das Ergebnis ist Lustlosigkeit, schlechte Laune und Unzufriedenheit.

Mentales Training kann dazu benutzt werden, für innere Konflikte individuelle Lösungen zu entwickeln. Bildhafte Vorstellungen werden entwickelt und genutzt. Jede dieser unterschiedlichen Richtungen lassen wir mental zu einer Person mit eigenen Zielen werden. Diese Personen erarbeiten dann in unserem Geiste tragfähige Lösungen.

Diese aus dem NLP stammende, von Robert Dilts entwickelte Technik erfordert einen gewissen Aufwand an Engagement, Konzentration und Zeit. Kein Wunder, denn unsere inneren Konflikte binden eine gewaltige Menge an Energie. Es ist sicherlich einfacher, die Technik konsequent in einem Seminar unter Anleitung durchzuführen, aber mit der nötigen Konzentration wird Ihnen das auch allein zu Hause gelingen.

Sie können die einzelnen Schritte verfolgen, die Roth geht und die seinen Konflikt zwischen Arbeit und Familienleben mit Hilfe dieser Technik klären und lösen.

Wieder an einem Samstagnachmittag erlebt Roth, wie frustrierend es für ihn ist, zwischen Familie und seinem nächsten Projekt hin und her zu schwanken. Er beschließt, die Technik zur Konfliktlösung auszuprobieren. Er verschließt die Tür zu seinem Arbeitszimmer, nimmt sich Stift und Papier für die Notizen zwischendurch auf den Schoß und setzt sich in seinen Lieblingssessel. Dort atmet er tief alle Spannungen des Nachmittags aus und entspannt sich erst einmal für ein paar Minuten. Dann geht er die Schritte in der vorgeschlagenen Reihenfolge durch. Zu seiner Überraschung erlebt er, wie plastisch und lebensnah sich schnell die Bilder und inneren Gespräche entwickeln.

Schritt 1

Jeder Konflikt hat (mindestens) zwei Seiten, A und B. Wenn diese Seiten verkörpert wären (durch einen Teil von Ihnen selbst, durch eine andere Person oder auch durch ein Symbol) – wie würden diese Seiten als zwei Personen aussehen?

Jeder von uns kennt die Zerrissenheit zwischen zwei gleichstarken Wünschen. Auch hier kann das Mentale Training helfen, bildhafte Vorstellungen zu entwickeln. Dabei wird jeder Wunsch zu einer Person.

231

Roth sucht nach zwei Personen, die diese berufliche und private Seite in ihm verkörpern. Zwei Bilder tauchen auf. Ein Bild, wie er an seinem Arbeitsplatz voller Schwung und Elan an seinem neuesten Projekt arbeitet (»Berufs-Roth« tauft er diesen Teil), und ein anderes Bild, wie er (als »Privat-Roth«) freudestrahlend mit seiner Frau an der Hand und mit dem Töchterchen auf dem Arm spazierengeht.

Schritt 2

In der Vorstellung begegnen sich A und B und nehmen Kontakt miteinander auf. Die beiden sprechen offen aus, was sie voneinander halten.

»Ich finde, du störst mich einfach zu viel«, sagt Berufs-Roth zum Privat-Roth. »Ich brauche Ruhe und Konzentration für meine Arbeit, und die hätte ich so gut am Samstag, aber du kommst immer dazwischen und bist nervig. Du willst dich einfach nur immer hängenlassen.« Privat-Roth sieht das ganz anders: »Kannst du dein Büro nicht im Büro lassen und mir wenigstens das Wochenende ganz und gar lassen? Als ob fünf Tage nicht genug für die Arbeit wären! Du bist auf dem besten Weg zum Workaholic. Glaubst du, du findest jemals mehr Zeit für deine Familie, wenn du so weitermachst?«

Schritt 3

Jede der beiden Personen A und B hat bestimmte Ziele und Werte. In den eigenen Augen jeder Person sind diese Werte wichtig und erfüllen einen positiven Zweck. Diese Werte teilen sie sich gegenseitig mit.

»Ich arbeite einfach gern«, sagt Berufs-Roth. »Ich finde es toll, wenn ich sehe, daß ich in meiner Firma etwas bewirke und meine Abteilung zur effektivsten im ganzen Haus mache. Und außerdem will ich vorwärtskommen, mehr Einfluß bekommen und mehr Gehalt, auch für die Familie, damit wir uns etwas gönnen und das Leben genießen können. Ich denke an unsere gemeinsame Zukunft und sorge dafür.« Privat-Roth sagt: »Ich möchte einfach ich selbst sein, gemocht werden, ohne daß ich etwas leisten muß. Ich brauche einfach die Wärme und den Kontakt mit meiner Frau und meiner Tochter. Ich spiele gern mit meiner Tochter und genieße es, wenn ich Zeit für meine Frau habe.«

Schritt 4

Weder A noch B erreichen ihre Ziele. Ganz einfach aus dem Grund, weil der andere Teil immer wieder stört und destruktiv dazwischenfunkt. Denn jeder von beiden ist stark genug, den anderen zu sabotieren.

In diesem Schritt erkennen beide noch einmal genau, wie sie sich gegenseitig blockieren. Berufs-Roth meint: »Ich will einfach an meinen Projekten weiterarbeiten, das ist wichtig für die Zukunft. Und wenn du dann mit der Familie spazierengehst, schicke ich dir einfach immer wieder neue Ideen, so daß du lieber am Schreibtisch wärst und den Spaß am Spaziergang verlierst.« – »Und ich«, meint Privat-Roth, »schicke dir immer ein Bild von deiner Frau und deinem Kind mit traurigen Augen. Dann hast du am Schreibtisch ein schlechtes Gewissen und kannst dich nicht konzentrieren.«

Schritt 5

Jede dieser beiden Personen besitzt wichtige Qualitäten und Fähigkeiten, die der anderen fehlen und je nach Situation nützlich sind.

Berufs-Roth stellt fest: »Ich habe viel Einsatz und Kraft, um etwas zu verändern. Ich denke an die Zukunft und sorge dafür, daß

Die Personen A und B nehmen Kontakt miteinander auf und sprechen sich offen aus. Gegenseitig teilen sie sich die Vorteile der jetzigen Situation mit. Da keiner zum Ziel kommt, können sie sich sabotieren.

233

die materielle Basis stimmt. Ich trage Verantwortung, daß es meiner Familie gutgeht.« Privat-Roth hingegen findet: »*Ich bin kontaktfreudig, bin weich und gefühlvoll, spiele und genieße gern.*«

Schritt 6
Jeder der beiden Kontrahenten möchte seine Ziele erreichen und verwendet dazu seine ganzen Fähigkeiten. Aber vielleicht könnten die Fähigkeiten und Qualitäten des anderen Teils auch für die Erreichung der eigenen Ziele nützlich sein.

Im nächsten Schritt überlegt Berufs-Roth lange, wann und wie ihm die Qualitäten von Privat-Roth nützlich sein könnten. Schließlich meint er: »Manchmal im Umgang mit Kollegen und Mitarbeitern könnte es schon hilfreich sein, mehr Verständnis und Gefühl für den anderen zu haben. Ich bin schon als schroff und karrieregeil abgestempelt, nur weil ich in Gesprächen immer gleich auf den Punkt kommen will und keine Zeit für überflüssige Kaffeepausen habe. Aber so hin und wieder einmal einfach nur eine Plauderei genießen, das wäre auch für das Arbeitsklima besser. Und ich wäre eben einfach manchmal entspannter und umgänglicher. Im Endeffekt wirkt sich das sogar positiv auf die Gesamtleistung aus.«
Privat-Roth braucht noch länger für seine Überlegungen, wann und wie die Qualitäten von Berufs-Roth ihn bereichern könnten. »Also, so an den Wochenenden, wenn es uns ganz gutgeht, da brauche ich nichts von dieser Energie. Leider ist es aber nicht immer so harmonisch. In der letzten Zeit ist manchmal meine Frau so unzufrieden, weil ich beruflich so eingespannt bin. Aber wir wollen uns nicht unsere wenige Zeit kaputtmachen dadurch, daß wir streiten. Deswegen vermeiden wir beide das Thema. Aber das Klima zwischen uns ist trotzdem gestört. Hier wäre diese Kraft und Energie ganz nützlich. Daß wir einfach einmal die Karten auf den Tisch legen, sehen wo wir stehen und wo wir

gemeinsam hinwollen. Und auch für die Zukunft planen, wie wir das erreichen. Das könnte die Basis für unser Privatleben solider machen. Damit es wieder harmonisch wird und ich mehr genießen kann.«

Schritt 7

Der Boden ist vorbereitet für einen neuen Schritt beider bisherigen Gegner. Nachdem jeder die Stärke des anderen erkannt hat und darüber hinaus herausgefunden hat, wie nützlich die andere Person sein kann, ist es Zeit für Verhandlungen. Wie könnte ein Abkommen aussehen, daß beiden hilft, die eigenen Ziele besser zu erreichen? Voraussetzung dabei ist, daß das Abkommen fair ist, keiner untergebuttert wird und jeder von beiden bereit ist, sich an seinen Teil zu halten.

»Wie könnte ein faires Abkommen aussehen, mit dem wir beide zufrieden sind?« Mit dieser Frage sitzen sich die beiden jetzt gegenüber. Zunächst sondieren sie noch konkrete Bedürfnisse. »Ich sehe ja ein, daß es kein guter Dauerzustand ist, am Samstag noch Arbeit mit nach Hause zu nehmen«, meint Berufs-Roth. »Aber im Moment sitze ich an dem neuen Vertriebskonzept. Das ist ganz wichtig für meine Abteilung und auch für meine Zukunft in der Firma. Das möchte ich gern gut abschließen. Könntest du mich da nicht unterstützen und mir Zeit geben?« Privat- Roth hat ein anderes Problem: »Es ist ja nicht so, daß du mir nur am Wochenende zuwenig Zeit gibst. Auch unter der Woche kommst du jeden Abend später heim, den Kopf voll mit dem Büro. Auch das ist kein guter Zustand!« Hin und her geht der Austausch. Beide suchen nach einer Lösung, die sie befriedigt.
Schließlich haben sie Erfolg und einigen sich auf die nächsten Schritte. Berufs-Roth wird Privat-Roth unterstützen, ein klärendes Gespräch mit Frau Roth zu führen und ihr dabei folgende Vorschläge zu machen: Herr Roth will in Zukunft jeden Mittwoch schon um 16.30 pünktlich nach Hause kommen und dann

Wenn jeder der Kontrahenten die Stärke des anderen kennt und auch weiß, wie nützlich der andere ihm sein kann, kann man anfangen zu verhandeln. Dabei ist Voraussetzung, daß jeder fair ist.

235

gemeinsam mit der Familie etwas unternehmen. Auf lange Sicht will er am Wochenende keine Arbeit mehr mit nach Hause nehmen. Dafür hätte er gern von Frau Roth eine Gegenleistung. Bald sind die drei Wochen Jahresurlaub, die Herr und Frau Roth noch planen. Herr Roth möchte die ersten drei Tage ganz für sich, am besten außerhalb, um in Ruhe an dem Vertriebskonzept zu basteln. Und dann braucht er das nächste Vierteljahr den ersten Samstagnachmittag im Monat, um das Konzept, das in der Praxis erprobt wird, zu optimieren. »Und ich werde dich unterstützen«, meint noch Privat-Roth, »wenn du am Montag das schwierige Beurteilungsgespräch mit deinem ältesten Mitarbeiter führen mußt.« Beide versprechen sich als Gegenleistung, den anderen nicht mehr zu stören und zu blockieren.

Schritt 8

Jetzt können die beiden sich näherkommen, so nah, wie es für sie richtig ist. Vielleicht möchten die bisherigen Gegner sich die Hände schütteln oder sich sogar umarmen.

Manchmal steht der große Schritt an, daß beide bereit sind, ihre beiden Qualitäten in einer einzigen Person zu integrieren. Beide verschmelzen und lösen sich auf in einer Person, die die Fähigkeiten und Qualitäten beider Ichs in sich harmonisch vereinigt und je nach Situation zur Verfügung hat.

»Das könnte hinhauen«, meinen die beiden Roths nach der erfolgreichen Verhandlung und schauen sich zufrieden an. Beide besiegeln das Abkommen, indem sie sich die Hände schütteln.

Herr Roth stellt sich als letztes ein Bild von sich vor, wie er wäre, wenn er die Qualitäten beider Teilpersönlichkeiten harmonisch in sich integriert und je nach Situation alle Verhaltensmöglichkeiten zur Verfügung hätte. »Das ist die Richtung, in die ich will«, sagt er sich, als er dieses Bild von sich sieht, das gleichzeitig kraftvoll und entspannt ist.

Vielleicht scheint Ihnen dieses Erleben von Roth unmöglich oder unwahrscheinlich. Aber Sie sehen an diesem Beispiel aus der Praxis, wie faszinierend unser Innenleben ist, wenn wir die mentalen Fähigkeiten geschickt nutzen. Es scheint hier so, daß beide Personen ganz und gar unterschiedliche Charaktere besitzen und deshalb sogar in der Lage sind, in unserer Vorstellung ernsthaft miteinander zu verhandeln und sinnvolle Lösungen zu entwickeln. Deswegen braucht es uns auch nicht zu wundern, daß ihr Konflikt so massiv ausgetragen wurde und so lähmend war.

Wichtig bei der Anwendung dieser Technik ist es, daß Sie die Bilder für die Teile akzeptieren, die vor dem inneren Auge erscheinen. Es mögen Phantasiegestalten sein, tatsächliche Personen oder auch Symbole. So hat einmal ein Seminarteilnehmer ein Quadrat und einen Kreis als Verkörperung der beiden Seiten gesehen und ist auch mit diesen geometrischen Figuren zu Verhandlungen gekommen.

Als tatsächliche Person hätte zum Beispiel bei Herrn Roth als Verkörperung der privaten Seite seine Frau erscheinen können. In einem solchen Fall ist es wichtig, sich daran zu erinnern, daß es auch hier eine Verkörperung des eigenen Teils ist. Es ist nicht die reale Frau, die in der Phantasie dem Berufs-Roth Vorwürfe macht (auch wenn es schon tatsächlich gehörte Vorwürfe sind), sondern es ist der eigene Teil, der »Privat-Roth«, verkörpert durch seine Frau. Dabei kann ein innerer Konflikt sich durchaus mit einem äußeren decken.

Nehmen Sie sich mindestens eine halbe Stunde ungestörte Zeit für diese Übung. Vertrauen Sie sich dabei Ihren Phantasien an. Nutzen Sie die Übung für einen inneren Konflikt, der Sie manchmal oder häufig bewegt. Es kann Ihr größter innerer Zwiespalt sein – oder auch ein kleines Problem, mit dem Sie sich ab und zu herumschlagen.

Beide können Versprechungen für die Zukunft machen und sich am Ende die Hände schütteln. Manchmal können die Qualitäten beider Ichs in einer Person integriert werden. Probieren Sie dazu folgende Übung.

Innere Verhandlung

Nehmen Sie sich Zeit, um sich zu entspannen.

Was ist der Konflikt?

_____

_____

_____

Schritt 1

Jeder Konflikt hat verschiedene Seiten. Welches ist die stärkere Seite davon? Wenn diese Seite verkörpert wäre (durch einen Teil von Ihnen selbst, durch eine andere Person oder auch durch ein Symbol), wie würde dieser Teil, diese Person A, aussehen?

Machen Sie sich ein genaues Bild von der Person A: Welche Kleidung trägt sie? Wie ist die Haltung? Wie der Gesichtsausdruck? Mit welcher Stimme spricht A?

_____

_____

_____

Dann gehen Sie zum anderen Teil des Konflikts. Wenn diese Seite ebenfalls eine Person wäre – wie würde diese Person B aussehen? Machen Sie sich von B ein genaues Bild. Welche Kleidung trägt sie? Wie ist die Haltung? Wie der Gesichtsausdruck? Mit welcher Stimme spricht B?

_____

_____

_____

Schritt 2

Lassen Sie in Ihrer Vorstellung A und B sich begegnen und Kontakt miteinander aufnehmen. Lassen Sie die beiden aussprechen, was sie voneinander halten.

Was hält A von B? Lassen Sie A offen und klar seine Meinung und Gefühle dem B mitteilen.

_____

_____

_____

Und was hält B von A? Lassen Sie B genauso ehrlich und schonungslos antworten.

_____

_____

_____

Schritt 3

Jede der beiden Personen A und B hat bestimmte Ziele und Werte. In den eigenen Augen jeder Person sind diese Werte wichtig und erfüllen einen positiven Zweck.

Was möchte A?

_____

_____

_____

Was möchte B?

_____

Können Sie als Außenstehender etwas Gemeinsames in den Anliegen beider erkennen?

_____

_____

_____

Schritt 4
Weder A noch B erreichen ihre Ziele. Ganz einfach aus dem Grund, weil der andere Teil immer wieder stört und destruktiv dazwischenfunkt. Denn jeder von beiden ist stark genug, den anderen zu sabotieren.
Wie hindert B den A daran, seine Ziele zu erreichen?

_____

_____

_____

Wenn Sie das herausgefunden haben, dann schlüpfen Sie innerlich kurz in B, und spüren Sie die Kraft, die dahintersteckt.
Und wie revanchiert sich A und hindert seinerseits B daran, seine Ziele zu erreichen?

_____

_____

Schlüpfen Sie nun kurz in A, und spüren Sie auch hier die Kraft, die in diesem Blockieren steckt.

240

Lassen Sie jetzt beide Kontrahenten sich gegenübertreten und sich gegenseitig den Respekt für die Stärke des anderen ausdrücken!

Schritt 5

Jede dieser beiden Personen besitzt wichtige Qualitäten und Fähigkeiten, die der anderen fehlen und je nach Situation nützlich sind.

Welche besonderen Qualitäten und Fähigkeiten besitzt A?

_____

_____

_____

Welche besonderen Qualitäten und Fähigkeiten besitzt B?

_____

_____

_____

Schritt 6

Jeder der beiden Kontrahenten möchte seine Ziele erreichen und verwendet dazu seine ganzen Fähigkeiten. Aber vielleicht könnten die Fähigkeiten und Qualitäten des anderen Teils auch für die Erreichung der eigenen Ziele nützlich sein.

Wie oder wann könnten die Fähigkeiten von B dem A nutzen, um die eigenen Ziele besser zu erreichen?

_____

_____

_____

_____

241

Wie oder wann könnten die Fähigkeiten von A dem B nutzen, um die eigenen Ziele besser zu erreichen?

_____

_____

_____

Schritt 7

Der Boden ist vorbereitet für einen neuen Schritt beider bisheriger Gegner. Nachdem jeder die Stärke des anderen erkannt und darüber hinaus herausgefunden hat, wie nützlich die andere Person sein kann, ist es Zeit für Verhandlungen. Wie könnte ein Abkommen aussehen, daß beiden hilft, die eigenen Ziele besser zu erreichen? Voraussetzung dabei ist, daß das Abkommen fair ist, keiner untergebuttert wird und jeder von beiden bereit ist, sich an seinen Teil zu halten.

Lassen Sie A und B sich wieder begegnen und ein Abkommen aushandeln, wie sie sich besser unterstützen können, anstatt sich lediglich zu blockieren! Wie lautet das Abkommen?

_____

_____

_____

Schritt 8

Lassen Sie die beiden sich jetzt näherkommen, so nah, wie es für beide richtig ist. Vielleicht möchten die bisherigen Gegner sich die Hände schütteln oder sich sogar umarmen.

Manchmal steht der große Schritt an, daß beide bereit sind, ihre beiden Qualitäten in einer einzigen Person zu integrieren. Beide verschmelzen und lösen sich auf in einer Person, die die Fähigkeiten und Qualitäten beider in sich harmonisch vereinigt und je nach Situation zur Verfügung hat.

Machen Sie sich das Bild einer Person, die die Fähigkeiten und Qualitäten beider harmonisch in sich vereinigt. Wie würde diese Person aussehen?

_____

_____

_____

Wie würde diese Person den ehemaligen Konflikt lösen und damit umgehen?

_____

_____

_____

In dieser Technik spiegeln sich die vier Prinzipien wider, die wichtig sind, um zu der erfolgreichen Lösung eines inneren Konflikts zu kommen.

- Ein schonungsloser ehrlicher Meinungsaustausch, was beide Seiten voneinander halten, wobei jede gehört wird.

- Beide Seiten sind gleichwertig. Jeder vertritt für sich bestimmte Werte und Ziele, und jeder ist stark genug, den anderen zu sabotieren.

- Da jede Seite für andere Qualitäten steht, könnten beide sich auch gegenseitig nützen und bereichern.

- Mit diesen Einsichten ist der Boden für ein faires Abkommen vorbereitet, das jede Seite befriedigt.

Interessant ist es, die gleichen Prinzipien auf die Schlichtung eines Konflikts zwischen zwei realen Personen anzuwenden.

243

Innere Konflikte:
Versöhnung mit dem inneren Schweinehund?

Betrachten wir noch einmal Herrn Schuhmann, der trotz der besten Vorsätze und Absichten sein Ziel nicht erreicht.

Herr Schuhmann möchte sich schon seit mehreren Jahren als Unternehmensberater selbständig machen. Aber irgendwie schafft er es nicht. Jedes Jahr an Silvester nimmt er sich vor, dieses Jahr den Absprung zu packen. »Es müßte doch unheimlich schön sein, die eigene kleine Beratungsfirma zu leiten«, träumt er. Leider findet er nie die Zeit, ernsthaft an die Umsetzung dieser Träume zu gehen. »Schade«, denkt er sich ab und zu. »Ich würde so gern dieses Ziel erreichen! Aber es klappt einfach nicht.«
An einem Sonntag beschließt Schuhmann einmal genau zu analysieren, wie er es schafft, nie Zeit für die Verwirklichung dieses Traumes zu finden. Ein seltsames Phänomen fällt ihm dabei auf: Immer wenn er anfängt, an die Selbständigkeit zu denken, und gerade versucht, in seinen Vorstellungen konkreter zu werden, dauert es nicht lange, und eine ganz dringende Aufgabe, die er unbedingt sofort erledigen muß, fällt ihm ein. Das kann die Nachbereitung eines Seminars sein, ein wichtiger Kundenkontakt oder die Reparatur der Waschmaschine, die er seiner Frau versprochen hat. Wenn er das dann erledigt hat, ist der vorherige Elan verbraucht. Und als er sich einmal ganz fest im Urlaub vorgenommen hatte, am nächsten Tag einmal diese mögliche Zukunft zu planen, da hat er doch prompt am Vorabend so tief ins Glas geschaut, daß er mit dem Kater am nächsten Tag alle Pläne vergaß.

Bei der Analyse der Vorgänge um Herrn Schuhmann scheint es, daß auch hier wieder zwei Seiten existieren: die eine Seite, die Pläne von der Selbständigkeit schmiedet, und die andere Seite, die alle Vorsätze geschickt sabotiert.

Innerer Konflikt:
Versöhnung mit dem inneren Schweinehund

Da will der eine weniger trinken, ein anderer will gesünder essen, der dritte will sich mehr bewegen und das Tennisspielen anfangen. Keiner von ihnen schafft sein Vorhaben. Es kommt »leider« immer etwas dazwischen – nämlich dieser Teil, der geschickt sabotiert. Ein volkstümlicher Begriff für diesen Saboteur ist »der innere Schweinehund«. Diese Seite scheint niederträchtig zu sein und es immer wieder darauf anzulegen, die besten Vorsätze kaputtzumachen.

Deshalb behandeln wir im Alltag diesen Saboteur wie einen Feind. Wir nehmen den Kampf mit ihm und damit mit uns selbst auf. Die Waffe, die wir dabei einsetzen, ist die Willenskraft. Je stärker unser Wille ist, desto leichter können wir den Gegner besiegen.

Die Vorstellung geht dahin, mit Hilfe der Willenskraft das Hindernis auf dem Weg zum Ziel zu durchbrechen.

Herr Schuhmann aus unserem Beispiel kämpft erfolglos mit seinen beiden Ichs. Sein eines Ich schmiedet Pläne für die Selbständigkeit, das andere sabotiert genau diese Vorsätze geschickt.

Auch eine Reihe von Vertretern des herkömmlichen Mentalen Trainings sind Anhänger dieses simplen Modells unserer Psyche. Sie haben als den wichtigsten Rat: Wenn du etwas willst, übe und strenge deine mentalen Kräfte an, damit dein Wille stark genug wird.

Das ist in den Fällen sinnvoll, wenn jemand überhaupt nie gelernt hat, entschlossen und konzentriert auf ein Ziel zuzugehen. Denn der Wille ist ein wichtiges, starkes und notwendiges Instrument, die Anforderungen des Lebens zu bewältigen. Er stellt Kontinuität und Beharrlichkeit sicher.

Wenn diese Willensanstrengung aber starke Gegenkräfte in uns unterdrücken will, entfesseln wir einen »Bürgerkrieg in uns selbst«. Selbst wenn wir erfolgreich unser Ziel erreichen, werden Spannungen zurückbleiben. Denn unser innerer Saboteur ist ja nicht auf Dauer vernichtet, sondern nur zurückgedrängt. Es ist so, als ob er auf die nächste Gelegenheit der Schwäche wartet, um sich wieder durchzusetzen.

Deshalb sind die auf dem Markt so beliebten Suggestionskassetten zweischneidig und nicht für alle auf Dauer hilfreich. Denn auf derartigen Kassetten werden positive Formulierungen vorgegeben, die durch ständige Wiederholung ihre Wirkung entfalten sollen. Ich bin selbstsicher, ich bin erfolgreich usw. Diese neuen Erfolgs-Sätze geraten automatisch in Widerspruch mit eigenen Mißerfolgssätzen oder Programmen, die wir mit uns herumtragen. Denn ganz eindeutig gibt es irgendwo einen inneren Widerspruch – sonst hätten wir unsere formulierten positiven Ziele ja schon längst erreicht. Diese negative Seite muß sich bei den positiven Suggestionen mehr und mehr verstecken und kommt so nie ans Tageslicht, wo sie vielleicht geheilt werden kann.

Auch in den letzten Kapiteln wurde auf die Nachteile und Risiken verwiesen, die Ziele mit sich bringen. Solange Herr Schuhmann sich der Nachteile der Selbständigkeit nicht bewußt ist und sich nicht entschlossen hat, die Risiken seines Zieles in Kauf zu nehmen, so lange wird ein Teil in ihm den Weg zum Ziel zu blockieren versuchen. Diese Seite zu personifizieren und sie näher kennenzulernen, ist ein wichtiger Schritt. Damit geben wir Teilen, die wir bis dahin als negativ erlebt haben, einen neuen Rahmen (»Reframing« als Fachbegriff).

Am stärksten zeigt sich das Vertrauen in das menschliche Potential beim Umgang mit Fehlern und Schwächen.

Die herkömmliche Art, mit Fehlern und Schwächen umzugehen, besteht darin, das störende Verhalten zu unterdrücken. Der Vorgesetzte ermahnt einen Mitarbeiter mit einem solchen Verhalten und redet ihm gut zu, sich doch anders zu verhalten. Häufig wird das als Angriff erlebt und der Betroffene macht »dicht«. Aber selbst im besten Fall wird das Resultat nicht immer erreicht. Der Betreffende faßt gute Vorsätze, sich zu ändern. Mit den Vorsätzen setzt er die eigene Kraft ein, um das neue Verhalten zu verwirklichen und das alte auszumerzen. Er bindet die eigene Kraft und das eigene Potential im Kampf mit sich selbst. Eine innere Spannung und Spaltung muß ständig aufrechterhalten bleiben. Denn ohne innere Anstrengung würde sich das störende Verhalten sofort wieder durchsetzen – was dann auch immer wieder geschieht.

Wesentlich für den ganzheitlichen Ansatz ist der Weg, alle Teile der Persönlichkeit zu schätzen und zu integrieren. Das unterscheidet sich stark von anderen Richtungen, in denen »positive« und »negative« Seiten der Persönlichkeit unterschieden werden. Sogenannte Fehler werden vorurteilslos betrachtet. In jedem dieser Fehler steckt ein Stück von uns, das wertvoll ist, eine Kraft oder Fähigkeit, die in anderen Situationen von Nutzen sein kann. Um ein objektives Bild von den Stärken und Schwächen zu bekommen, ist es wichtig, ein bestimmtes Verhalten in einer bestimmten Situation von den darunterliegenden Fähigkeiten und Qualitäten zu trennen.

Ein starker Wille, der ja die Basis für Kontinuität und Beharrlichkeit ist, kann den inneren Saboteur verdrängen. Damit ist er aber nicht besiegt. Besser ist es, ihn sich näher anzusehen und ihm einen Rahmen zu geben.

*Der neue Auszubildende Schulze geht allen in der Abteilung mit
seinem respektlosen Gehabe auf die Nerven. Er scheint alles
besser zu wissen und stört ständig den Abteilungsfrieden mit
vorlauten Fragen. Besonders mit Sachbearbeiter Rudig legt er
sich immer wieder an, so daß der schon gedroht hat, Schulze das
nächste Mal hinauszuwerfen. Abteilungsleiter Rau hat vor, ein
ernsthaftes Wörtchen mit dem jungen Grünschnabel zu reden!*

Wenn Rau sich ein objektives Bild von dem Potential Schulzes
machen will, dann ist es für ihn wichtig, sich vom oberflächlichen
Ärger zu lösen und statt dessen in die Tiefe zu gehen mit der Frage: Welche Qualitäten stecken im Verhalten von Schulze?
Was er findet, sind Engagement, Vertrauen zum eigenen Urteil,
Selbstsicherheit. Wenn Rau Schulze ermahnen will, weniger
anzuecken, ist es wichtig, daß er erst einmal die Qualitäten von
Schulze anerkennt und würdigt. Erst im nächsten Schritt ist es
sinnvoll, Schulze das Angebot zu machen, für manche Situationen dazuzulernen – ohne daß Schulze sich grundsätzlich ändern
muß!
Dieser Wahrheit trägt folgender Grundsatz Rechnung: Die meisten Menschen sind bereit dazuzulernen, wenn jemand ihnen
zeigt, daß neues Wissen und Verhalten sie reicher macht. Fast
alle leisten aber offen oder versteckt Widerstand, wenn sie sich
verändern »sollen«.
Entgegen einer weitverbreiteten Auffassung trägt nämlich
Druck nicht dazu bei, andere und sich selbst zu besserem Handeln zu führen. Denn wirklich »ein anderer« werden, das möchte im tiefsten Inneren keiner von uns. Das zeigen die vielen
guten Vorsätze, die ins Leere laufen. Aber zu dem ehrlichen
Angebot dazuzulernen, um sein Leben flexibler und erfolgreicher zu gestalten, sagen die meisten gerne »Ja«.

Rau hat sich mit dem Verhalten von Schulze eingehend ausein-

andergesetzt und bittet ihn zu einem Gespräch. Als erstes erkennt er die Qualitäten von Schulze an, vielleicht so: »Herr Schulze, mir imponiert sehr Ihr Engagement und Ihr Einsatz. Sie hinterfragen die Routine in der Abteilung und sind kreativ in Ihren Ideen. Leute mit solchen Fähigkeiten können wir gebrauchen.« Schulze, der einen Rüffel erwartet hat, freut sich über die ehrliche Anerkennung.

Im nächsten Schritt trennt Rau die Qualitäten von der bestimmten Situation: »Sie wollen ja gerne etwas in Bewegung bringen. Aber immer klappt das ja nicht so ganz. Wie sehen Sie denn Ihre Erfolge bei Sachbearbeiter Rudig?« Etwas beschämt gesteht Schulze, daß er ständig Krach mit ihm bekommt.

Rau fährt fort: »Wenn Sie etwas bewegen wollen, müssen Sie auch in der Kunst, mit Kollegen umzugehen, noch dazulernen. Mit welchem Verhalten könnten Sie denn den Sachbearbeiter Rudig und vielleicht auch andere Kollegen am ehesten überzeugen?«

Schulze überlegt und meint nach einigem Nachdenken, daß er es möglicherweise mit seiner Forschheit etwas übertrieben hat und es ihm sinnvoll scheint, Rudig mehr zuzuhören, seine bisherigen Lösungen anzuerkennen und dann erst einen Vorschlag zu machen.

Rau bedankt sich für diese guten Ideen und ermutigt Schulze, das auszuprobieren und, wenn es nicht klappt, zu einem neuen Gespräch zusammenzukommen. Beide gehen höchst zufrieden auseinander, und die Abteilung staunt über die plötzliche Wandlung von Schulze (auch wenn er noch ab und zu einen Rückfall hat).

Über diesen Ansatz hinaus, das Verhalten von den jeweiligen Qualitäten zu trennen, hat NLP einen weiteren entwickelt: Scheinbare Fehler haben wir uns angeeignet, weil sie uns in einem größeren Zusammenhang nützen und schützen.

Druck auf einen Menschen auszuüben führt nicht dazu, ihn zu verändern. Zeigt man ihm, wie er dazulernen kann, um flexibler zu sein, so ist dies viel erfolgreicher. NLP hat hierzu einen weiteren Ansatz entwickelt.

Diese Haltung kristallisiert sich in folgendem Grundsatz: Jedes Verhalten hat eine positive Absicht für die betreffende Person oder Gruppe.

Das gilt auch für Verhalten, das jemand bei sich und anderen als »Fehler« bezeichnet. Es ist sinnvoller, die verborgene Absicht herauszufinden und mit anderen Mitteln zu befriedigen – anstatt den »Fehler« ausmerzen oder den Störenfried beseitigen zu wollen.

Manchmal hat jemand sich auch so an ein früher nützliches Verhalten gewöhnt, daß er es weiter anwendet, obwohl es ihm nichts mehr nutzt. Das Verhalten kann sogar objektiv schädlich für ihn sein. Dennoch ist es wichtig, die ursprünglich dahinter verborgene positive Absicht zu entdecken.

Dieser wichtige Grundsatz stößt zunächst auf Skepsis und Zweifel. Wir alle kennen genügend Beispiele von selbstschädigendem Verhalten, bei dem uns die Suche nach dem positiven Zweck zunächst recht fremd vorkommt.

Außendienstmann Gross trinkt immer wieder mit Kunden und Freunden einen erheblich über den Durst. Am nächsten Morgen wacht er mit verkatertem Kopf und Magenschmerzen auf, macht sich Vorwürfe und nimmt sich vor, sich das nächste Mal mehr zusammenzunehmen. Inzwischen hat ihn sogar sein Arzt ernsthaft gewarnt – alles ohne Erfolg.

Welchen verborgenen Nutzen hat der übermäßige Alkoholismus? Bei genauerem Hinsehen ganz einfach: Gross sehnt sich sehr nach Kontakt und Unterhaltung, ist aber gleichzeitig recht schüchtern und sogar bei Freunden oft gehemmt. Nach ein paar Gläsern löst sich seine Zunge; er taut auf und wird zusehends sicherer und gesprächiger. Das ist die für ihn positive Absicht des Trinkens.

Solange Gross keine anderen Möglichkeiten gefunden hat, auf andere entspannt zuzugehen, ist der Alkohol für ihn eine notwen-

*dige Krücke, um sein Bedürfnis nach Geselligkeit zu stillen –
auch wenn es auf Kosten der Gesundheit geschieht.*

Derartige Situationen und Muster sind jedem von uns bekannt. Manchmal ist die Suche nach dem verborgenen Nutzen des schädigenden Verhaltens auch komplizierter.

Frau Rolf ist Unternehmerin und führt ein Modeatelier mit sieben Angestellten. Jeden Morgen, wenn sie aufwacht, überlegt sie sich, was während des Tages alles im Atelier schiefgehen könnte. Das raubt ihr den morgendlichen Anfangsschwung und deprimiert sie für den ganzen Tag. Dennoch beginnt sie fast zwanghaft jeden Tag von neuem auf diese Weise. Die Idee, daß dahinter eine positive Absicht stecken könnte, weist sie weit von sich.
Im Coaching wird ihr klar, daß sie schrecklich Angst vor Fehlern hat und davor, von sich enttäuscht zu sein. Ihre morgendlichen Überlegungen dienen als Vorbereitung auf unangenehme Überraschungen und als eine Art Schutz. Erst als sie anfängt, von dem übertriebenen Perfektionismus abzugehen und sich auch einen Fehler zuzugestehen, kann sie den Tag positiv beginnen.

Exzellente Kommunikation entsteht dadurch, daß wir dieses Wissen in praktisches Handeln umsetzen. Die Führungskraft löst sich von der herkömmlichen Sichtweise, Fehler zu verurteilen, und setzt ihr erweitertes Veständnis zum Nutzen des Betreffenden und des Unternehmens ein.

Abteilungsleiter Weinig hat fast unüberbrückbare Schwierigkeiten mit Ingenieur Maier. Ständig eckt dieser an. Gerade in den Teamsitzungen provoziert er fruchtlose und erbitterte Diskussionen. Dabei weiß Herr Weinig, daß Herr Maier selbst unzufrieden mit sich ist. Irgendwie schafft Herr Maier es trotz aller guter Vorsätze aber nicht, seinen Mund zu halten. Herrn Weinig stört die

Wichtig ist es, bei den Fehlern des anderen die verborgene Absicht herauszufinden. Wenn wir das Wissen um unsere positive Absicht umsetzen, sind wir in der Lage, exzellente Kommunikation zu führen.

Sturheit von Herrn Maier, und er versucht immer wieder, ihm Kontra zu geben – ohne Erfolg.

Nach einem Seminar fängt Weinig an, sich mehr mit dieser Eigenschaft von Herrn Maier auseinanderzusetzen. Was könnte die im »Fehler« verborgene positive Absicht sein? Abteilungsleiter Weinig stellt sich angesichts des Verhaltens von Maier folgende zwei Fragen:

Welchen für Maier positiven Zweck hat sein kämpferisches Verhalten in den Teamsitzungen?

Was kann er, Weinig, tun, daß Maier auf weniger störende Weise diesen seinen positiven Zweck erreicht?

Bei der Antwort stützt Weinig sich nicht auf ein Handbuch der psychologischen Motive, sondern er nutzt alle Informationen, Eindrücke, sein ganzes Wissen als Vorgesetzter, um eine mögliche Antwort zu finden. Flexibel ist er dabei bereit, seine Hypothesen jederzeit zu ändern, falls sie sich als falsch erweisen. Weinig kommt zu dem Schluß, daß Maier den Kollegen und ihm als Vorgesetzten zeigen und beweisen will, daß die von ihm gefundenen Lösungen richtig und intelligent sind.

Dann geht Herr Weinig zum nächsten Punkt, bei dem sein Einfallsreichtum und seine Kreativität als Vorgesetzter gefordert sind: Was kann er, Weinig, tun, daß Maier weniger störend (vielleicht sogar fürs Unternehmen nützlich!) beweisen kann, daß er intelligent ist?

Nachdem Herr Weinig verschiedene Lösungen mit Kollegen durchgesprochen hat, überträgt er Herrn Maier die Aufgabe, die Teamsitzungen unter Darlegung der verschiedenen Standpunkte vorzubereiten und am Ende eine Zusammenfassung zu geben. Obwohl innerlich vorbereitet, ist Herr Weinig überrascht, wie erfolgreich sein Vorgehen ist. Herr Maier freut sich über die Ehre, strengt sich sehr zu Beginn und am Ende der Sitzungen an – und ist plötzlich während der Sitzungen kooperativ und umgänglich.

Bei diesem Zugang geht es um die ernsthafte Beschäftigung mit den Verhaltensmustern anderer (und den eigenen). Alte Denkmuster und eingeschliffene Verhaltensweisen geraten dadurch in Bewegung. Erst daraus kann neues stimmiges und kongruentes Handeln erwachsen. Wer einfach nur so tut, »als ob«, der wird rasch von seiner Umgebung durchschaut, und die Reaktionen sind negativer als auf das vorherige spontane Verhalten. Denn hier wird kein künstliches positives Denken als neue Führungsmasche vorgestellt.[2]

Diese konstruktive Sichtweise ist genauso wirksam im Umgang mit anderen wie bei der eigenen Person. Überprüfen Sie den Ansatz in einer Übung für ein eigenes Problem.

Qualitäten in Fehlern

Welches ist Ihr größter Fehler? Welches ist das Verhalten bei sich, das Sie am meisten verurteilen?

_____

_____

_____

Welche Qualitäten stecken verborgen in diesem Verhalten? (Um die Qualitäten deutlich zu sehen, ist es manchmal hilfreich, sich das Gegenteil dieses Verhaltens vorzustellen.)

_____

_____

_____

Wie wäre Ihr Leben, wenn Ihnen diese Qualitäten völlig fehlen würden?

_____

_____

Eine intensive Beschäftigung mit den eigenen Verhaltensmustern und denen anderer Menschen gibt einem neue Sichtweisen. Welches ist z. B. Ihr größter Fehler? Welches Verhalten verurteilen Sie?

253

Welches ist die positive Absicht dieses Teils?

_____

_____

Welche anderen Wege gibt es, die positive Absicht des Teils zu erfüllen?

_____

_____

Wenn Sie diese Übung konsequent durchführen, machen Sie wichtige Erfahrungen. Plötzlich mag deutlich werden, daß ein störendes Verhalten in der Situation unangemessen ist, aber doch, in sich verborgen, eine Menge Schätze enthält. Diese Schätze gilt es zu heben, so daß sie ihren Nutzen entfalten können.

Vielleicht haben einige unter Ihnen auch erlebt, daß Ihnen bei der Durchführung der Übung keine Qualitäten und positive Absichten deutlich geworden sind. Oder mancher fand die Übung an sich seltsam oder überflüssig, so daß er sie nicht ausprobiert hat. Vielleicht kommt ihm der ganze Ansatz, zu einer solchen neuen Sichtweise zu gelangen, künstlich, »psychologisch« und lebensfremd vor.

Für diejenigen unter Ihnen ist die nächste Frage spannend. Da gibt es einen Teil in Ihnen, der verhindert hat, daß Sie zu einer konstruktiven Sichtweise Ihres Fehlers gelangen oder daß Sie die Übung überhaupt durchgeführt haben. Welche Qualitäten verbergen sich in diesem Verhalten? (Um die Qualitäten deutlich zu sehen – was wäre das Gegenteil dieses Verhaltens?)

_____

_____

Wie wäre Ihr Leben, wenn Ihnen diese Qualitäten völlig fehlen würden?

_____

_____

Welches ist die positive Absicht dieses Teils?

_____

_____

Welche anderen Wege gibt es, die positive Absicht des Teils zu erfüllen?

_____

_____

Mit der letzten Übung wird sichtbar, daß es keinen Teil bei Ihnen als Leser gibt, den ich Ihnen als Autor ausreden muß. Es ist wichtig, solche Anteile zu schätzen und zu würdigen, auch wenn man im ersten Moment ablehnend und unwillig reagiert.

Aber in der Vorsicht, sich auf neues Gedankengut einzulassen, stecken eine Menge Qualitäten. Denn viele Leute umschwirren uns, von denen jeder behauptet, unser Bestes zu wollen. Eine Portion Skepsis ist bei diesen vielen Ratschlägen, die in die unterschiedlichsten Richtungen gehen, angebracht und gesund. Die positive Absicht eines skeptischen Teils ist es, die eigene Integrität zu schützen. Der Teil sorgt dafür, daß die Wertmaßstäbe, die man sich im Laufe seines Lebens angeeignet hat und die einem Stabilität geben, nicht ins Wanken geraten. Es ist sehr sinnvoll, sich behutsam in Neuland vorzutasten, immer wieder einmal stehenzubleiben und sich einen Überblick über die Lage

Was ist dabei Ihre positive Absicht? Wenn Ihnen die Übungen seltsam oder überflüssig vorkommen, welche Absicht versteckt sich hinter der Distanz? Sie könnte es sein, sich schützen zu wollen.

zu verschaffen. Immer wieder wird die eigene Erfahrung zum Prüfstein, ob das ein guter Weg für einen selbst ist, den man weiter beschreiten will, oder ob man lieber in eine andere Richtung geht.

Diese Herangehensweise ist nicht lediglich eine einfache mentale Technik, die man bisweilen anwendet, um die Kapazität seines Gehirns besser zu nutzen. Sie enthält eine völlig neue Sichtweise und ist in ihrer Radikalität Sprengstoff für den bisherigen Umgang mit sich selbst.

Wir sind aufgewachsen in einer Kultur, die auf einem wichtigen Paradigma aufbaut: Es ist selbstverständlich und notwendig, Fehler (»Sünden«) zu verurteilen, zu bekämpfen und zu unterdrücken. Nach unserer ganzen Erziehung steckt irgendwo etwas Böses in uns, das beherrscht werden muß. Zwar haben sich in den letzten Jahrzehnten viele Menschen von den Lehren der Kirchen abgewendet, aber Jahrhunderte intensiver Geschichte prägen weit mehr, als uns bewußt ist. Vielleicht belächelt heute jemand die Geschichte aus der Bibel von der Erbsünde und der Vertreibung aus dem Paradies. Aber diese Vorstellungen prägen unser Verständnis von uns selbst.

Das Reframing steht dem diametral entgegen. Ziel ist darum, das Verständnis von sich selbst zu erweitern und zu vertiefen, um so zu neuen Handlungsalternativen zu kommen. Selbst das, was wir als schlimmstes Laster bei uns empfinden, trägt nämlich einen positiven Kern in sich. Diesen positiven Kern gilt es zu nutzen, damit er Frucht bringen kann.

So läßt sich die Technik der Personifizierung und Verhandlung von zwei Konfliktteilen auch für einen inneren Konflikt anwenden, bei dem ein Teil immer wieder die guten Vorsätze sabotiert.

Wir können die Möglichkeiten davon am Beispiel von Herrn Schuhmann beobachten, der es gern schaffen möchte, selbständig zu werden, aber immer wieder an der Planung gestört wird.

Herr Schuhmann beginnt, indem er versucht, beide Seiten zu personifizieren. Leicht ist es für ihn, sich ein Bild von dem Teil zu machen, der gern selbständig wäre. Ihm kommt ein Bild aus der Werbung einer Illustrierten für Herrenanzüge. Da ist ein Typ mit kantigem Gesicht, erfolgreich und dynamisch. »Genauso sieht der Teil in mir aus«, freut Schuhmann sich. Mit dem Teil, der immer sabotiert, tut er sich schwer. Schließlich erscheint vor dem inneren Auge das Bild eines Nachbarn, den er nicht leiden kann. Der Mann ist schrecklich unsicher, kann keinen Blickkontakt halten und hat ein leichtes, nervöses Zucken im Gesicht. »Du lieber Himmel!« denkt sich Schuhmann. »Was sollen diese beiden miteinander verhandeln?«

Als die beiden sich die Meinung sagen, sagt der Erfolgstyp prompt zu dem Furchtsamen: »Am liebsten will ich nichts mit dir zu tun haben. Ich finde es schlimm, daß es solche Menschen gibt!« Überraschend für Schuhmann ist es, als der Furchtsame zum ersten Mal seinen Mund aufmacht und die eigene Meinung zum Erfolgstyp äußert: »Ich finde dich zum Kotzen! So aufgeblasen und ständig unter Spannung. Und dazu noch so richtig arrogant und von sich selbst eingenommen. Pfui Teufel.«

Werte und Qualitäten des Erfolgstyps bestehen darin, daß er selbständig und als Einzelkämpfer erfolgreich sein will. Er hat eine Menge Kraft und Energie. Aber was soll in diesem Nachbarn stecken?! Schuhmann findet, daß der Mann nur nervös und empfindlich ist. Schließlich formuliert er diese Eigenschaften positiv um, nämlich in feinfühlig, empfindsam, mit ganz vielen Antennen für die Stimmungen anderer. Außerdem möchte der Furchtsame alles perfekt erledigen.

Dann analysiert Schuhmann, wie die beiden sich gegenseitig blockieren. Der Erfolgstyp läßt den Furchtsamen überhaupt nicht zu Wort kommen. Aber der scheinbar schwächliche Furchtsame hat immer genügend Kraft, um den Erfolgstyp von seinem Ziel abzulenken. »Da steckt ja eine ganze Menge Power dahinter«,

Ziel des Reframing ist es, das Verständnis von der eigenen Person zu erweitern und zu vertiefen, damit wir neue Lösungen sehen und zu anderen Sichtweisen kommen. Alles kann positiv sein.

257

fällt Schuhmann auf. Als er das erkannt hat, ändert sich vor seinem inneren Auge von ganz allein das Bild des Furchtsamen. Das nervöse Zucken in seinem Gesicht verschwindet, und plötzlich kommt Ärger in die Augen. Gleichzeitig wird die Haltung energischer und der Tonfall sicherer. Die Furcht geht zum Teil weg; statt dessen zeigt sich Trotz. Als der Erfolgstyp und der Furchtsame sich jetzt gegenübertreten und anschauen, wirken sie sich ebenbürtig. Plötzlich ist mehr gegenseitiger Respekt da.

Trotzdem tun die beiden sich noch schwer bei Überlegungen, wie sie ihre eigenen Ziele mit Hilfe des anderen besser erreichen könnten. »Ich will ja alles optimal machen«, meint schließlich der Furchtsame. »Deswegen fühle ich mich auch am sichersten, wenn ich mit Kollegen und einem erfahrenen Vorgesetzten zusammenarbeiten kann. Aber manchmal müßte ich auch einen Fehler riskieren, um etwas Neues auszuprobieren und um noch besser zu werden. Da könnte mir deine Dynamik gut helfen. Und einen Fehler kann ich dann besser wegstecken, ohne mir tagelang Selbstvorwürfe zu machen.« – »Du kennst alle Schwierigkeiten«, überlegt sein früherer Gegner. »Bisher wollte ich den Weg zur Selbständigkeit immer mit Schwung angehen, ohne mir groß den Kopf zu zerbrechen. Du könntest mich auf alle Risiken aufmerksam machen.«

Beide sind soweit, daß sie Interesse an einem Abkommen finden. Sie wollen sich gegenseitig unterstützen, damit Schuhmann in seiner Arbeit zufriedener wird. Schuhmann braucht auf dem Weg zur Selbständigkeit erst noch Zwischenschritte, damit er wirklich sicher sein kann, ob er der Selbständigkeit gewachsen ist. Ein Zufall kommt den beiden entgegen. Das Unternehmen plant mehrere Zweigstellen in den neuen Bundesländern. Schuhmann könnte sich bemühen, eine Zweigstelle als selbständiger Leiter zu übernehmen. Dabei hat er noch genügend Unterstützung, aber gleichzeitig mehr Selbständigkeit. Die Idee gefällt beiden, und sie besiegeln das Abkommen.

An diesem ausführlichen Beispiel erkennen Sie viele Stationen auf dem Weg, einen inneren Konflikt zu lösen. Es ist nicht leicht, gelingt möglicherweise nicht beim ersten Mal, aber es lohnt sich.

Nutzen Sie die folgenden Seiten für die Arbeit entweder mit einem Wunsch oder Ziel, das immer wieder von dem »inneren Schweinehund« sabotiert wird. Oder Sie verwenden sie für ein Verhalten, das Sie bei sich völlig ablehnen, das aber dennoch immer wieder einmal sich Bahn bricht.

Innere Verhandlung mit dem Saboteur

Nehmen Sie sich Zeit, um sich zu entspannen.

Was ist der Konflikt?

_____

_____

_____

Schritt 1

Welches ist die stärkere Seite in diesem Konflikt? Wenn diese Seite verkörpert wäre (durch einen Teil von Ihnen selbst, durch eine andere Person oder auch durch ein Symbol), wie würde dieser Teil, diese Person A aussehen?

Machen Sie sich ein genaues Bild von der Person A: Welche Kleidung trägt sie? Wie ist die Haltung? Wie der Gesichtsausdruck? Mit welcher Stimme spricht A?

_____

_____

_____

_____

Dann gehen Sie zum anderen Teil des Konflikts. Wenn diese Seite ebenfalls eine Person wäre – wie würde diese Person B aussehen? Machen Sie sich von B ein genaues Bild. Welche Kleidung trägt sie? Wie ist die Haltung? Wie der Gesichtsausdruck? Mit welcher Stimme spricht B?

_____

_____

_____

Schritt 2
Lassen Sie in Ihrer Vorstellung A und B sich begegnen und Kontakt miteinander aufnehmen. Lassen Sie die beiden aussprechen, was sie voneinander halten.
Was hält A von B? Lassen Sie A offen und klar seine Meinung und Gefühle dem B mitteilen.

_____

_____

_____

Und was hält B von A? Lassen Sie B genauso ehrlich und schonungslos antworten.

_____

_____

_____

Schritt 3
Jede der beiden Personen A und B hat bestimmte Ziele und Werte. In den eigenen Augen jeder Person sind diese Werte wichtig und erfüllen einen positiven Zweck.

Was möchte A?

_____

_____

Was möchte B?

_____

_____

Können Sie als Außenstehender etwas Gemeinsames in den Anliegen beider erkennen?

_____

_____

Schritt 4

Weder A noch B erreichen ihre Ziele. Ganz einfach aus dem Grund, weil der andere Teil immer wieder stört und destruktiv dazwischenfunkt. Denn jeder von beiden ist stark genug, den anderen zu sabotieren.
Wie hindert B den A daran, seine Ziele zu erreichen?

_____

_____

Wenn Sie das herausgefunden haben, dann schlüpfen Sie innerlich kurz in B, und spüren Sie die Kraft, die dahintersteckt.
Und wie revanchiert sich A und hindert seinerseits B daran, seine Ziele zu erreichen?

_____

_____

Schlüpfen Sie nun kurz in A, und spüren Sie auch hier die Kraft, die in diesem Blockieren steckt.

Lassen Sie jetzt beide Kontrahenten sich gegenübertreten und sich gegenseitig den Respekt für die Stärke des anderen ausdrücken!

Schritt 5
Jede dieser beiden Personen besitzt wichtige Qualitäten und Fähigkeiten, die der anderen fehlen und je nach Situation nützlich sind.

Welche besonderen Qualitäten und Fähigkeiten besitzt A?

_____

_____

_____

Welche besonderen Qualitäten und Fähigkeiten besitzt B?

_____

_____

_____

Schritt 6
Jeder der beiden Kontrahenten möchte seine Ziele erreichen und verwendet dazu seine ganzen Fähigkeiten. Aber vielleicht könnten die Fähigkeiten und Qualitäten des anderen Teils auch für die Erreichung der eigenen Ziele nützlich sein.

Wie oder wann könnten die Fähigkeiten von B dem A nutzen, um die eigenen Ziel besser zu erreichen?

_____

_____

_____

Wie oder wann könnten die Fähigkeiten von A dem B nutzen, um die eigenen Ziele besser zu erreichen?

_____

_____

_____

Schritt 7

Der Boden ist vorbereitet für einen neuen Schritt beider bisherigen Gegner. Nachdem jeder die Stärke des anderen erkannt und darüber hinaus herausgefunden hat, wie nützlich die andere Person sein kann, ist es Zeit für Verhandlungen. Wie könnte ein Abkommen aussehen, daß beiden hilft, die eigenen Ziele besser zu erreichen? Voraussetzung dabei ist, daß das Abkommen fair ist, keiner untergebuttert wird und jeder von beiden bereit ist, sich an seinen Teil zu halten.

Lassen Sie A und B sich wieder begegnen und ein Abkommen aushandeln, wie sie sich besser unterstützen können, anstatt sich lediglich zu blockieren! Wie lautet das Abkommen?

_____

_____

_____

Schritt 8

Lassen Sie die beiden sich jetzt näherkommen, so nah, wie es für beide richtig ist. Vielleicht möchten die bisherigen Gegner sich die Hände schütteln oder sich sogar umarmen. Manchmal steht der große Schritt an, daß beide bereit sind, ihre beiden Qualitäten in einer einzigen Person zu integrieren. Beide verschmelzen und lösen sie sich auf in einer Person, die die Fähigkeiten und Qualitäten beider in sich harmonisch vereinigt und je nach Situation zur Verfügung hat.

Machen Sie sich das Bild einer Person, die die Fähigkeiten und Qualitäten beider harmonisch in sich vereinigt. Wie würde diese Person aussehen?

_____

_____

_____

_____

Wie würde diese Person den ehemaligen Konflikt lösen und damit umgehen?

_____

_____

_____

_____

Wenn Sie diese Übung durchgeführt haben, werden Sie eine innere Verwandlung des ursprünglich abgelehnten Teils erlebt haben. Durch die intensive Beschäftigung mit dem inneren Konflikt sind Aspekte deutlich geworden, die vorher nicht offensichtlich waren. Verständnis und Aussöhnung finden statt.

Manchmal ist dieser Schritt für eine einmalige Übung zu groß. Das ist dann der Fall, wenn ich noch nicht bereit bin, eine Seite, die ich vielleicht mein Leben lang abgelehnt und abgewertet habe, als eine Bereicherung für mich zu erfahren.

Aber auch dann erfolgt in dieser Übung eine Kontaktaufnahme von zwei bisher unversöhnlichen und nicht gesprächsbereiten Gegnern. Die Fronten brechen auf. Wenn Sie diese Technik weiter nutzen und die nachfolgenden Übungen zur Unterstützung nehmen, wird die Aussöhnung erfolgen.

Das innere Kind annehmen

Um die inneren Konflikte aufzulösen, ist die wichtige Frage zu beantworten, wie es zu den inneren Konflikten, der Spaltung und Gegnerschaft in uns kommt.

Die Ursachen für die Spannungen liegen in unserer Kindheit. Erziehung basiert darauf, daß die von den Eltern gewünschten Verhaltensweisen gefördert und die unerwünschten unterdrückt werden. Die ursprünglichen Impulse des Kindes verschwinden durch den elterlichen und später schulischen Einfluß aber nicht ganz und gar, sondern nehmen häufig eine andere Form an. Je verbotener Impulse sind, desto mehr müssen sie sich tarnen. So entsteht dann der innere Saboteur.

Das einfache Modell der Transaktionsanalyse kann das Verständnis erleichtern. Während es üblicherweise zur Erklärung von Kommunikationsmustern verwendet wird, nutze ich es gern auch zur Erklärung der inneren Konflikte.

Wenn jemand die Art und Weise beobachtet, wie zwei oder mehr Menschen miteinander umgehen, dann kann er – der Transaktionsanalyse folgend – jeden Satz und jede nonverbale Aktion

Das innere Kind aufnehmen

Um die inneren Konflikte bewußtzumachen, muß man sich für die Ursachen interessieren. Das Modell der Transaktionsanalyse kann dies erklären. Wir unterscheiden zwischen verschiedenen Ichs.

265

oder Reaktion einem von drei Ich-Zuständen zuordnen. Nach der Hauptunterteilung gibt es: Eltern-Ich, Erwachsenen-Ich und Kind-Ich.

Diese Ich-Zustände lassen sich noch weiter unterteilen. Das Eltern-Ich teilt sich auf in das fürsorgliche und das kritische Eltern-Ich. Das Erwachsenen-Ich ist ungeteilt. Das Kind-Ich unterteilt sich in rebellisches Kind-Ich, angepaßtes Kind-Ich und freies Kind-Ich.

Die Unterteilung, welche Sätze welchem Ich-Zustand zugeordnet werden, erfolgt ganz pragmatisch. Folgende drei Kriterien sind entscheidend:

● Der Inhalt der Worte und Sätze
● Der Tonfall
● Die Haltung, Gestik und Mimik

Im Eltern-Ich finden sich alle Sätze, die das Kind von den Eltern gehört hat und übernimmt.

Das fürsorgliche Eltern-Ich richtet auf, ermuntert, tröstet:

»Ist ja toll, wie du das geschafft hast.«
»Das kannst du schon.«
»Das nächste Mal klappt es.«
»Ist doch nicht so schlimm.«

Wenn Sie diese Sätze laut vorlesen, wird ganz automatisch ein bestimmter Tonfall dazukommen. Die übrige Körpersprache wird sich dem Inhalt und dem Tonfall anpassen. Natürlich können Sie auch einen anderen Tonfall wählen und derartige Sätze vielleicht ironisch sagen; dann verliert sich diese Qualität der Fürsorglichkeit. Aber dann sind die Sätze nicht mehr ehrlich gemeint.

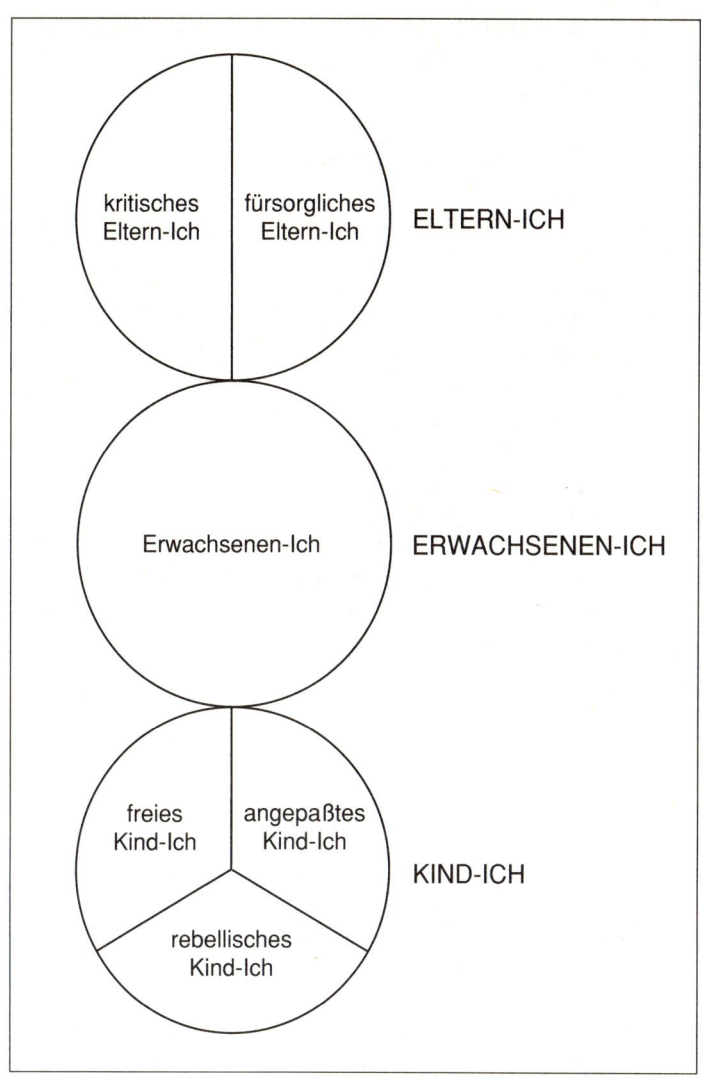

Das Eltern-Ich teilt sich auf in das kritische und das fürsorgliche Ich, das Erwachsenen-Ich ist ungeteilt, und das Kind-Ich verteilt sich auf das rebellische, das freie und das angepaßte Ich.

Wie das Wort kritisch« schon sagt, verbessert das kritische Eltern-Ich, korrigiert und ermahnt. Hier gibt es eine ganze Menge von Sätzen:

»Ich habe dir doch gesagt, du sollst . . .«
»Das ist nicht erlaubt.«
»Führ dich nicht so auf.«
»Du solltest . . .«
»Du müßtest . . .«
»Man tut das nicht.«
»Reiß dich zusammen.«
»Streng dich mehr an.«
»Wehe, wenn das nicht klappt.«
»Du bist ja unmöglich.«
»Versager! Flasche! Dummkopf!«
»Schäm dich.«

Im Tonfall schwingen eine unbestimmte Ungeduld und oft auch Ärger mit. Immer ist eine aggressive Komponente mit dabei nach dem Motto: »Du bist nicht in Ordnung.« Die typische Körperhaltung ist der ausgestreckte drohende Zeigefinger.

Das Erwachsenen-Ich enthält allen sachlichen Informationsaustausch. Hier sind Sätze wie folgende typisch:

»Wie spät ist es bitte?«
»Ich nutze Mentales Training zur Entspannung.«
»Bisher war der Unterricht informativ.«
Der Tonfall ist sachlich und gefühlsneutral. Die Körpersprache ist eher ruhig und beherrscht.
Ich selbst siedle im Erwachsenen-Ich allen Umgang an, der partnerschaftlich ist, das heißt, zwei Menschen behandeln sich als gleichwertig.

»Ich möchte mit dir noch einmal in Ruhe über unseren Streit reden.«
»Erzähle mir doch, wie es dir geht.«
»Ich fühle mich nicht wohl, wenn du an mir vorbeischaust.«

Das freie Kind-Ich enthält die Freude, Spontaneität, Kreativität, aber auch die gefühlsmäßige Intensität für alle Gefühle, die das Kind noch unverhüllt zeigt.
Hier sind Begeisterungsausrufe einzuordnen und ein Satz wie:
»Ist ja toll!!«

Das rebellische Kind-Ich enthält Sätze wie:

»Warum denn immer ich?!«
»Ich habe einfach keine Lust.«
»Ich denk' nicht dran, das zu tun!«
»Ihr könnt mich alle mal!«

Der Tonfall hat einen aggressiven Unterton, aber nicht kritisch, sondern trotzig. Die Haltung wird verdeutlicht durch geballte Fäuste (möglicherweise in der Hosentasche).

Das angepaßte Kind-Ich enthält Sätze wie:

»Das ist mir ja schrecklich peinlich.«
»Es tut mir unheimlich leid.«

Die Stimme ist schwach, zurückgenommen und ein bißchen leise. Die Haltung ist unterwürfig, möglicherweise die Schultern etwas hochgezogen, mit einem ständigen entschuldigenden Lächeln auf dem Gesicht.

Das kritische Eltern-Ich korrigiert und ermahnt, das fürsorgliche ermuntert. Das Erwachsenen-Ich enthält alle sachlichen Informationen. Das freie Kind-Ich enthält Freude, das rebellische Ich ist trotzig.

Während das freie Kind-Ich ungeprägtes spontanes Verhalten zeigt, sind das angepaßte und das rebellische Kind-Ich dagegen Reaktionsformen auf bestimmtes Verhalten der Eltern.

Die kleine Moni im Krabbelalter wird immer neugieriger. Insbesondere Steckdosen erwecken ihr Interesse. Die besorgte Mutter redet ihr zunächst gut in liebevollem Tonfall zu: »Komm, laß das lieber, das ist gefährlich« (fürsorgliches Eltern-Ich).
Aber Moni stört das nicht, und sie macht weiter, bis die Mutter zornig wird: »Jetzt hör auf damit! Ich hab' dir das jetzt schon dreimal gesagt. Finger weg!« (kritisches Eltern-Ich). Die Mutter zieht Moni weg, und Moni wehrt sich und stampft auf den Boden (rebellisches Kind-Ich). Schließlich erhält Moni einen Klaps, weint und gehorcht (angepaßtes Kind-Ich).

An diesem Beispiel wird sichtbar, daß die ursprüngliche Form der Reaktion des Kindes auf ein Verhalten der Eltern, das es einschränkt, die Rebellion ist. Das Kind hat ein Ziel und rebelliert gegen Widerstand. Durch häufig schmerzhafte Erfahrungen erfährt das Kind, daß sein Widerstand oft zwecklos ist. Entweder weil seine Rebellion durch Gewalt gebrochen oder weil sie ihm ausgeredet wird. »Du kannst doch deinem Papi und deiner Mami nicht weh tun. Sie meinen es doch gut mit dir.« Das Kind lernt, sich anzupassen und die spontane Reaktion des Widerstands und der Rebellion zu unterdrücken. Diese Sätze und die Art des Umgangs finden auch in unserem eigenen Inneren statt. Es ist ein ständiger innerer Dialog, der sich abspielt.

Herr Leicht hat einen Bauch, weil er sehr gern bei den Mahlzeiten zulangt. Als er eines Morgens beim Blick auf die Waage zehn Kilogramm Übergewicht feststellt, findet folgender innerer Dialog statt...

Das fürsorgliche Eltern-Ich meint besorgt: »Du, das ist nicht gesund. Nimm lieber ab.« Das kritische Eltern-Ich bellt ihn an: »Das ist ja unmöglich. Ich habe dir doch bei jeder Mahlzeit gesagt, wenn du so reinhaust, wirst du ganz fett. Beherrsch dich in Zukunft mehr!«

Das Erwachsenen-Ich zitiert aus einem Artikel: »Übergewicht ist ungesund und für den Kreislauf belastend. Es ist sinnvoll abzunehmen.«

Das freie Kind-Ich meint: »Also mir macht Essen immer Spaß. Die Hauptsache, es schmeckt!« Das angepaßte Kind-Ich hat einen Schreck bekommen, als es die beiden Eltern-Ichs und das Erwachsenen-Ich gehört hat, und erklärt ganz eifrig: »Das wird in Zukunft anders! Ich werde nur noch vernünftig essen und abnehmen, bis ich mein Idealgewicht wieder habe. Und Sport werde ich auch anfangen! Jeden Tag!!«

Und dennoch – trotz dieser vielen mahnenden Stimmen zur Gewichtsabnahme beherrscht sich Herr Leicht auch in den nächsten Wochen nicht. Wie kommt das?

Die Ursache ist, daß Herr Leicht eine Stimme in seinem Inneren nicht registriert hat. Vielleicht ist er schon so daran gewöhnt, diese Stimme zu überhören, daß er sie einfach ganz leise gestellt hat und sie ignoriert. Es ist die Stimme des rebellischen Kind-Ichs.

Für den Umgang mit anderen gilt: Druck erzeugt Gegendruck. Dieses Phänomen wird in der Psychologie seit mehr als zwei Jahrzehnten unter dem Begriff »Reaktanz« behandelt. Damit ist der Zustand gemeint, in den ein Mensch kommt, wenn sein Entscheidungsspielraum eingeengt oder bedroht wird.

Mögliche Reaktionen sind, daß die Person, deren Freiheit bedroht wird, plötzlich genau die untersagte Alternative attraktiv findet oder genau das tut, was sie nicht tun soll.

Das gleiche Muster gilt im Umgang mit uns selbst: Innerer

Als Kind lernt man sich anzupassen und den Widerstand zu unterdrücken. Druck erzeugt jedoch Gegendruck, »Reaktanz«. Eine mögliche Reaktion ist, daß man das Gegenteil von dem tut, was man eigentlich tun soll.

271

Druck erzeugt inneren Gegendruck. Unser eigenes rebellisches Kind-Ich reagiert fast automatisch auf Befehle, Anweisungen und die üblichen guten Ratschläge. Es weigert sich und will sich nicht kommandieren lassen. – Eine kleine Erfahrung hierzu...

Das rebellische Kind
Welches ist Ihr größter Fehler?

Formulieren Sie: Mein größter Fehler ist

_____

_____

_____

_____

_____

_____

Dann fügen Sie hinzu: » – und heimlich genieße ich ihn.« Lesen Sie sich den ganzen Satz einmal laut vor. Was ist Ihr Gefühl dabei?

_____

_____

_____

_____

_____

_____

_____

In Seminaren mache ich die Erfahrung, daß 80 Prozent der Teilnehmer ein heimliches Grinsen verspüren, wenn sie sich zugestehen dürfen, ihren Fehler zu genießen und gar nicht so vollendet tugendsam sein zu wollen. Diese Seite stammt aus dem rebellischen Kind.

Wenn das rebellische Kind-Ich nicht gehört und berücksichtigt wird, geht es in den Untergrund und wird zum Saboteur der guten Vorsätze. Es entwickelt sich zu dem gefürchteten »inneren Schweinehund«, der stur und hartnäckig alle Verbesserungsversuche boykottiert.

Die positive oder negative Art, wie wir mit uns umgehen, wird von unserem Eltern-Ich gespeist. Jedes innere: »Du solltest...!« eines Eltern-Ichs erzeugt automatisch ein: »Nein. Ich denk' nicht daran!« Wenn dann der Druck der Eltern zu stark wird, kommt das angepaßte Kind und bemüht sich, es richtig zu machen. Es kann auch bei sehr strengen und rigiden Eltern-Ichs erreicht werden, daß für eine längere Zeitdauer ein Verhalten durchgesetzt wird. Aber der Druck ist immer erforderlich. Es ist wie ein Gummiband, das ausgezogen ist. Läßt die Kraft nach, schnellt der Gummi zusammen. Man kann garantieren, daß Zeiten kommen, in denen der lange überdehnte Gummi zusammenschnellt: bei Krankheit, im Streß, in persönlichen Krisen.

Die Fähigkeit, den inneren Druck aufrechtzuerhalten, ja, ihn zu genießen, hängt typischerweise mit der »Spann«-Kraft der jeweiligen Altersstufe zusammen. Im Alter von zwanzig und dreißig Jahren bringt das Üben und Erleben von Beherrschung und Willenskraft wertvolle Erfahrungen der eigenen Stärke. Ab vierzig fängt der reine Genuß an der eigenen Beherrschung an zu verschwinden. Das Bewußtsein der ständigen inneren Gespanntheit wird deutlich. Fragen tauchen auf: Wozu eigentlich? Ist das sinnvoll? Dazu kommen Erfahrungen, daß die überschießende jugendliche Energie und Gesundheit nicht

Wenn wir das rebellische Kind-Ich nicht hören, wird es zu unserem eigenen Saboteur und »inneren Schweinehund«. Von 20 bis 30 Jahren bringt das Üben von Beherrschung gute Erfahrungen.

mehr selbstverständlich sind. Wer dann von Herz-, Magen- oder Rückenschmerzen geplagt wird, der erlebt plötzlich auch den anderen Pol von Schwäche und Kraftlosigkeit. Werte, die bislang die Orientierung geboten hatten, geraten ins Wanken. Das wird dann als Midlife Crisis bezeichnet. Eine neue sinnvolle Auseinandersetzung mit der inneren und äußeren Realität setzt ein.

Im Laufe des Heranwachsens machen wir uns auf den Weg, eigene Werte zu finden und zu leben. Wir wollen es anders und besser machen als die Eltern. Allerdings ändern wir oft zwar die Werte, aber bedauerlicherweise nicht die Art des Umgangs mit uns selbst.

Der kleine Max ist zehn Jahre alt und muß jeden Sonntag um zehn Uhr in die Kirche gehen. An einem Sonntag, an dem seine Eltern verreist sind, wacht er um halb zehn auf. Er könnte den Gottesdienst noch schaffen, wenn er sich beeilen würde. Aber er hat keine Lust (rebellisches Kind-Ich), sondern dreht sich auf die Seite und schläft weiter. Viertel nach zehn wacht er auf, und plötzlich packt ihn das schlechte Gewissen. Er hört die innere Stimme (kritisches Eltern-Ich), die ihm Vorwürfe macht: »Du bist ganz und gar schlecht. Das war jetzt eine schwere Sünde! Pfui Teufel.« Er reagiert, indem er sich klein und schuldig fühlt (angepaßtes Kind-Ich).

Als Max fünfzehn wird, rebelliert er mehr und mehr gegen seine Eltern. Er findet sie altbacken, spießig und weltfremd. Mit siebzehn zieht er aus, geht in eine Wohngemeinschaft und engagiert sich politisch. Mit allem, was er von seinen Eltern gelernt hat, will er nichts mehr zu tun haben. Jetzt geht er sonntags immer wieder auf Demonstrationen gegen den Mißbrauch in der Politik, gegen Ausländerfeindlichkeit und gegen den Krieg.

Als er neunzehn ist, wacht er eines Morgens wieder um halb zehn auf. Um zehn Uhr ist eine Demo, die er noch schaffen könnte, wenn er sich beeilen würde. Aber er hat keine Lust (rebellisches Kind-Ich), sondern dreht sich auf die Seite und schläft weiter. Um Viertel nach zehn wacht er auf, und plötzlich packt ihn das schlechte Gewissen. Er hört die innere Stimme (kritisches Eltern-Ich), die ihm Vorwürfe macht: »Du bist ganz und gar unsolidarisch und unzuverlässig. Ein faules Schwein bist du!« Er reagiert, indem er sich klein und schuldig fühlt (angepaßtes Kind-Ich).

Wiederum zehn Jahre später hat Max sich entschlossen, lieber Karriere zu machen. Jedes Wochenende arbeitet er eifrig an seiner Fortbildung, denn er hat ja wegen der rebellischen Jahre einiges nachzuholen.

Eines Sonntags morgens wacht er um halb zehn auf. Um zehn Uhr, so hat er sich vorgenommen, will er am Schreibtisch sitzen und Bilanzbuchhaltung studieren. Aber plötzlich hat er keine Lust, sondern dreht sich auf die Seite und schläft weiter. Um Viertel nach zehn wacht er auf, und plötzlich packt ihn das schlechte Gewissen. Er hört die innere Stimme, die ihm Vorwürfe macht: »So wird ja nie etwas aus dir werden. Du hast ja überhaupt keine Willenskraft. Du Schwächling!« Er reagiert, indem er sich klein und schuldig fühlt.

Max hat zwar seine Werte mehrmals verändert und eigene Maßstäbe entwickelt. Aber etwas Wesentliches, das er von den Eltern übernommen hat, hat er beibehalten: Die Art des Umgangs mit sich selbst. Wenn Max anfangen will, wirklich sein eigenes Leben zu führen und eigene Ziele zu formulieren, ist die Art des Umgangs mit sich selbst ein ganz wichtiges Thema der Prüfung.

Noch ein kleines Beispiel mag das Thema illustrieren:

Der kleine Roland hat plötzlich abends, wenn er ins Bett gehen

In verschiedenen Lebensstadien kämpft das rebellische Kind-Ich gegen das kritische Eltern-Ich. Das einzige, das sich verändert, sind die Werte, jedoch leider nicht der Umgang mit sich selbst.

soll, Angst vor Geistern und Gespenstern und will nicht schlafen gehen, sondern jammert und schreit. Die Mutter redet ihm gut zu und erklärt ihm, daß es keine Geister und Gespenster gibt. Aber es nutzt nichts. Roland hat weiter Angst und fürchtet sich.

Die Mutter hat jetzt zwei Richtungen, in die sie weitergehen kann.

Kritisch: »Roland, jetzt hör mir mal gut zu. Ich habe dir jetzt schon dreimal gesagt, daß es keine Geister gibt. Also führ dich nicht so auf. Du bist doch schon ein großer Junge. Benimm dich nicht so lächerlich. Keine weiteren Diskussionen – Du gehst jetzt ins Bett!«

Fürsorglich: »Du weißt also, daß es keine Geister gibt, aber du hast trotzdem noch Angst. Was können wir da tun, daß die Angst weggeht? Soll ich das kleine Licht anlassen? Oder nachher noch einmal hereinkommen, wenn du schläfst? Oder was sonst?«

Was passiert mit Roland, wenn die Mutter mit ihm schimpft? Die Angst geht dadurch sicherlich nicht weg. Aber er bekommt vermittelt, daß er die Angst nicht zeigen darf, sondern sie unterdrücken soll. So bekommt er zusätzlich zu der Angst das Gefühl, klein und dumm zu sein. Er fühlt sich also auch noch schlecht mit sich selbst.

Bei der zweiten Alternative wird dagegen gemeinsam ein Weg gesucht, konstruktiv mit der Angst umzugehen. Gefühle haben ihre eigene Existenz. Es ist sinnvoll, sie zu akzeptieren und auf sie einzugehen.

Fünfundzwanzig Jahre später: Roland hat sich jahrelang so erfolgreich in einer mittelständischen Firma bewährt, daß er nach neuen Herausforderungen sucht. Ein Stellenwechsel steht an. Eine in einer überregionalen Tageszeitung ausgeschriebene Stelle reizt ihn ungemein. Er bewirbt sich und erhält den Termin für ein Vorstellungsgespräch. Zwei Tage vor dem Termin überfällt ihn plötzlich Angst vor dem Gespräch. Nachts wacht er auf und kann nicht mehr einschlafen. Er redet sich gut zu, daß er vor dem Gespräch keine Angst zu haben braucht. Was kann ihm schon passieren? Aber dennoch – das Gefühl und die Schlaflosigkeit bleiben.

Wieder hat Roland zwei Möglichkeiten, mit sich umzugehen:

- Kritisch: »Du bist ja eine Flasche. Jetzt hast du schon soviel gepackt, und dann willst du vor einem lächerlichen Gespräch kneifen? Stell dich nicht so an! Keine weiteren Diskussionen! Du nimmst jetzt eine Schlaftablette. Das gibt es einfach nicht.«

- Fürsorglich: »Was können wir da tun? Vielleicht willst du morgen früh alle möglichen Fragen noch einmal überdenken und Antworten aufschreiben, so daß du auch innerlich auf alles vorbereitet bist?
  Oder willst du noch einmal mit deinem Freund Rainer sprechen, der vor kurzem einen ähnlichen Wechsel vorgenommen hat? Oder was sonst?«

Der entscheidende Unterschied zwischen beiden Umgangsarten ist, daß Robert im zweiten Fall behutsam mit sich umgeht. Er verurteilt sich nicht, um so noch zusätzlich ein Schuldgefühl auf die Angst zu setzen. Er bleibt akzeptierend und entspannt im Umgang mit sich selbst.
Das beste Verständnis für solche Gefühle gewinnen wir, wenn wir der Vorstellung folgen, daß wir innerlich noch das Kind, das wir einmal waren, mit uns herumtragen. Diese Sichtweise kann in vielen problematischen Situationen eine große Hilfe sein.
In der folgenden Übung können Sie Ihrem inneren Kind begegnen und einen wichtigen Kontakt wieder aufnehmen.

Roland steht ein Vorstellungsgespräch bevor, was ihn nachts nicht schlafen läßt. Er hat jetzt zwei Möglichkeiten, mit sich umzugehen. Entweder kritisch oder fürsorglich (Welche Möglichkeiten gibt es?).

277

Dem inneren Kind begegnen

① Stellen Sie sich selbst als Kind vor . . . Vielleicht erinnern Sie sich an ein Foto von sich als Kind. Wenn Sie keine klare Vorstellung haben, setzen Sie Ihre Phantasie ein. Sie stellen sich Ihr eigenes Kind als Sie selbst vor, oder Sie malen sich das Bild irgendeines Kindes einfach aus und tun in Ihrer Vorstellung so, als ob Sie das wären.
Wie alt ist das Kind? Wie sieht das Kind aus? Was hat es an? Wie geht es ihm?

② Treten Sie zu diesem Kind als Erwachsener, der Sie jetzt sind, mit all Ihren Fähigkeiten und Ihrem ganzen Verständnis.
Fragen oder spüren Sie, was das Kind jetzt gerade im Moment braucht, und geben Sie ihm das. Vielleicht mag es spielen oder kuscheln oder sich aussprechen oder will Trost. Seien Sie die nächsten Minuten ganz und gar für Ihr Kind da . . .

③ Wenn das Kind genug hat und zufrieden ist, verabschieden Sie sich liebevoll von ihm. Vielleicht wollen Sie ihm versprechen, wiederzukommen und mehr Kontakt mit ihm aufzunehmen.

Machen Sie die Übung einen Monat lang täglich am Abend vor dem Schlafengehen, und nehmen Sie sich Zeit für diese Begegnungen. Lassen Sie sich von den Resultaten überraschen!
Die Übung ähnelt in ihrer Grundstruktur der Übung »Anker zusammenbringen«. Die wichtigen Elemente dieser Übung sind die Aufteilung in die zwei Pole des Erwachsenen und des Kindes. Wir tragen beide Pole in uns.
Da ist einmal der Erwachsene, vernünftigt, überlegt und erfah-

ren. Ihm stehen alle Ressourcen zur Verfügung. Daneben haben wir auch immer noch unser Kind in uns. Das Kind erlebt alle Gefühle intensiv und absolut. Wenn es verletzt wird, dann bekommt es einen unbändigen Zorn. Wenn es traurig ist und sich verlassen fühlt, dann füllt dieses Gefühl das Kind total aus. Und wenn es sich unter Druck und im Streß fühlt, dann verzweifelt es. In manchen Situationen wird es so stark in uns, daß es den Erwachsenen beiseite drängt und uns voll und ganz ausfüllt.

Mit dieser Übung können wir den inneren Abstand zu dem Kind überbrücken. Durch die Personifizierung dieses gefühlsmäßigen Teils lösen wir uns ein Stück aus den starken Gefühlen. Darüber hinaus aktivieren wir unsere Ressourcen durch das Bild des Erwachsenen. Diese Ressourcen werden an das Kind weitergegeben, so daß seine Bedürfnisse erfüllt werden.

Deshalb kann die Visualisierung des inneren Kindes in vielen Situationen hilfreich sein, angefangen von der Wut über den ungerechten Chef bis zur Frustration bei einem Fehlschlag und bis hin zu dem Gefühl, total überlastet zu sein.

Probieren Sie die Begegnung mit dem inneren Kind das nächste Mal aus, wenn Sie in einem besonders unangenehmen heftigen Gefühl oder auch in einem stark blockierenden Gefühl sind.

Spüren Sie das negative Gefühl in Ihrem Körper ...

Machen Sie sich ein Bild von dem inneren Kind, das dieses Gefühl gerade erlebt. Wie geht es dem Kind?

Dann kommen Sie als Erwachsener mit Verständnis und Mitgefühl zu diesem Kind, unterstützen das Kind und geben ihm, was es gerade braucht ...

Wenn das Kind zufrieden ist, spüren Sie die Veränderungen in Ihrem Körper ...

Diese sind grundlegende und wertvolle Übungen, um mit sich

Begegnen Sie in einem weiteren Schritt Ihrem inneren Kind. Treten Sie als Erwachsener auf sich selbst als Kind zu. Kümmern Sie sich liebevoll um das Kind. Wiederholen Sie diese Übung einen Monat lang täglich.

279

selbst Freundschaft zu schließen, alte Wunden zu heilen und immer mehr mit sich in Einklang zu kommen. Wir kommen damit aus dem Umgangsstil Herr–Sklave heraus und finden ein neues Verständnis. Das Erstaunliche, das wir dabei erfahren, ist, daß wir uns viel mehr selbst geben können, als wir bisher gedacht haben. Jeder von uns kommt in Situationen, in denen er das Gefühl hat, daß er unbedingt einen anderen braucht, der ihm Trost und Hilfe gibt. Wenn er dann niemanden findet, stürzt er in ein inneres Chaos ab. Das innere Kind zu erleben erlaubt uns, uns selbst diese Nahrung zu geben. So hat mir selbst nach einer schlimmen Trennung immer wieder das Bild eines Säuglings geholfen, den ich in einem imaginierten Brusttuch mit mir herumgetragen habe, um ihm die Wärme zu geben, die er brauchte. Sie werden überrascht sein, wieviel Kraft Sie sich geben können, wenn Sie Ihrem inneren Kind begegnen.

Erkenne dich selbst:
In die eigenen Untiefen tauchen

Mehr und mehr haben wir uns in den letzten Abschnitten mit den dunkleren Seiten von uns befaßt. Zwar können wir mit den Methoden, die wir bisher erfahren haben, und vielen anderen Methoden, die darzustellen den Rahmen dieses Buches spren-

Erkenne dich selbst: In die eigenen Untiefen tauchen

gen würden, neue Kräfte entwickeln und nutzen. Aber wo Licht ist, ist auch Schatten. So wie wir viele unbekannte Seiten in uns haben, die neue Kraft geben, haben wir auch Seiten in uns, die wir ablehnen und verdrängen.

Normalerweise bewegen wir uns mit unserem Bewußtsein an der Oberfläche, wie wenn wir im Sonnenschein oder auch im Regen übers Meer segeln. Wenn wir tiefer hinabtauchen würden, fänden wir die dunklen Seiten in uns, die wir lieber ignorieren. Denn keiner von uns sieht gern seine Wut, seine Rachsucht, seine Gier, seinen Neid, seine Eifersucht, seine Herrschsucht, seine Arroganz, seine Scheinheiligkeit – und noch vieles mehr.

Warum sich aber mit den dunklen Seiten auseinandersetzen? Ist es nicht sinnvoller, die ganze Kraft in die Entwicklung der mentalen Fähigkeiten, in die Leistung am Arbeitsplatz, in die positive Gestaltung des Familienlebens und in das gesellschaftliche Engagement zu geben?

Wer sich nur darauf beschränken will, bleibt auf einem Auge blind. Er klammert deshalb Realität aus, weil sie ihm unangenehm ist. Wer im geschäftlichen Bereich Realität verdrängt, zum Beispiel bei der Einschätzung von Marktchancen oder bei der Qualität der Konkurrenzprodukte, der wird irgendwann Schiffbruch erleiden und schmerzhaft aufwachen müssen. Wer Realität im persönlichen Bereich ausklammert, wird genauso irgendwann schmerzhaft aufwachen müssen. – Zu der persönlichen Realität ein kleines Experiment.

1 Stunde mit sich allein

Verbringen Sie eine Stunde ungestört allein mit sich selbst.

»Ungestört« bedeutet in dieser Übung wirklich ungestört. Nehmen Sie sich für diese Zeit nichts anderes vor, als sich zu entspannen oder über etwas Bestimmtes nachzudenken. Nehmen Sie auch keinen Zeitraum, wo Sie so erschöpft sind, daß Sie nur noch an Ruhe denken. Führen Sie die Übung, wenn Sie sie begonnen haben, ganz durch, auch wenn Sie plötzlich Gedanken wegen dieser Zeitvergeudung plagen und Ihnen alles einfällt, was Sie statt dessen in dieser Zeit erledigen könnten.

Bedenken Sie: Es ist ein Experiment, mit dem Sie etwas Wichtiges über sich erfahren. Es ist nur eine einzige Stunde Ihres Lebens. Und wie viele von Ihren kostbaren Stunden haben Sie schon einfach nur »totgeschlagen«?

Beantworten Sie hinterher die folgende Frage: Wie ging es mir in dieser einen Stunde? Was ist das Wichtigste, das mir in dieser einen Stunde klargeworden ist? (Beantworten Sie diese Fragen auch, wenn Sie das Experiment abgebrochen haben.)

Lernen Sie es, Ihre persönliche Realität anzunehmen, durch folgende Übung. Verbringen Sie ungestört eine Stunde mit sich selbst. Entspannen Sie sich, und denken Sie an etwas Bestimmtes.

Sie können nicht wissen, was das Ergebnis dieser Übung für Sie ist, wenn Sie sie nicht gemacht haben! Vielleicht genießen Sie diese Stunde. Vielleicht zeigt sie Ihnen auch ein erschreckendes Ausmaß an Spannungen, Unruhe und Gedankenprogrammen. Denn bei diesem ungestörten Beisammensein mit sich selbst steigt das an die Oberfläche, was sonst in der Tiefe festgehalten wird.

Eines der wichtigsten Erkenntnisse, zu dem die Psychoanalyse gekommen ist, lautet: Unsere Handlungen sind ein Spiegel dessen, was wir sind. Alle unsere Ängste und Spannungen, alles, was wir unterdrückt haben, durchdringen unsere Handlungen und streben danach, sich in dem, was neu gewollt ist, wieder zu reproduzieren. Wer sich nicht mit seinen eigenen Spannungen auseinandersetzt, wird sie automatisch nach außen verlagern und draußen Gegner und Sündenböcke bekämpfen.

Was wir uns klarmachen müssen: Der gute Wille, mit dem wir handeln, ist nicht entscheidend dafür, ob das Resultat, das letztendlich herauskommt, gut ist. Denn alle Menschen haben den Willen (so wie wir das bei unseren inneren Teilen im letzten Kapitel erfahren haben), das ihrem Verständnis nach Beste für sich und die anderen zu tun. Ihre Absichten sind – entsprechend ihren Kenntnissen, ihrer Erziehung und ihren Erfahrungen – optimal, um ihr Leben zu bewältigen. Am einfachsten ist es am Beispiel der Erziehung zu sehen. Alle Eltern wollen das Beste für ihre Kinder und streben doch mit den unterschiedlichsten Methoden die verschiedensten Erziehungsziele an. Mit all ihren guten Absichten ziehen, biegen, drücken und zerren sie ihre Kinder in die Richtung, die sie für richtig halten. Es ist nichts als Arroganz, nur sich selbst diesen guten Willen zugute zu halten. Um mir es leichtzumachen, ist es das einfachste, den anderen in eine negative Schublade zu stecken und ihm den guten Willen abzusprechen. Denn wenn ich der einzige bin, der den guten Willen hat, ist das, was ich tue, automatisch richtig.

Damit soll nicht gesagt sein, daß die objektiven Resultate, die die unterschiedlichen Handlungen hervorbringen, gleich gut und wertvoll sind. Je besser, reiner und radikaler die gute Absicht, desto grausiger ist häufig das Ergebnis! Aber die Einsicht, daß die anderen genauso beschränkt oder beschränkter (warum eigentlich nie weniger beschränkt?) ihr subjektives Bestes tun, ist heilsam. Sie muß nicht daran hindern, das zu tun, was der einzelne für sich als richtig erkannt hat, aber sie ist ein guter Schutz vor eigener Blindheit und Fanatismus.

Dennoch können wir die Schattenseiten leichter bei anderen erkennen, den Vorgesetzten, Kollegen, Mitarbeitern und Partnern, als bei uns selbst. Wo die Schattenseiten am leichtesten zu erkennen sind, das ist überall dort, wo Ordnung und Struktur sich auflöst und Chaos herrscht. Das spielt sich im kleinen beim Niedergang eines Unternehmens ab, das spielt sich im großen an immer mehr Stellen in der Welt ab. So sehen wir am Beispiel Jugoslawiens, wie nach Jahrzehnten friedlichen Zusammenlebens plötzlich tödlicher Haß, Brutalität und Vernichtungswille in einem Bürgerkrieg aufflammen können.

Wir können uns nicht vorstellen, wie wir selbst in einem solchen Konflikt reagieren würden. Vielleicht tragen wir sehr heilige Vorstellungen von uns mit herum. Aber diese zivilisatorische Tünche bröckelt, wie wir bei anderen sehen, sehr schnell ab. Sie würde auch von uns schnell abbröckeln, ändert sich die Situation. Warum sollen gerade wir anders sein? Das gute Selbstbild, das wir mit herumtragen, der gute Wille, den wir haben – das hatten alle anderen, die sich jetzt brutal bekriegen, auch.

Blicken wir von der großen weiten Außenwelt wieder zu unserer nicht viel kleineren Innenwelt. Den meisten Menschen ist nicht klar, wieviel Schatten sie in ihrem Inneren verbergen. Beobachtungen in therapeutischen Gruppen machen deutlich, wie viele innere Spannungen und Ängste der Durchschnittsbürger mit sich herumträgt.

In dieser Stunde steigt meist an die Oberfläche, was Sie sonst in der Tiefe festhalten. Alles, was wir unterdrücken, dringt durch unsere Handlungen wieder an die Oberfläche. Diese sind ein Spiegel unserer selbst.

Norbert Elias hat in seinem Werk *Über die Entwicklung der Zivilisation* beschrieben, wie Erziehung die Aufgabe hat, die Kontrollstrukturen des Menschen zunehmend zu entwickeln und zu verstärken. Dabei verlagern sich die äußeren Zwänge nach innen. Ein Großteil der Spannung, die ehemals im Kampf zwischen Mensch und Mensch zur Austragung kam, wird als innere Spannung im Kampf des einzelnen mit sich selbst bewältigt. Es ist kaum denkbar, daß der Mensch jemals in seiner Geschichte seinen Gefühlen, seinem Wesen und seiner Existenz so fern stand wie heute. – Elias beschreibt das so:

Ängste, die ältere Menschen bewußt oder unbewußt in dem kleinen Kind hervorrufen, schlagen sich in ihm nieder und reproduzieren sich von nun an zum Teil auch mehr oder weniger selbsttätig. Durch Ängste wird die bildsame Seele des Kindes so bearbeitet, daß es sich beim Heranwachsen allmählich selbst im Sinne des jeweiligen Standards zu verhalten mag, ob sie nun durch direkte körperliche Gewalt hervorgerufen werden oder durch Versagungen, durch Beschränkung von Nahrung und Lust. Und menschengeschaffene Ängste halten schließlich von innen oder von außen noch den Erwachsenen in Bann.[3]

Das gleiche auf eine persönliche Art drückt der inzwischen verstorbene indische Mystiker Bhagwan (später mit Namen Osho) aus. Nachdem der Presserummel über Sex und Rolls-Royce verblaßt ist, können seine klaren Aussagen über den heutigen Menschen dennoch in Zukunft viele Denkanstöße geben. Jeder Streßgeplagte mag prüfen, ob nicht ein wichtiges Körnchen Wahrheit für ihn in den folgenden Zeilen verborgen liegt.

Es geht um die Antwort auf die Frage eines Besuchers: »Warum laufe ich immer so schnell? Gibt es etwas, das ich nicht sehen will?«

»Das bist nicht nur du. Fast jeder läuft so schnell, wie er kann, vor sich davon. Und das Problem ist: Du kannst nicht vor dir davonlaufen. Wo du auch immer hingehst, du wirst du selbst sein. Die Furcht ist, sich selbst zu kennen. Es ist die größte Furcht auf der Welt. Sie besteht deshalb, weil du so grenzenlos von jedem verurteilt worden bist – für die kleinsten Fehler, die absolut menschlich sind –, so daß du Angst vor dir selbst bekommen hast. Du weißt, daß du nicht wertvoll bist.

Diese Idee ist sehr tief in dein Unbewußtes gesunken daß du nichts taugst, daß du ganz und gar wertlos bist. Natürlich ist die beste Lösung, sich von sich zu entfernen. Jeder macht es auf unterschiedliche Art: Einer rennt nach Geld, einer rennt nach Macht, einer rennt nach Ansehen, einer rennt nach Tugend und Heiligkeit.

Aber wenn du tief hineinschaust: Sie rennen nicht nach etwas – sie rennen vor etwas davon. Es ist bloß ein Vorwand, daß jemand wie wild hinter dem Geld herrennt. Er macht sich selbst und der Welt etwas vor. Die Wahrheit ist, daß Geld für ihn ein guter Vorwand ist, um ihm nachzulaufen und die Tatsache verbirgt, daß er vor sich selbst davonläuft. Das ist der Grund, weshalb er, wenn er Geld anhäuft, zu einem Punkt absoluter Verzweiflung und Qual kommt. Was ist passiert? Das, was sein Ziel war, hat er erreicht – er sollte der glücklichste Mensch auf der Welt sein.

Aber Leute, die Erfolg haben, sind nicht die glücklichsten Menschen auf der Welt, sie sind die unglücklichsten. Was ist ihre Qual? Die Qual ist, daß ihre ganze Anstrengung fehlgeschlagen ist. Jetzt gibt es nichts mehr zum Hinterherlaufen, und plötzlich begegnen sie sich selbst. Auf dem höchsten Gipfel ihres Erfolgs begegnen sie niemand anderem als sich selbst. Seltsam genug, da ist der Typ, vor dem sie davongelaufen sind!

Du kannst nicht vor dir davonlaufen. Im Gegenteil, du hast dir immer näher zu kommen, tiefer zu deinem Wesen und all die Verurteilungen fallenzulassen, die du von jedem, den du in deinem

Der verstorbene Mystiker Bhagwan machte sehr klare Aussagen über den Menschen. Er sagte, daß die Menschen vor ihren Fehlern weglaufen. Man sollte statt dessen tiefer in sein eigenes Wesen eintauchen.

287

Leben gekannt hast, erfahren hast. Die Eltern, der Ehemann, die Ehefrau, die Nachbarn, die Lehrer, die Freunde, die Feinde, jeder zeigt auf etwas in dir, das falsch ist. Von keiner Quelle kommt irgendeine Wertschätzung.

Die Menschheit hat eine sehr seltsame Situation für sich selbst geschaffen, in der niemand ruhig sein kann, niemand kann entspannen, weil du in dem Moment, wo du entspannst, dich selbst siehst. Entspannung wird fast zum Spiegel, und du willst dein Gesicht nicht sehen, weil du so geprägt bist durch die verurteilenden Meinungen der anderen ...

Und wenn du versuchst zu verstehen, wirst du sehr überrascht sein. Genauso wie andere dich verurteilt haben, verurteilst du andere. Es ist eine große geheime Zusammenarbeit. Genau wie deine Eltern dich niemals als ein Wesen von Wert akzeptiert haben, machst du das gleiche mit deinen Kindern, ohne dir jemals bewußt zu werden, daß jeder das ist, was er ist. Er kann nicht anders sein. Er kann so tun, als ob er anders wäre, er kann ein Heuchler sein, aber in Wirklichkeit wird er immer er selbst bleiben.

Dein Davonlaufen schafft nur mehr Verstellung, mehr Masken, so daß du dich selbst vollständig vor jedermanns Augen verstecken kannst. Du magst dich erfolgreich vor anderen verstecken. Aber wie kannst du dich erfolgreich vor dir selbst verstecken? ... Das ist einer der Gründe, warum Leute auch vor dem Alleinsein Angst haben. Sie wollen immer eine Menge Leute um sich herum, sie wollen Freunde. Es ist sehr schwer für Leute, still und friedlich zu sein, wenn sie allein sind ... Dieses schnelle Davonlaufen vor dir selbst hat Verrücktheit mit Geschwindigkeit erzeugt: Jeder will irgendwohin mit der größtmöglichen Geschwindigkeit ...

Der einzige Weg, um herauszukommen, ist es, wieder den eigenen Selbstrespekt zu entdecken, wieder die Würde zu erreichen, die du als Kind hattest, wenn du noch nicht angesteckt warst, wenn du noch nicht konditioniert warst ... Denn je weiter weg du von dir selbst bist, desto dunkler wird dein Leben, desto mehr Unglück, desto mehr verborgene Angst, desto mehr Wunden, Verurteilungen und Ablehnung durch dich selbst werden da sein.«[4]

Deshalb ist die vielleicht wichtigste Frage auf dem Weg zu einem erfolgreichen Leben: Gibt es einen Weg zu innerer Zufriedenheit und Ruhe, der nicht durch unsere eigenen Untiefen führt? Gibt es vielleicht Methoden, unsere mentalen Kräfte so zu nutzen, unsere positive Energie so einzusetzen, daß wir leicht und frei über die Tiefen hinwegsegeln? Gibt es vielleicht Wege, die durch ständige Arbeit an sich, durch Selbstkontrolle und Disziplin an diesen Tiefen vorbeiführen?

Die Antwort, die ich mir nach fünfzehn Jahren intensivster Auseinandersetzung mit mir selbst, mit all den Höhen und Tiefen, geben kann, ist: Nein. Es gibt keinen Umweg. Der Weg führt durch die dunklen Seiten in die Untiefen hinein und durch sie hindurch. Diese Antwort beruht auf den persönlichen Erfahrungen aus diesen Jahren. Mein Weg startete Mitte der siebziger Jahre mit einem Seminar zur Gestalttherapie, in dem ich erkannte, wie viele Gefühle, insbesondere Aggression, ich in mir verstecke und verberge. Der Weg führte Ende der siebziger Jahre weiter nach Poona, wo ich in Kontakt mit Meditation kam. Er führte mich Anfang der achtziger Jahre zum Mentalen Training und NLP, wo ich zu einem tieferen Verständnis der inneren Denkmechanismen kam. Er ging weiter Mitte der achtziger Jahre zum Experimentellen Theater, wo ich mit zunehmender Begeisterung die Schattenseiten auf die Bühne bringen und ausleben konnte. Er führte mich Anfang der neunziger Jahre zum Quadrinity-Prozeß und zum Tantratraining, die mich in meinen dunklen und lichten Seiten wieder ein Stück tiefer und höher brachten.

Ein solcher Weg scheint ohne Ende zu sein, weil er tiefer und tiefer führt. Die eigene Kraft wird größer, aber in bestimmten Situationen auch die eigene Verletzlichkeit. Zeiten von vorher nie erfahrener Zufriedenheit und Lebendigkeit wechseln sich ab mit Zeiten, die mehr wie ein langes Tränental scheinen, wo alle ungelebte Trauer und Wut gespürt werden will.

Wenn Sie sich auf den Weg zu Ihrem persönlichen Erfolg machen, zu mehr Genuß, Zufriedenheit und Lebendigkeit, werden Sie sensibler und wacher. Damit werden Sie auch sensibler und wacher für all das Negative um Sie herum und in sich. Der Preis lohnt sich, aber es ist ein Preis, der entrichtet werden muß. Es ist ein Preis, von dem die kleinen, seichten Gurus des Mentalen Trainings, die so begeistert von dem »alles bekommen, was du dir erträumst und wünschst« lieber nicht sprechen – vielleicht weil sie ihn auch für sich selbst nicht wahrhaben wollen.

Noch ein paar Zeilen von Franz Alt zu unserer »seelischen Hornhaut«:

Die seelische Hornhaut, mit der die meisten Menschen heute behaftet sind, läßt nichts mehr an sie heran. Sie wachsen zu, werden unfähig, etwas zu lernen oder gar sich zu entwickeln. Seelische Hornhaut verhindert seelisches Wachstum. Sie macht starr. Alles, was passiert, wird zur eigenen Bestätigung herangezogen. So scharf der Blick für die Schwächen der anderen werden kann, so blind ist das Auge gegenüber den eigenen Schwächen. Seelische Hornhaut macht unfähig zur Selbsterkenntnis. Alle eigenen Fehler und Schwächen werden auf andere projiziert und bei anderen gesucht.[5]

Für den Weg, sich und die eigene Realität besser kennenzulernen, sind einige Grundhaltungen entscheidend. Sie lassen sich nicht so leicht in Techniken und Methoden umformen. Deshalb sind die folgenden Hinweise mehr als Anregungen formuliert.

290

Ein wichtiger Grund, sich nicht die Realität anzuschauen, ist, daß wir Ideale in unserem Kopf haben, wie wir gern wären. Ich kann mir jedoch nur dann einen Blick auf meine eigene Realität erlauben, wenn ich bereit bin, bescheidener zu werden. Denn sonst sind die Ergebnisse für mein Selbstbild, an dem ich hänge, unerträglich.

Viele fürchten sich, ihre Ängste, Fehler und Unzulänglichkeiten anzuschauen, weil im Hinterkopf der Gedanke spukt, daß die Realität schrecklich, ernüchternd und unerträglich ist. Wenn so jemand dann früher oder später gewaltsam aus seinen Idealen gescheucht wird, endet er als Zyniker oder Anpasser (oder beides zusammen).

Bescheidener werden – damit ist gemeint: realistischer. Ich fange an, um der Realität willen meine Ideale zu verkleinern und allmählich auf sie zu verzichten.

Es ist kindlich zu verlangen, daß die Welt so zu sein hat, wie ich sie gerne hätte. »Erwachsen-Werden« heißt, voller Neugierde zu lernen, wie die Welt, die Mitmenschen und man selbst wirklich ist.

Fange ich an, mich mehr und mehr kennenzulernen, dann ist das ein persönlicher Weg, auf dem ich zunächst allein bin. Denn nur ich allein kann finden, wer oder was ich bin. Ich richte die Aufmerksamkeit auf die vielen Facetten und Unberechenbarkeiten meiner Person. Klare Linien und Maßstäbe fehlen. Denn wenn ich anfange, mich mit meiner Person auseinanderzusetzen, dann wäre es kurzsichtig, mich dabei unkritisch nach Maßstäben zu richten, die mir beigebracht worden sind. Ein wichtiger Teil der Beschäftigung mit mir selbst wird sein, meine Maßstäbe, dieses »Gut« und »Schlecht«, zu überprüfen und nachzuschauen, woher ich sie übernommen habe. Denn möglicherweise entspringt sogar dieser moralische, rigorose Drang, mit dem ich mich und die Welt beurteile und verändern will, bestimmten Erziehungshaltungen, Regeln und Grundsätzen, die mir als Kleinkind eingetrichtert worden sind. Wenn ich mich radikal mit mir auseinandersetze, dann werde ich bis an die Wurzeln meiner Maßstäbe zurückgehen müssen. Denn alles, was ich ungeklärt, ungelöst und unverdaut in mir herumtrage, wird Spannungen und innere Konflikte erzeugen.

Welche Leitlinien gibt es auf diesem Weg? Die eine, wichtigste vielleicht: Um die Strukturen aufzubrechen, die mir beigebracht worden sind oder die ich mir selbst als Stütze aufgebaut habe, muß ich anfangen, zu experimentieren und Neues auszuprobieren.

Nur durch aufmerksames Handeln gegen die eingepflanzten Regeln kann ich herausfinden, was verschüttet unter den Strukturen liegt. Denn in den Kellern des geistigen Wolkenkratzers, den wir darstellen, haust noch irgendwo ein kleines Kind, verletzt und verängstigt, angebunden und eingesperrt, und trotzdem mit dem Wunsch nach Freiheit, nach eigenen Maßstäben, nach eigenen Entscheidungen.

Riskant scheint es anfangs, diesem Teil in uns Vertrauen zu schenken, denn zu lange haben wir ihn schon unterdrückt. Oft haben wir verlernt, ihn überhaupt noch zu hören. Festgelegte moralische Maßstäbe, starre Verhaltensregeln und Gruppennormen drängen ihn in den Untergrund. Nur mit Wachheit und Aufmerksamkeit können wir ihn vernehmen, nur mit Mut ihm folgen.

Fängt jemand an, auf sich selbst zu hören, dann kann niemand außer ihm, weder der Chef noch der Partner, entscheiden, welches Handeln für ihn richtig oder falsch ist. Der mutige neue Schritt in die eine oder andere Richtung, der Sprung über den eigenen Schatten erweitern den eigenen Spielraum und führen über die bisher gesteckten Grenzen. Derartiges Handeln läßt sich nicht vorplanen oder in organisatorischen Bahnen vorherberechnen. Es hat eine bestimmte Qualität, es ist unverbraucht, frisch und lebendig.

Zum Vertiefen

- Anregungen, in die Schattenseiten einzutauchen, finden Sie in der plastischen Darstellung von Therapieprozessen, die sich mit den negativen Verhaltensmustern und ihren Ursprüngen in der Erziehung und der Beziehung zu den Eltern auseinandersetzt: *Wenn Leiden einen Sinn haben soll* von J. Konrad Stettbacher.

- Anregungen, die eigene Energie auf eine positive Art zu erforschen und zu leben, finden Sie bei Margo Anand: *Tantra oder Die Kunst der sexuellen Ekstase.*

- Wenn Sie mehr über innere Anteile erfahren wollen, lesen Sie *Gestalt-Therapie in Aktion* von Frederick Perls.

Kernsätze des Kapitels

- Es ist verblüffend: Wer andere quält, wird verachtet. Wer sich selbst quält, wird bewundert.
- Für den Umgang mit anderen gilt: Druck erzeugt Gegendruck. Genauso gilt für den Umgang mit uns selbst: Innerer Druck erzeugt inneren Gegendruck.
- Die Fähigkeit, den inneren Druck aufrechtzuerhalten, ja, ihn zu genießen, hängt typischerweise mit der »Spann«-Kraft der jeweiligen Altersstufe zusammen. Im Alter von zwanzig und dreißig Jahren bringt das Üben und Erleben von Beherrschung und Willenskraft wertvolle Erfahrungen der eigenen Stärke. Ab vierzig fängt der reine Genuß an der eigenen Beherrschung an zu verschwinden.
- Die meisten Menschen sind bereit dazuzulernen, wenn jemand ihnen zeigt, daß neues Wissen und Verhalten sie reicher macht. Fast alle leisten aber offen oder versteckt Widerstand, wenn sie sich verändern »sollen«.
- Jedes Verhalten hat eine positive Absicht für die betreffende

Person oder Gruppe. Das gilt auch für Verhalten, das jemand bei sich und anderen als »Fehler« bezeichnet. Es ist sinnvoller, die verborgene Absicht herauszufinden und mit anderen Mitteln zu befriedigen – anstatt den »Fehler« ausmerzen oder den Störenfried beseitigen zu wollen.

- Unsere Handlungen sind ein Spiegel dessen, was wir sind. Alle unsere Ängste und Spannungen, alles, was wir unterdrückt haben, durchdringen unsere Handlungen und streben danach, sich in dem, was neu gewollt ist, wieder zu reproduzieren. Wer sich nicht mit seinen eigenen Spannungen auseinandersetzt, wird sie automatisch nach außen verlagern und draußen Gegner und Sündenböcke bekämpfen.
- Der Weg zu innerer Zufriedenheit führt durch die dunklen Seiten, in die Untiefen hinein und durch sie hindurch.

Jenseits des
Mentalen Trainings

Dieses letzte Kapitel gibt einen Ausblick auf das, was jenseits der Vielfalt des Mentalen Trainings liegt. Denn: Mentales Training ist nicht alles. Und was jenseits davon liegt, ist genauso wichtig – oder vielleicht sogar noch wichtiger! Das Verständnis, das wir bisher gewonnen haben, macht den Blick schärfer für das, was außerhalb der Grenzen angesiedelt ist.

Jenseits des Mentalen Trainings

Alle Ressourcen, die wir im Mentalen Training nutzen und mit denen wir durch die Techniken in Kontakt kommen, beruhen auf zwei wesentlichen Prinzipien:

- Das Prinzip der Kraft. Wir sind mit allen unseren Sinnen in der Situation oder in einer mentalen Vorstellung und so in Kontakt mit unserer körperlichen und emotionalen Energie.
- Das Prinzip des Abstands. Wir sind Betrachter und Beobachter einer Situation oder einer Vorstellung. Aus diesem Abstand heraus finden wir den Überblick und erkennen neue Möglichkeiten des Handelns.

Diese Prinzipien gelten auch jenseits des Mentalen Trainings.

Die Kraft im Hier und Jetzt

Herr Schwarz ist inzwischen zum begeisterten Anhänger des Mentalen Trainings geworden. Er hat Feuer gefangen und entdeckt immer mehr neue interessante Möglichkeiten. In jeder freien Minute übt er und liebt es, sich zu entspannen. Sein innerer Entspannungsort, mit dem er sich schnell und tief entspannt, ist ein Platz in den Bergen. Die Familie macht im Sommer in Spanien Urlaub. Während Frau und Kinder im Meer baden, liegt Schwarz am Strand und entspannt sich tief an seinem inneren Entspannungsort in den Bergen. »Was für ein schöner, erholsamer Urlaub«, denkt er sich.

Herr Schwarz holt sich im Mentalen Training Kraft und Entspannung aus Erinnerungen. Dieser Platz in den Bergen, den er einmal an einem Sonntagmorgen bei Sonnenaufgang, klarer Luft und strahlend blauem Himmel erlebt hat, gehört zu seinen wertvollsten Erinnerungen und ist eine ständige Kraftquelle.

Was macht diesen Platz zu einer solchen Kraftquelle? Es ist nicht der Platz als solcher. Was die Erinnerung so wertvoll macht, ist der innere Zustand, in dem Herr Schwarz damals die Berge erlebt hat. Ohne zu wissen warum und wie, war er an diesem Morgen frischer als sonst aufgewacht. Beim leichten Aufstieg spürte er seine Muskeln und genoß die Bewegung. Büro und Arbeitsalltag waren aus seinem Kopf verschwunden. Er nahm das Blau des Himmels blauer wahr als je zuvor. Die kalte, frische Luft atmete er tief in seine Brust. Andächtig nahm er die Stille der Berge auf.

Herr Schwarz zieht deshalb solche Kraft aus der Erinnerung, weil er damals ganz und gar in der Gegenwart war. Sein Kopf war frei von Gedanken. Seine Sinne waren offen. Dadurch wurde der Aufstieg und das Erleben in den Bergen zu einer überwältigenden Erfahrung und zukünftigen Kraftquelle.

Wenn Herr Schwarz in Spanien Mentales Training betreibt, wirkt etwas an der Situation absurd. Denn das, was er sich durch sein Training aus der Vergangenheit herholt, hat er direkt vor seiner Nase in der Gegenwart. Er ist in der Realität an einem Kraftplatz. Er müßte am Strand lediglich Augen und Ohren öffnen, um ganz unmittelbar und elementar diesen Ort zu erleben. Er könnte den salzigen Geruch in der Luft wahrnehmen und die leichte Brise spüren. Er könnte sich von der Sonne wärmen lassen, und das Rauschen des Meeres wäre dazu die Musik in seinen Ohren. Aber Schwarz ist innerlich nicht hier, sondern in den Bergen! Er verpaßt das, was ihm das Leben in diesem Moment anzubieten hat.

Körper und Sinne sind die ursprünglichen Elemente, aus denen wir unsere Kraft und auch unsere Freude beziehen. Herr Schwarz holt mental Kraft aus Erinnerungen, in denen alle seine Sinne beteiligt waren. Das, was das Leben lebenswert macht,

Herr Schwarz hat es mittlerweile gelernt, mit Mentalem Training umzugehen. Er ist jetzt in der Lage, sich Kraft aus der Erinnerung zu ziehen. Das darf einen aber nicht dazu veranlassen, das Heute zu vernachlässigen.

297

ist zum größten Teil eine Erfahrung unserer Sinne. Wer die Natur genießt, begeistert Tennis spielt, sich schöne Bilder anschaut, gerne Musik lauscht, sich an Weinproben erfreut und im Essen schwelgt, der braucht dazu seine Sinne. Ein direktes Vergnügen aus der geistigen Tätigkeit ziehen hingegen Mathematiker, strategische Denker, Schachspieler und Knobelfreunde.

Je mehr Sie also jetzt, in diesem Moment, Ihre Sinne schulen und nutzen, desto mehr Freude haben Sie in der Gegenwart und desto mehr Kraft schöpfen Sie für die Zukunft. Nutzen Sie mehr Ihre Augen, Ihre Ohren, Ihre Nase, Zunge und Ihren Tastsinn. Schaffen Sie sich mehr Situationen, die Ihrem Körper und Ihren Sinnen guttun: Musik hören, in die Natur gehen, Sport treiben, mit den Kindern spielen. Genuß ist sinnlich!

Die Sinne nutzen

Was könnten Sie heute noch tun, um Ihre Sinne zu nutzen?

_____

_____

_____

_____

Tun Sie es!

Hilfreich ist es, einen Überblick über die verschiedenen Arten der Wahrnehmung zu bekommen, von denen der mentale Bereich einen Teil ausmacht. Die klarste Darstellung hat John O. Stevens in seinem Buch _Die Kunst der Wahrnehmung_ formuliert[1]

Unser Erleben läßt sich in drei Arten oder drei Zonen der Wahrnehmung einteilen:

(a) Wahrnehmung der äußeren Welt
Hier ist der aktuelle sensorische Kontakt mit Gegenständen oder Abläufen des gegenwärtigen Augenblicks in der äußeren Welt gemeint. Also das, was ich jetzt gerade sehe, höre, rieche, schmecke oder berühre.
Sie als Leser sehen die Druckerschwärze in Form von Buchstaben auf dem Papier vor sich, und Sie können leise oder laute Geräusche in Ihrer Umgebung wahrnehmen.

(b) Wahrnehmung der inneren Welt
Hier ist der aktuelle sensorische Kontakt mit gegenwärtigen inneren Vorgängen gemeint. Also das, was ich im Augenblick innerhalb meiner Haut spüre: Stechen, Muskelspannungen und Bewegungen, körperliche Manifestationen von Gefühlen und Emotionen, Unbehagen, Wohlgefühl usw.
Sie können im Moment Ihre Körperhaltung wahrnehmen und ob Ihr Rücken bequem ist oder nicht. Oder auch die Füße spüren und den Kontakt der Zehen mit den Schuhen.

(c) Wahrnehmung der mentalen Welt
Hierzu gehört jede mentale Aktivität jenseits der Wahrnehmung gegenwärtiger Erlebnisse: Phantasie, Erklären, Sich-Vorstellen, Vermuten, Interpretieren, Denken, Vergleichen, Planen, jede Erinnerung an Vergangenes, jede Vorwegnahme der Zukunft usw.
Wenn für Sie als Leser aus der Druckerschwärze Buchstaben werden und Worte entstehen, dann gehören diese Worte und die dazu entstehenden Bilder und Sätze zur mentalen Welt.

Die beiden ersten Arten von Wahrnehmungen umfassen alles, was wir von der gegenwärtigen Realität wissen können, so, wie

Unser sinnliches Erleben läßt sich in drei Zonen der Wahrnehmung aufteilen, in die der äußeren Welt, die der inneren und die der mentalen. Die beiden ersten umfassen das, was wir von der Realität wissen können.

299

wir sie jetzt gerade erleben. Dies ist der solide Unterbau unserer Erfahrung. Gleichgültig, welche Gedanken wir oder andere Menschen *über* diese Wahrnehmungen entwickeln – die Wahrnehmungen sind vorhanden, und keine Diskussion, keine theoretische Betrachtung kann sie nichtexistent machen.

Die dritte Art von Wahrnehmungen ist von den anderen beiden ganz verschieden: Sie betrifft die Wahrnehmung von Dingen und Ereignissen, die *nicht* in der gegenwärtig abspielenden Realität existieren.

Nur mit den ersten beiden Arten der Wahrnehmung befinde ich mich in der Gegenwart.

Dem Buch *Die Kunst der Wahrnehmung,* das einen Schatz an Übungen und Anregungen enthält, ist auch die folgende Übung zur Wahrnehmung entnommen. Diese auf den ersten Blick so unscheinbare Übung vermittelt wichtige Erfahrungen über den Zusammenhang zwischen der Realität und unserer mentalen Verarbeitung.

Bewußte Wahrnehmung

Nehmen Sie sich Zeit, um auf Ihre momentane Wahrnehmung zu achten. Werden Sie zum Beobachter Ihrer eigenen Wahrnehmung, und passen Sie auf, wohin sie führt. Sagen Sie zu sich selbst: »Jetzt nehme ich wahr . . .« und beenden Sie den Satz mit dem, was Sie im Augenblick wahrnehmen. Dann halten Sie fest, ob es etwas Äußeres oder Inneres oder eine Phantasievorstellung ist.

Wohin geht Ihre Wahrnehmung? . . .
Zu Dingen außerhalb Ihres Körpers oder zu Empfindungen innerhalb Ihrer Haut? . . .
Richten Sie Ihre Aufmerksamkeit auf das – innen und außen – zuletzt Wahrgenommene, und vertiefen Sie diesen Eindruck . . .
Inwieweit spielen Phantasien, Gedanken und Bilder mit? . . .

Bei dieser Übung wird Ihnen auffallen, daß die Wahrnehmung innerer oder äußerer Realität geringer wird oder gar aussetzt, während Sie sich mit einem Gedanken oder einem Bild beschäftigen.
Wenn Sie deutlich unterscheiden lernen zwischen einer Phantasie und der Realität Ihres augenblicklichen Erlebens, können Sie einen wesentlichen Schritt zur Vereinfachung Ihres Lebens tun.

Setzen Sie die Versuche Ihrer Wahrnehmung fort, und stellen Sie sich vor, dies wäre ein Scheinwerfer. Das, worauf Sie sich konzentrieren, ist ganz deutlich, während gleichzeitig andere Dinge und Vorgänge verblassen.

Wenn ich Sie bitte, die Aufmerksamkeit auf das Gehör zu richten, nehmen Sie wahrscheinlich nur ein paar voneinander verschiedene Töne und Geräusche wahr . . .
Und wenn Sie dies tun, werden Sie weniger auf die Empfindungen Ihrer Hände achtgeben . . .
Bei der Erwähnung der Hände wandert Ihre Aufmerksamkeit wahrscheinlich zu diesen hin . . .
Nun haben Sie Empfindungen in Ihren Händen, während die Wahrnehmung der Töne verblaßt . . .
Und wenn Sie jetzt einen kurzen Blick um sich werfen, können Sie Farben und Formen wahrnehmen . . .
Und dabei treten Geräusche und Empfindungen zurück . . .

Ihre Wahrnehmung wechselt sehr rasch von einem Objekt zum anderen über, aber Sie können immer nur das völlig erfassen, worauf im entsprechenden Augenblick Ihre Aufmerksamkeit gerichtet ist.
Diese »Scheinwerfer«-Qualität der Wahrnehmung ist von fundamentaler Bedeutung:

Die dritte Art der Wahrnehmung betrifft die, die sich nicht in der gegenwärtigen Realität abspielt. Versuchen Sie bewußt, Ihre Wahrnehmung zu beobachten, und schauen Sie, wo sie hingeht.

- Sie haben die Wahl, welcher Zone Sie Ihre Aufmerksamkeit geben.

- Andere Wahrnehmungen sind zu diesem Zeitpunkt wenig oder gar nicht bewußt.

Die Praktizierung dieser Erkenntnisse erfolgt bei der folgenden »Stop-Übung«. Sie ist geeignet bei allen quälenden Gedanken, die Sie über längere Zeit verfolgen, ohne daß Sie durch das Denken irgendeiner Lösung näherkämen. Beispielsweise haben Sie Ihr Angebot beim Kunden eingereicht, und in der Nacht fallen Ihnen noch reihenweise Änderungen und Verbesserungen ein und lassen Sie nicht schlafen. Oder Sie haben Ihren besten Mitarbeiter zu Verhandlungen nach Japan geschickt, und nach seinem Abflug quälen Sie plötzlich Sorgen, er sei dem doch nicht gewachsen. Oder – um auch einmal in den privaten Bereich zu kommen – Sie sind plötzlich eifersüchtig und deshalb schwer beschränkt in Ihrer Arbeitsfähigkeit.

Stop-Übung für quälende Gedanken
Sie können quälende Gedanken abbrechen, indem Sie sich innerlich

① laut und deutlich STOP! sagen

und dann sofort

② bewußt Kontakt mit Ihrer Umgebung aufnehmen, indem Sie

- alles um sich herum genau ansehen,
- die verschiedenen Geräusche um sich herum hören,
- genau Ihren Körper spüren.

Wichtig dabei ist: Jedesmal, wenn der quälende Gedanke kommt, sofort *STOP!* sagen und die Umgebung wahrnehmen.

Das kann bedeuten, daß Sie in einer schwierigen Situation am ersten Tag möglicherweise mehr als hundertmal *STOP!* sagen müssen.

Die Gedanken lassen dann aber rasch nach. Das *STOP!* wirkt immer schneller und länger.

Mit jeder Übung verbessert sich Ihre Kontrolle! Sie ist von ungeahnter Wirksamkeit, wenn sie konsequent durchgeführt wird. Die Stop-Übung wird schon lange in der Verhaltenstherapie genutzt, ursprünglich entwickelt für Leute mit depressiven Gedanken.

Der wichtige Schritt, nachdem Sie sich Stop gesagt haben, ist die Umpolung des Scheinwerfers von der mentalen Zone auf die äußere und innere Zone. Gleichzeitig bekommen Sie dadurch, daß Sie mit Ihrer Wahrnehmung in die Gegenwart gehen, neue Kraft.

Denn Ihre Gedanken beschäftigen sich entweder mit der Zukunft oder mit der Vergangenheit oder mit Orten, die jenseits davon liegen, aber nie in der Gegenwart sind. Sie können also Ihr nächstes Projekt planen, sich an das letzte erinnern oder ein Idealhaus in Ihrem Kopf entwerfen. Bei all diesen Gedanken werden Sie nicht in der unmittelbaren Gegenwart sein, nicht bei dem sein, was Sie gerade im Moment umgibt. Denn selbst wenn Sie eine Blume anschauen und im Kopf sekundenlang nach dem botanischen Namen suchen, wird die unmittelbare Wahrnehmung in den Hintergrund treten. Wenn Sie in der Gegenwart sind, treten quälende Gedanken zurück.

Gleichzeitig findet aber eine ständige Wechselwirkung zwischen der mentalen Aktivität und dem körperlichen Zustand statt. Jeder Gedanke, jedes innere Bild erzeugt eine bestimmte kör-

Eine Übung, um quälende Gedanken abzubrechen, ist die STOP-Übung. Sagen Sie laut und deutlich STOP zu sich selbst, und nehmen Sie bewußten Kontakt mit Ihrer Umwelt auf. Spüren Sie genau Ihren Körper.

perliche Entspannung oder Anspannung. Und genauso wirkt sich umgekehrt eine körperliche Entspannung, zum Beispiel durch Sport oder Mentales Training, klärend auf stressige Gedanken aus.

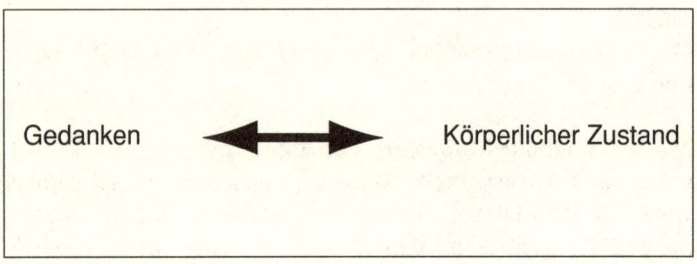

Quälende Gefühle haben manches gemeinsam mit quälenden Gedanken. Auch bei quälenden Gefühlen ist mentale Tätigkeit vorhanden. Gefühle sind zudem noch deutlicher als Gedanken mit bestimmten körperlichen Empfinden gekoppelt.
Woher wissen wir beispielsweise, daß ein Gefühl nicht Trauer, sondern Wut ist? Wir lernen Gefühle ebenso zu benennen, wie wir irgendwann den Unterschied zwischen »Hund« und »Katze« kennengelernt haben. Wir haben zunächst Sinneswahrnehmungen, und zwar nehmen wir wahr, was in unserem Körper vor sich geht.

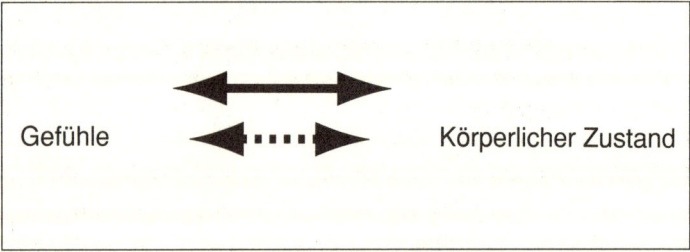

Die kleine Eva spürt eine Spannung in der Brust, beißt die Zähne zusammen und nimmt wahr, wie ihre Fäuste sich ballen. Als sie spricht, hat sie eine rauhe, gepreßte Stimme. »Sei nicht so wütend!« hört sie vom Vater. Irgendwann weiß sie, daß diese Empfindungen »Wut« genannt werden. Genauso lernt sie, daß sie »traurig« ist, wenn sie den Kopf gesenkt hält, wenig Luft einatmet, ein bohrendes Gefühl im Magen spürt und Feuchtigkeit in den Augen aufsteigt.

Ganz gleich also, ob quälende Gedanken oder belastende Gefühle vorliegen, immer liegt auch eine körperliche Spannung vor. Diese Spannung blendet der innere Wahrnehmungsscheinwerfer häufig aus.
Folgende Technik ist dafür gedacht, Entspannung in quälende Gedanken oder belastende Gefühle zu bringen, indem die Aufmerksamkeit auf den Körper gerichtet wird.

Körper-Technik

① Nehmen Sie sich zwei Minuten Zeit, alle körperlichen Spannungen bis in alle Einzelheiten ausfindig zu machen. Spüren Sie genau, wie sich Magen, Brust, Gesicht, Hände usw. anfühlen, und finden Sie genau heraus, wo welche Spannungen sitzen.

② Atmen Sie jetzt zunächst in Ihrer Vorstellung zu diesen Spannungen hin, und atmen Sie dann dreimal tief alle Spannungen aus.

Bereits die bloße Aufmerksamkeit auf eine angespannte Stelle im Körper bringt Entspannung. Der Satz »Aufmerksamkeit nährt« gilt nicht nur im psychologischen, sondern auch im aphysiologischen Bereich. Allein durch Aufmerksamkeit, zum Beispiel auf den Arm, wird dort die Durchblutung und infolgedessen auch die Entspannung gefördert.

Quälende Gedanken oder quälende Gefühle können durch Sport oder Mentales Training beendet werden. Sie sind in der Lage, die körperliche Spannung zu lösen. Machen Sie sich bewußt, wo Ihre Spannung ist.

Meditation:
Der Weg zum inneren Abstand

Meditation wird immer mehr zum Modebegriff, der mit den verschiedensten Inhalten gefüllt wird. So gibt es einen weiten Begriff von Meditation, wonach jede innere Besinnung, jede Entspannung, jede Phantasiereise schon als »Meditation« bezeichnet wird.

Es gibt aber auch den »Fachbegriff« von Meditation, so wie er aus dem Osten kommt. In den Jahrhunderten, in denen sich zum Beispiel Buddhismus und Zen mit dem Blick nach innen befaßten, hat sich ein klarer Kern dessen herauskristallisiert, was Meditation ist.

Das Zentrale an Meditation ist die Wachheit und der Abstand zu den Gedanken. Verschiedene Übungen dieses Buches haben bereits gezeigt, was geschieht, wenn ich mich aus der Situation löse und mich von außen sehe. Ich komme zu einer Distanz und löse mich von den Gefühlen dieser Situation.

Häufig ist diese Beobachtung noch von Gefühlen beeinflußt, indem ich innerlich das bewerte, was ich aus der Distanz wahrnehme, und Möglichkeiten zur Veränderung suche.

Meditation geht einen entscheidenden Schritt darüber hinaus: Es geht nicht mehr um Bewertung und Veränderung, sondern um das reine Wahrnehmen und Beobachten. Nur wenn ich mich jeglicher Wertung enthalte, einfach alles so akzeptiere, wie es ist, kann ich zum objektiven Beobachter werden. Andernfalls werden meine Werturteile ständig die unvoreingenommene Beobachtung trüben.

Dies ist eine Haltung, die uns im Alltag ganz und gar fern ist. Denn hier bewerten wir ständig. Wir sind stolz auf einen kreativen Gedanken und ärgern uns über einen dummen. Wir erleben uns immer wieder als verantwortlich für unsere Gedanken – ein Ansatz, der das gesamte Buch bisher bestimmt hat.

Der meditative Standpunkt ist diametral entgegengesetzt: Unsere Gedanken sind nur ein Produkt unserer Erziehung und unserer Gesellschaft und haben nichts mit unserem Wesenskern zu tun. Wir identifizieren uns also zu Unrecht mit dem, was wir denken. In der Meditation nehme ich die Gedanken einfach wahr und erlebe sie als etwas, was sich ständig verändert, durch mich hindurchzieht und keine bleibende Substanz hat.

Die gleiche Haltung gilt gegenüber den Gefühlen. Für den Meditierenden sind auch Gefühle etwas, was nichts mit seinem Kern zu tun hat, sondern nur an seiner Oberfläche vorbeizieht. Er ist neugierig und beobachtet, was an körperlichen Empfindungen und Gefühlen durch ihn hindurchzieht. Statt also engagiert (und identifiziert) zu sagen: »Ich bin ärgerlich« und voll in diesem Gefühl aufzugehen, geht er in die Rolle des Beobachters, der feststellt: »Da sind Spannungen in meinem Bauch«. Allmählich kommt er immer mehr dazu, Gefühle sein zu lassen, wie sie sind. »Da zieht Ärger in mir auf... wird langsam stärker... klingt allmählich ab... und ist wieder verschwunden.«

Das ist ein fundamentaler Unterschied zwischen Meditation und Mentalem Training. Im Mentalen Training lernen wir die Steuerung und Veränderung unserer Gedanken und Gefühle. Wir wollen ein optimales Ergebnis und wollen derjenige sein, der die Kontrolle über die Ergebnisse hat.

Meditation läßt die Kontrolle los. Die Wirkung dieser Art der Beobachtung ist eine Loslösung von all den Spannungen, die mit den Gedanken und Gefühlen verbunden sind, und eine tiefe innere Ruhe. Je länger ich diese Form der Beobachtung übe, desto näher komme ich in Kontakt mit einem inneren Kern, der einfach nur Stille und Friede ist. Meditation ist die Suche, diesem inneren Wesenskern zu begegnen. Dieser Kern liegt unter allen schlechten und guten Erfahrungen, unter allen Wünschen und Träumen, unter allen bewußten und unbewußten Prägungen.

Meditation ist die Wachheit und der Abstand zu den Gedanken. Hier geht es um das reine Wahrnehmen und Beobachten. Dies fällt uns schwer, da wir es gewohnt sind, ständig zu bewerten!

Dieser wachen Aufmerksamkeit nach innen entspricht die gleiche Aufmerksamkeit nach außen. »Meditativ« sein in der äußeren Welt meint ganz und gar bewußt und aufmerksam da sein bei dem, was ich tue.

Wenn wir all unser Tun entautomatisieren, dann wird unser ganzes Leben zur Meditation. Dann wird jede Kleinigkeit, die wir tun – wie duschen, essen, mit einem Freund reden – zu einer Meditation. Meditation ist eine Qualität. Diese Qualität kann in alles eingebracht werden. Sie ist keine spezielle Handlung. Die Leute stellen es sich so vor: Sie glauben, daß Meditation eine ganz besondere Handlung sei – man setzt sich hin, mit dem Blick nach Osten, leiert ganz bestimmte Mantras herunter, zündet Räucherstäbchen an... Die Leute meinen, daß man dies und jenes zu einer ganz bestimmten Zeit auf eine ganz bestimmte Art und Weise, mit ganz bestimmten Bewegungen und Gebärden tun muß. Meditation hat mit all dem nicht das geringste zu tun. Das sind alles nur Gebärden, die Meditation in einen automatischen Ritus verwandeln – aber Meditation ist genau das Gegenteil von Automatik. Wenn du ständig hellwach bist, ist alles, was du tust, eine Meditation, und jede Bewegung kann dir zur Meditation helfen.[2]

Diese Wachheit ist das, was uns im Alltag so häufig fehlt. Wir sind ständig mit den Gedanken in der Vergangenheit oder Zukunft. Da haben wir uns beispielsweise so auf ein schönes Essen in einem guten Restaurant gefreut. Aber wir sind nicht wach und aufmerksam bei den sorgfältig zubereiteten Gängen. Nur ganz kurz ist die volle Aufmerksamkeit bei den Geschmacksknospen auf der Zunge. Wir vergleichen die jetzige mit der letzten Mahlzeit in diesem Lokal, sehen diese Bilder vor dem inneren Auge. Wir erinnern uns an den heutigen Arbeitstag und planen den nächsten. Aber wir können nicht lange da sein, selbst wenn wir es versuchen. Im Urlaub, dort haben wir wenigstens einen Fotoapparat. Denn da wir nie ganz und gar wach an einem Ort sind und ihn mit unseren Sinnen wahrnehmen, ist der Druck auf den Auslöser ein Zeichen der Hoffnung, irgendwann einmal den Ort doch noch aufmerksam sehen und erleben zu können – und wenn es daheim beim Diaabend ist.

Der Verstand scheint wie ein Radio, das ständig dazwischen spricht und dessen Abstellknopf kaputtgegangen ist. Es läßt sich nicht mehr an- und abstellen, sondern stört in vielen Dingen. Natürlich, wenn ich Nachrichten, Verkehrsfunk und Wetterbericht oder aufmerksam Musik hören will, ist es günstig, daß ich das Radio habe. Aber 24 Stunden lang, Tag für Tag berieselt werden? Das halten wir nur aus, weil wir resigniert haben und stumpf geworden sind. Meditation ist ein neuer Anlauf: Die Suche nach dem Abstellknopf.

Ein Text von Alan Watts aus dem Buch *Meditation* drückt das Wesen von Meditation unmißverständlich aus:

Die Kunst des Meditierens ist eine Art, wie wir mit der Wirklichkeit in Verbindung treten können: Und der Grund des Meditierens ist die Tatsache, daß die Menschen mit der Wirklichkeit nicht in Verbindung stehen. Sie verwechseln die Welt, wie sie an und für sich ist, mit der Welt, über die sie nachdenken, sprechen und die sie beschreiben. Dies sind sehr, sehr nützliche Symbole; unsere ganze Zivilisation beruht auf ihnen. Aber so wie alle guten Dinge haben sie auch ihre Nachteile, und der Nachteil von Symbolen besteht darin, daß wir sie mit der Wirklichkeit verwechseln können, genauso wie wir Geld mit wirklichem Reichtum und unsere Namen, Ideen und die Bilder, die wir von uns haben, mit uns selbst verwechseln können...

Die meisten stehen unter einem dauernden Denkzwang; wir führen ständig Selbstgespräche. Wenn ich aber die ganze Zeit rede, kann ich nicht hören, was ein anderer zu sagen hat. Und wenn ich

Meditation kann zu einer Lebenshaltung werden, zu einer Qualität, die in alles eingebracht werden kann.

Gerade diese Wachheit, bewußt Dinge wahrzunehmen, fehlt uns im Alltag sehr häufig.

die ganze Zeit denke, das heißt, mit mir selber rede, dann bleibt mir nichts anderes übrig, worüber ich nachdenken kann, als wiederum Gedanken. Ich befinde mich deshalb ganz in der Welt der Symbole und bin nie in Beziehung zur Wirklichkeit. Ich möchte mit der Wirklichkeit in Berührung kommen. Das ist der eigentliche Grund des Meditierens.

Falls man also mit einer Absicht meditiert, etwa um die Intelligenz zu steigern oder den eigenen Charakter zu verbessern oder um das Leben besser meistern zu können, dann meditiert man überhaupt nicht, weil man die Zukunft im Auge hat. Die Zukunft ist eine Vorstellung – sie existiert nicht! So etwas wie ein »Morgen« gibt es nicht! Und so etwas wird es nie geben, denn Zeit findet immer jetzt statt. Das können wir entdecken, wenn wir aufhören, mit uns selber zu reden, und wenn wir aufhören zu denken. Dann finden wir heraus, daß es nur Gegenwart, nur ewiges Jetzt gibt.

Es gibt aber noch einen weiteren Grund, der jedoch etwas schwieriger zu verstehen ist. Eigentlich hat die Meditation weder einen Grund noch ein Ziel. In dieser Hinsicht unterscheidet sie sich von fast allen übrigen Dingen, die wir tun, vielleicht mit Ausnahme des Tanzens und des Musizierens. Wir musizieren nicht, um innerhalb der Komposition einen bestimmten Punkt, zum Beispiel den Schluß des Stücks, zu erreichen. Wenn darin der Sinn des Musizierens läge, würde natürlich der schnellste Musiker der beste sein. Auch beim Tanzen geht es nicht darum, auf der Tanzfläche an einen bestimmten Ort zu kommen, wie wenn wir eine Reise unternehmen würden. Beim Tanzen ist das Reisen selbst das Ziel, wie beim Musizieren das Spielen die Hauptsache ist. Dasselbe gilt auch für die Meditation. Meditieren heißt entdecken, daß man den »Witz« des Lebens immer gerade im unmittelbaren Augenblick erfaßt.[3]

In der Folge beschreibt Watts diese Meditationsübung, um in den Meditationszustand zu kommen:

Meditation mit dem Ohr

Wenn Sie nun dasitzen, so überlassen Sie sich Ihrem Gehör. Schließen Sie die Augen, und hören Sie auf sämtliche sich in Ihrer Umgebung abspielenden Geräusche.

Lauschen Sie auf das allgemeine Summen und Brummen der Welt, als ob Sie Musik hören würden. Versuchen Sie nicht, die Geräusche zu bestimmen und zu benennen. Lassen Sie sie einfach auf Ihrem Trommelfell spielen. Lassen Sie sie stattfinden. Das heißt, leihen Sie allem ein Ohr, was sich Gehör verschaffen will. Fällen Sie kein Urteil über das, was Sie hören – es gibt weder anständige noch unanständige Geräusche. Es spielt keine Rolle, ob jemand hustet oder niest oder einen Gegenstand fallen läßt – es ist einfach alles Laut...

Im Verlauf dieses Experiments wird Ihnen natürlicherweise auffallen, daß Sie es nicht verhindern können, die Laute zu identifizieren und zu benennen, und daß Sie unwillkürlich fortfahren zu denken und Selbstgespräche zu führen. Aber es ist wichtig, daß Sie nun nicht etwa versuchen, solche Gedanken aus dem Bewußtsein zu bannen und zu unterdrücken. Dadurch würde der gleiche Effekt erzielt, der herauskäme, wenn Sie versuchen würden, mit einem Bügeleisen eine rauhe Wasseroberfläche zu glätten – das Wasser würde nur in eine noch stärkere Bewegung geraten. Dagegen können Sie folgendes machen: Wenn irgendwelche Laute oder Gedanken in Ihr Bewußtsein dringen, so betrachten Sie sie einfach als einen Teil der allgemeinen Geräuschkulisse, so wie Sie etwa vorüberfahrende Autos oder Vogelgezwitscher vor dem Fenster hören. Betrachten Sie Ihre eigenen Gedanken einmal lediglich als Geräusche...

Sie werden bald herausfinden, daß die äußere und die innere Welt ineinander übergehen. Sie ereignen sich. Ihre Gedanken ereignen sich im genau gleichen Sinne wie die Geräusche auf der Straße, und alles ist einfach Ereignis, und Sie tun nichts anderes, als dies zu beobachten...

Alan Watts nennt Meditation die Kunst, mit der Wirklichkeit in Verbindung treten zu können. Man kann nicht mit einer Absicht meditieren, denn es gibt keine Zukunft. Zeit findet immer jetzt statt.

In der vollendeten Leistung fließen all die mentalen Kräfte und die Kräfte jenseits des Mentalen zusammen. Dies illustriert überzeugend der Bericht eines Sportlers aus dem Buch von Loehr, den ich gekürzt wiedergebe:

Das Spiel fängt gleich an. In weniger als einer Stunde werde ich mich beweisen müssen. Meine gesamte Vorbereitung, die harte Arbeit, alles, was ich getan habe, meine ganze Mühe gehören plötzlich der Vergangenheit an. Es gibt nur das Hier und Jetzt.
Ich spiele nicht mehr bloß mit dem Gedanken, »nicht zu verlieren«. Ich will wie immer mein Bestes im Sport geben, den neuen Rekord brechen, siegreich davonschreiten, aber etwas Wichtiges hat sich zusätzlich geändert.
Ich habe gelernt, mich auf den *Augenblick* zu konzentrieren. Ich genieße den Augenblick, koste ihn voll aus. Koste ich den Augenblick aus, so wird eine neue mächtige Kraftquelle in mir freigesetzt. Unverzüglich fühle ich mich positiver und fühle mich mehr unter Kontrolle. Die Dinge fangen an, automatisch zu fließen. Da ist keine Spannung, keine Unruhe, keine Angst. Sobald ich den Augenblick verliere, sobald ich anfange, über Sieg und Niederlage nachzudenken, was ich hätte tun sollen oder was geschehen könnte, holen mich alle negativen Gedanken wieder ein.
Der Preis, den ich bezahlt habe, um diesen Punkt zu erreichen, war hoch. Wieso war es so mühsam? Was machte die ganze Sache so verdammt schwierig? So schmerzlich es sein mag, die Antwort ist eindeutig: Ich war es. Permanent kam ich mir selbst ins Gehege. Ich war fest dazu entschlossen, erfolgreich zu sein, und ich wollte um jeden Preis gewinnen. Meine Antwort war einfach: Bemühe dich härter, und sei energischer. Keiner hatte mir jemals gesagt, daß der Schlüssel lauten könnte, es weicher zu versuchen und nicht härter, oder daß innere Gelassenheit Kraft bringen würde.
Die grundlegende Erkenntnis, welche den Unterschied aus-

machte, ist, daß meine Leistung am besten ist, wenn ich den Augenblick genieße, wenn ich ganz im Hier und Jetzt bin und jede einzelne Minute wirklich mag. Geist und Körper scheinen übereinzustimmen. Ich kämpfe nicht mehr länger gegen mich. Ich verstehe, was mit der Aussage »mit dem Strom schwimmen« gemeint ist, statt gegen ihn zu schwimmen.[4]

Zum Vertiefen

Ein anschauliches Buch, das den Weg zur Meditation über Zen beschreibt ist, ist *Zen im Alltag* von Charlotte Joko Beck. Interessant zum Selbststudium und zur Praxis ist das Buch von Leonhard A. Buillen: *Lebens-Leiter. Ein Jahresprogramm zur Selbstfindung auf buddhistischer Grundlage.*

Kernsätze des Kapitels:

- Alle Ressourcen, die wir im Mentalen Training nutzen und mit denen wir durch die Techniken in Kontakt kommen, beruhen auf zwei wesentlichen Prinzipien:
  Das Prinzip der Kraft. Wir sind mit allen unseren Sinnen in der Situation oder in einer mentalen Vorstellung und so in Kontakt mit unserer körperlichen und emotionalen Energie.
  Das Prinzip des Abstands. Wir sind Betrachter und Beobachter einer Situation oder einer Vorstellung. Aus diesem Abstand heraus finden wir den Überblick und erkennen neue Möglichkeiten des Handelns.
- Körper und Sinne sind die ursprünglichen Elemente, aus denen wir unsere Kraft und auch unsere Freude beziehen. Je mehr Sie also Ihre Sinne schulen und nutzen, desto mehr Freude haben sie in der Gegenwart und desto mehr Kraft schöpfen Sie für die Zukunft.
- Meditation ist die Suche danach, dem inneren Wesenskern zu begegnen. Dieser Kern liegt unter allen schlechten und guten Erfahrungen, unter allen Wünschen und Träumen, unter allen bewußten und unbewußten Prägungen.

Verzeichnis
der Übungen und Techniken

Bibliographische Angaben

Kapitel 1

1 Dilts, Robert B.: *Identität, Glaubenssysteme und Gesundheit. Höhere Ebenen der NLP-Veränderungsarbeit.* Paderborn 1990. S. 36
2 ibid, S. 3
3 Stemme, Fritz/Reinhardt, Karl-Walter: *Supertraining. Mit mentalen Techniken zur Spitzenleistung.* Düsseldorf 1989. S. 52 f.
4 Wolfgang Keil, *Mainpost*, 9. 7. 1990.
5 Nach dem Rundschreiben des *Phoenix-Mentaltrainings.* Frankfurt

Kapitel 2

1 Dilts, Robert, B,: *Identität, Glaubenssysteme und Gesundheit. Höhere Ebenen der NLP-Veränderungsarbeit.* Paderborn 1990. S. 21
2 Bernstein, Douglas A./Borkovec, Thomas D.: *Entspannungstraining. Handbuch der progressiven Muskelentspannung nach Jacobson.* München 1987.
3 Vgl. Zilbergeld, Bernie/Lazarus, Arnold A.: *Mind Power. Getting What You Want Through Mental Training.* New York 1988. S. 99 ff.

Kapitel 3

1 Mechsner, Franz: *»Was passiert beim Lesen?«* Süddeutsche Zeitung, Magazin vom 11. 10. 1991
2 »Psycho-News«: *Cosmopolitan 11/1991*, S. 259 f.

Kapitel 5

1 Loehr, James E.: *Persönliche Bestform durch Mentaltraining. Für Sport, Beruf und Ausbildung.* München 1988. S. 39 ff.

Kapitel 6

1 Oswald Neuberger: *Management Wissen*, Heft 9/91, S. 18
2 Bendlin, Kurt: *Fitness für Manager. Die sanfte Methode zu Ausdauer, Gesundheit und mentaler Frische.* Düsseldorf 1989. S. 14.
3 Schwäbisch, Lutz/Siems, Martin: *Anleitung zum sozialen Lernen für Paare, Gruppen und Erzieher. Kommunikations- und Verhaltenstraining.* Reinbeck bei Hamburg 1974. S. 257 f.
4 Sculley, John/Byrne, John A.: *Meine Karriere bei PepsiCola und Apple.* Düsseldorf 1987. S. 259 f.

Kapitel 7

1 Loehr, James E.: *Persönliche Bestform durch Mentaltraining. Für Sport, Beruf und Ausbildung.* München 1988. S. 22 f.
2 Ulsamer, Bertold: *Exzellente Kommunikation mit NLP. Erfolgsfaktoren des Neurolinguistischen Programmierens für Führungskräfte.* Speyer 1991. S. 38 ff.
3 Elias, Norbert: *Über den Prozeß der Zivilisation.* Frankfurt 1976. S. 447.
4 Rajneesh, S. 188.

Kapitel 8

1 Stevens, John O.: *Die Kunst der Wahrnehmung. Übungen der Gestalt-Therapie.* München 1989. S. 15 ff.
2 Osho (a): *Das Orangene Buch.* Zürich 1990, S. 74 ff.
3 Watts, Alan: *Meditation.* München 1985. S. 87 ff.
4 Loehr, James E.: *Persönliche Bestform durch Mentaltraining. Für Sport, Beruf und Ausbildung.* München 1988. S. 11 ff.

Literaturverzeichnis

Alt, Franz (Hg.): *Das C. G. Jung Lesebuch.*
Ausgewählt von Franz Alt. Frankfurt 1990.

Bandler, Richard: *Veränderung des subjektiven Erlebens. Fort-geschrittene Methoden des NLP.* Paderborn, 1987.

Beck, Charlotte Joko: *Zen im Alltag.* München 1990.

Bendlin, Kurt: *Fitness für Manager. Die sanfte Methode zu Ausdauer, Gesundheit und mentaler Frische.* Düsseldorf 1989.

Bernstein, Douglas A./Borkovec, Thomas D.: *Entspannungs-Training. Handbuch der progressiven Muskelentspannung nach Jacobson.* München 1987.

Besser-Siegmund, Cora: *Coach yourself. Persönlichkeitskultur für Führungskräfte.* Düsseldorf 1991.

Birkenbihl, Vera F.: *Freude durch Streß.* Landsberg am Lech 1987.

Bullen, Leonhard A.: *Lebens-Leiter. Ein Jahresprogramm zur Selbstfindung auf buddhistischer Grundlage.* Wien 1991.

Dilts, Robert B.: *Identität, Glaubenssysteme und Gesundheit. Höhere Ebenen der NLP-Veränderungsarbeit.* Paderborn 1990.

Elias, Norbert: *Über den Prozeß der Zivilisation.* Frankfurt 1976.

Gerken, Gerd: *Geist. Das Geheimnis der neuen Führung.* Düsseldorf 1991.

Gross, Günter F.: *Beruflich Profi, privat Amateur? Strategien für den Lebenserfolg.* Landsberg am Lech 1989.

Höhler, Gertrud: *Spielregeln für Sieger.* Düsseldorf 1991.

Lasko, Wolf W./Buchner, Dietrich/Grundmann, Hans-Jürgen: *Ihr persönliches Erfolgsprogramm. So finden und erreichen Sie Ihre Ziele.* Düsseldorf 1991.

Loehr, James E.: *Persönliche Bestform durch Mentaltraining. Für Sport, Beruf und Ausbildung.* München 1988.

Margo, Anand: *Tantra oder die Kunst der sexuellen Ekstase.* München 1989.

Osho (a): *Das Orangene Buch.* Zürich 1990.

Osho (b): *Meditation. Die erste und die letzte Freiheit.* Zürich 1991.

Perls, Frederick S.: *Gestalt-Therapie in Aktion.* Stuttgart 1991.

Schwäbisch, Lutz/Siems, Martin: *Anleitung zum sozialen Lernen für Paare, Gruppen und Erzieher. Kommunikations- und Verhaltenstraining.* Reinbek bei Hamburg 1974.

Sculley, John/Byrne, John A.: *Meine Karriere bei PepsiCola und Apple.* Düsseldorf 1987.

Stemme, Fritz/Reinhardt, Karl-Walter: *Supertraining. Mit mentalen Techniken zur Spitzenleistung.* Düsseldorf 1989.

Stettbacher, J. Konrad: *Wenn Leiden einen Sinn haben soll. Die heilende Begegnung mit der eigenen Geschichte.* Hamburg 1990.

Stevens, John O.: *Die Kunst der Wahrnehmung. Übungen der Gestalt-Therapie.* München 1989.

Ulsamer, Bertold: *Exzellente Kommunikation mit NLP. Erfolgsfaktoren des Neuro-Linguistischen Programmierens für Führungskräfte.* Speyer 1991.

Watts, Alan: *Meditation.* München 1985.

Zilbergeld, Bernie/Lazarus, Arnold A.: *Mind Power. Getting What You Want Through Mental Training.* New York 1988.

Personen- und Sachregister

Lieber Leser,

wenn Sie mit diesem Buch gearbeitet haben, dann bitte ich Sie, mir die folgenden Fragen zu beantworten:

① Was sind die Erfolge, die Sie erreicht haben?
   Was sind die Einsichten, die Sie gewonnen haben?
   Nennen Sie eine oder mehrere konkrete Erfahrungen.
② Was waren für Sie die wertvollsten Übungen? Warum?
③ Was waren für Sie die wichtigsten Themen? Warum?
④ Was war schwierig für Sie, als Thema zu verstehen oder als Übung zu praktizieren?
⑤ Welches sind die Themenbereiche, die Problem- und Konfliktfelder, die Sie gern erweitert und vertieft hätten?
⑥ Was sind Ihr Arbeitsfeld, Ihre berufliche Stellung, Ihr Alter und eventuell die Zahl Ihrer Mitarbeiter?

Wer diese Fragen beantwortet und die Antworten an mich schickt, erhält als Dank die Kopie einer weiteren mentalen Technik.

Ich wünsche Ihnen von Herzen viel Erfolg!

B. Ulsamer

Anschrift des Autors:
Managementtraining Dr. Bertold Ulsamer,
Zasiusstraße 75, 7800 Freiburg im Breisgau,
Telefon 07 61/70 64 77, Telefax 07 61/70 64 56.